地方高校战略联盟研究

湛俊三　叶子培　著

·北京·

内 容 提 要

高等教育大众化为地方高校的发展提供了机遇，同时带来了巨大的挑战。地方高校战略联盟是地方高校实现发展、突破自身局限的有效途径之一。本书综合运用竞争理论、大学核心竞争力理论和社会网络理论等对地方高校战略联盟形成的动因、联盟构建、联盟管理、联盟绩效评价等方面进行了系统研究。

全书共8章，主要内容包括导论、地方高校战略联盟概述、地方高校发展环境与战略联盟动因分析、地方高校战略联盟可行性与障碍分析、地方高校战略联盟的构建、地方高校战略联盟的运行管理、地方高校联盟的绩效评价、全书总结与展望。

本书旨在为地方高校战略联盟的构建发展提供有效的参考解决方案，适合高等教育的高教管理、职业技术教育相关专业的本科生、研究生阅读，也可以供教学科研和高校管理者参考。

图书在版编目（CIP）数据

地方高校战略联盟研究 / 湛俊三，叶子培著. —北京：中国水利水电出版社，2020.9（2024.1重印）
ISBN 978-7-5170-8880-6

Ⅰ.①地… Ⅱ.①湛… ②叶… Ⅲ.①地方高校—发展战略—研究—中国 Ⅳ.①G649.21

中国版本图书馆 CIP 数据核字（2020）第 176871 号

书　　名	地方高校战略联盟研究 DIFANG GAOXIAO ZHANLÜE LIANMENG YANJIU
作　　者	湛俊三　叶子培　著
出版发行	中国水利水电出版社 （北京市海淀区玉渊潭南路1号D座　100038） 网址：www.waterpub.com.cn E-mail：sales@waterpub.com.cn 电话：（010）68367658（营销中心）
经　　售	北京科水图书销售中心（零售） 电话：（010）88383994、63202643、68545874 全国各地新华书店和相关出版物销售网点
排　　版	京华图文制作有限公司
印　　刷	三河市元兴印务有限公司
规　　格	170mm×240mm　16开本　12.25印张　225千字
版　　次	2020年10月第1版　2024年1月第2次印刷
印　　数	0001—2000册
定　　价	59.00元

凡购买我社图书，如有缺页、倒页、脱页的，本社营销中心负责调换

版权所有·侵权必究

前　言

高等教育大众化给地方高校发展提供了良好的机遇，同时带来了巨大的挑战。目前多数地方高校或多或少存在核心竞争力不足、资源缺乏的问题。本书综合运用竞争理论、大学核心竞争力理论和社会网络理论等相关理论，以地方高校战略联盟为研究对象，主要对地方高校战略联盟形成的动因、联盟构建、联盟管理、联盟绩效评价等方面进行了系统研究，为地方高校战略联盟的构建发展提供了有效的参考解决方案。全本共 8 章，主要内容简述如下：

第 1 章为导论，提出了地方高校战略联盟研究的背景、目的与意义，系统归纳总结了高校战略联盟的国内外研究现状，给出了本书的研究内容、方法和技术路线。

第 2 章为地方高校战略联盟概述。首先对战略联盟所涉及的主要基础理论知识进行介绍，包括竞争理论、高校核心竞争力理论、社会网络理论，然后对企业战略联盟和高校战略联盟的内涵、特征进行了分析。

第 3 章为地方高校发展环境与战略联盟动因分析。首先对高等教育大众化时代地方高校的发展环境进行了分析，然后就地方高校战略联盟形成的动因进行了探讨，阐述了为什么地方高校会选择战略联盟作为自己的发展战略选择。

第 4 章为地方高校战略联盟可行性与障碍分析。首先对地方高校战略联盟在理论上和实践中的可行性分别进行了探讨，然后就构建战略联盟可能存在的一些障碍进行了分析。

第 5 章为地方高校战略联盟的构建。其主要就联盟构建中伙伴选择问题、组织模式问题和支持体系问题进行了深入的探讨，提出了可供参考的实际解决方案。在联盟伙伴选择方面，根据地方高校战略联盟的特点，给出了切实可行的联盟最优伙伴选择原则和评价方案，然后利用关系理论和蚁群优化算法进行战略联盟伙伴选择。在伙伴选择的基础上，提供了地方高校战略联盟参考的联盟组织模式，最后对地方高校战略联盟运行的支持体系进行了分析，并给出了地方高校战略联盟运行的信息技术支持框架。

第 6 章为地方高校战略联盟的运行管理。其主要探讨了联盟运行中可能出现的管理问题。首先对联盟的伙伴关系问题提出了硬性管理和柔性管理两种方法；然后就联盟激励管理问题从宏观、中观、微观的角度进行了分析，并提出了可供参考的解决方案；接着就联盟运行中出现的界面问题提出了基于模糊理论和信息技术的界面管理方案；最后就联盟运行中可能出现的风险问题进行了一些分析，并提出了可供参考的风险控制和规避方案。

第 7 章为地方高校联盟的绩效评价。其主要对地方高校战略联盟绩效的定义和评价问题进行了研究。从高校的核心竞争力提升和协同效应的角度出发，采用模糊层次分析法对地方高校战略联盟的绩效进行了科学全面的评价，并分析了盟员高校的资源和知识对联盟绩效的影响。

第 8 章为全书总结与展望。其提出了创新点、研究的不足和下一步要解决的问题。

本书的研究成果主要来自湛俊三主持的湖北省教育厅人文社科项目“地方理工科大学发展环境分析与发展对策研究”（2003D144）与湖北省教育厅人文社科重点项目“湖北省省属多科性大学发展战略研究”（D200614014），及湛俊三参与的湖北省十一五规划项目“地方多科性大学的核心竞争力研究”（A2004194）。

本书在编写过程中，查阅了大量纸质版与电子版文献，编者对提供这些资源的作者表示衷心的感谢。由于编者学识和水平有限，书中难免存在疏漏与不足之处，恳请各位读者不吝赐教。

编者

2020 年 2 月

作者简介：

湛俊三，男，1965 年生，中共党员，管理科学与工程博士研究生，管理学博士，湖北工业大学职业技术师范学院教授，硕士研究生导师。中国教育发展战略学会改革与发展规划专业委员会常务理事，现由湖北省委教工委选派任武汉东湖学院副董事长、党委书记、省政府教育督导专员。主要研究方向：高校发展战略规划研究。完成了“地方高校的核心竞争力研究”等多个课题研究，在《黑龙江高教》等刊物上发表论文 30 多篇。主讲“人力资源开发与管理”等 6 门课程，出版《青年心理学》等专著和教材多部。

目　　录

第 *1* 章 导　论

1.1　研究的背景及目的与意义

1.1.1　研究背景

1999 年党中央、国务院决定大幅度扩大高等教育招生规模，并出台《面向 21 世纪教育振兴行动计划》[1]，这是中央审时度势做出的重大决策，是时代要求，是民心所向。从该计划提出到 2010 年，高等教育毛入学率将达到适龄青年的 15%。2006 年我国高等教育招生规模达到 540 万人，高等教育在校生总规模超过 2 500 万人，毛入学率达到 22%，我国高等教育规模先后超过俄罗斯、印度、美国，成为世界第一[2]。经历 10 多年的稳步发展，截至 2017 年，我国高等教育招生规模达到 761.49 万人，高等教育在校生总规模超过 3 779 万人，毛入学率达到 45.7%。2019 年李克强总理在十三届全国人大二次会议上提出，高职院校今年大规模扩招 100 万人[3]。我国高等教育毛入学率超过 50%，正式进入高等教育普及化阶段。从 1999 年到现在，我国高等教育取得了跨越式的发展，高等教育改革取得了重大突破。

截至 2017 年，全国 2 631 所普通高校中，教育部和其他部委主管的普通高校共计 119 所，其余的 2 512 所普通高校为地方高校，占全国普通高校总数的 95.4%。地方高校在数量上来说已经成为我国高等教育的主体部分。在我国高等教育实现由精英教育向大众化教育转变，由教育规模扩张到发展重点放到提高质量上的转变时期，地方高校确定转型时期的发展战略，是地方高校生存与发展的重大问题，地方高校发展的好坏也影响着我国高等教育的发展状态。

随着我国高等教育的快速发展，我国地方高校也得到全面而迅速的发展，然而在快速发展的同时存在着需要解决的众多问题。本书主要针对我国地方高校存在的问题及解决的战略途径进行研究。若无特殊说明，本书中所提到的地方高校均指中国地方高校。

1. 资源问题

教育资源主要包括人力资源、物力资源、财力资源、信息资源等。其中，人力资源包括教育者与受教育者。受教育者资源主要受人口变化的影响，并直接影响学校教育的规模；教育者资源主要是一定规模的高素质的教师和高教管理者。学校教育的物力资源，在很大程度上是财力资源的物化，同时是构成学校教育教学的物质环境的组成部分。狭义的教育资源主要是指以教育经费为标志的教育财力资源。本森（Benson C）认为，评判教育财政制度的标准有三：教育机构的资源供给是否适当（是否充足），教育资源的分配是否有效，教育资源的分配是否公正[4]。从这三个标准出发，可以发现影响地方高校发展变化的三个相关的资源问题：①教育资源短缺；②教育资源分布不平衡；③教育资源浪费。我国公共教育投入不足，资源总量性短缺问题十分突出，各级各类教育仍然不同程度地面临着经费不足等问题。可以预见，随着经济社会发展对教育的要求越来越高，人民群众对教育的期望越来越高，教育事业的发展既面临新的发展机遇，也必将不断迎接新的更加严峻的挑战。只要我国仍处于并将长期处于社会主义初级阶段的基本国情没有变，我国教育改革和发展的基本矛盾就仍然是现代化建设事业和人民群众对于良好教育的强烈需求与良好教育资源供给不足的矛盾。所有这些都必须通过改革和发展的办法予以解决[5]。

经过几年连续扩大招生规模后，高等教育实现历史性跨越，进入大众化发展阶段。但创新型人才和高技能人才不足，杰出人才缺乏。城乡、区域、各级各类教育之间发展不平衡。实施素质教育尚未取得根本性突破，教师队伍的素质和水平需要进一步提高，人才培养模式需要进一步改进。教育投入不足，与教育事业持续健康发展的需求有较大差距，一些关系人民群众切身利益的教育问题还没有得到很好的解决[6]。

相比部属高校而言，地方高校资源短缺现象更为突出。部属高校以国家投资为主，与地方共建为辅。地方高校主要经费来源为地方财政拨款，地方高校得到的教育经费仅占全国普通高校经费的50%左右；地方政府拨款能够完全到位的高校仅占总数的7%左右。而在投入省属院校的不太充足的资金中，又将其中更多的资金投入个别院校。经费短缺已对师资队伍建设、学科建设、科学研究、学生培养等各方面造成诸多不利的影响[7]。

2. 竞争优势问题

随着社会主义市场经济体制的建立、高校管理体制的改革、知识经济和经济全球化的发展、科学技术的变革，各高等学校为了自身的生存和发展，在如何获取更多的社会资源，如何拥有更多的优质资源，如何争取更多的教育对象，如何应对国际、国内、行业之间、行业内部的挑战等一系列问题上的竞争日趋激烈[8]。高校之间的这种竞争主要表现在：一是高水平师资的竞争，二是生源的竞争，三是办学资源的竞争，四是无形资源的竞争，从竞争的范围来看，已经是无处不在；从持续的时间来看，是旷日持久的竞争；从竞争的结果来看，大学竞争虽然不像企业那样惨烈，但同样存在优胜劣汰的现象[9]。地方高校面临的是外来有着优质教育资源的教育机构的挑战、国内部属院校以及民办高校的竞争压力。

除进入“211工程”的少数地方高校外，全国地方高校整体竞争优势不强，部委高校实力的强大掩盖了地方高校的弱小。与部委高校相比，湖北省地方高校无“211工程”学校（天津、河北、山西等地方高校各仅有1所“211工程”学校，重庆、江西、贵州等地方高校均无“211工程”学校）。与中央在鄂部属院校相比，湖北地方高校存在“四少”状况：一是博士、硕士学位授权单位、授权点少（博士授权单位地方高校仅8个，部委院校8个均涵盖；一级学科博士学位授权点地方高校30个，部委院校166个；一级学科硕士学位授权点地方高校174个，部委院校282个）；二是研究生培养机构少（全国地方高校研究生培养机构511个，占38.5%；部委院校815个，占61.5%）；三是生均教育经费少（2016年中央部属高校生均教育经费54 835元，地方高校生均教育经费24 072元）；四是国家重点实验室少。

3. *发展战略的选择问题*

在高等教育资源配置日益市场化的今天，大学作为一个高度社会化的组织，需要通过努力竞争获取需缺的社会资源。由于学校本身不能盈利，学校比企业更重视外部环境，更多的是争取社会资源。如何在有限的教育资源范围内，通过对现有的资源合理的组织，保持存量，提高增量，创造最佳效益，是目前我国高等教育大发展所面临的主要问题。

影响战略管理的关键因素可以归结为两点：一是组织系统内部要素，主要体现为内部资源；二是其生存的网络，组织系统科学认为组织竞争态势取决于它的内部资源和社会网络[10]。在网络经济的今天，组织间越来越相互合作和相互依赖，组织的行为和业绩实质上来源于整合、塑造和重组内部与外部的资源[11]。

近年来，我国高等教育的增长方式有两种：一种是外延式，即通过增设新校实现教育的增长；一种是通过内涵式，即通过改变现有高等教育内部的体系结构，提高现有高校的资源利用率而实现增长[12]。就高校教育内涵发展来讲，20 世纪 80 年代以来，主要是立足于为改变高校布局与结构、实现教育资源的有效配置而进行的“共建、合并、划转、协作、合作”五种形式的改革。虽然这轮改革在一定程度上改善了我国高等教育的资源配置结构、层次结构和内部结构，达到减少重复设置、合理利用资源，提高办学质量和效益的目的，但是经过多年的发展，合并产生的问题也日益突显。

合并和扩招以后，兴建大学城在一段时间内成为社会关注的一个热点，目的还是要解决教育资源问题。然而在没有充足的资金保障的情况下，大学城的建立也无法达到理想的效果，加上部分大学城规划不科学，城内大学之间没有形成有效的连接，相互之间缺乏耦合的现实条件，聚合效果并不理想。

企业战略联盟在近十多年里得到普遍应用，并取得良好的运行绩效。“合作性竞争”战略备受理论界和企业界关注，企业战略联盟的研究文献已有很多，但将这种新型的竞争策略和理念应用到高校不多，特别是将战略联盟理论引入地方高校则更为少见。目前，关于地方高校战略联盟的系统理论还没有形成。

1.1.2 研究的目的和意义

本书的研究的目的和意义包括以下几点。

（1）有利于发挥地方高校在我国高校体系和服务社会中的作用。目前，地方高校的发展有了更加广阔的空间，其社会服务功能也发生相应的变化。总体上看，这种变化主要体现在两个方面：一方面，是从过去的局域服务功能发展为全域服务功能，过去地方高校仅仅是部委院校的补充，只能在有限的范围内服务地方，现在地方高校有了办学自主权，可以根据自身的定位确定全方位的发展战略，而向整个社会提供服务。另一方面，地方院校作为部委院校的补充功能，发展成为全面为地方经济发展服务的功能。地方院校作为自主办学的主体，应当全方位地服务于当地经济社会发展，在服务地方中实现自身的社会价值[13]。

（2）有利于地方高校战略发展路径的选择策略的有效实施。竞争与合作是资源短缺条件下高校发展的重要方式，也是高校发展的演变的现实阶段。我们假设高校组织的发展现阶段处在合作与竞争阶段，我国采取的措施：一是合作，二是合并。合并以前有它历史的必要，已经告一段落，不适应现有高校的发展特点，高校之间的战略联盟将成为一种新的竞争与合作模式，是时代要求，发展的必然。高校发展环境的不确定性，地方高校组织的复杂性，高校间竞争的激烈性和办学资源的短缺给高校发展带来很多困难。将企业战略联盟理论引入到高校战略管理，研究高校战略联盟的理论与实践问题，探究复杂的激烈竞争的环境下的资源短缺高校发展战略理论与实践，是本书研究的主要目的和意义。

（3）将企业战略联盟管理理论应用在高校战略管理中，有利于丰富高校管理理论和实践。战略联盟是发达国家的跨国公司从实践中创造出的先进的管理战略，对地方高校如何提升核心竞争力、在高等教育大众化时代的高等教育队伍中占有一席之地有着重要的实践意义。通过该项研究，一是为建立一套较为系统的高校战略联盟理论体系方面做一些有益的探索，二是为解决地方高校新时期发展面临的资源短缺和竞争优势不强问题提供新的理论参考与实践指导；三是可以丰富战略联盟理论，拓展战略联盟应用的空间。

1.2 国内外相关理论的研究现状与评述

1.2.1 国内外关于战略联盟的研究

目前，国内外对战略联盟的研究主要是从如下几个方面展开的[14-16]：

1. 战略联盟的理论阐释

联盟是为达到一定战略目标而产生的，它常被视为处理某类不确定性的机制。国内外学者广泛采用了各种理论对战略联盟的产生进行理论上的探讨，包括基于资源的理论、交易成本经济学、资源依赖理论、股东理论、制度理论、战略选择理论、学习理论等，各学派从不同的角度出发对联盟的产生进行了深入的探讨[17-21]。

2. 联盟的形成条件与选择

联盟组织的形式多种多样，合作者不仅注重通过联盟获得合作者的有价值的资源，而且注重在联盟形成的过程中保护自己有价值的资源，合作者的结构偏好取决于以上两个因素的考虑。战略联盟形式研究是企业决策者选择联盟战略后最关心的关键问题。目前有关战略联盟形式的研究集中在两个方面：一是对战略联盟形式的分类研究，二是对战略联盟形式的选择研究[15,22-23]。

3. 联盟的价值创造与分配

通过联盟合作，可以创造出价值使合作方共同受益，通过联盟合作努力创建的网络可以以较低的费用扩大市场。在系统竞争中，通过横向和纵向战略联盟争取控制产品标准，控制竞争对手，以扩大在系统性竞争中的优势。在知识联盟中，增值最大的过程是那些以知识为基础的服务活动。Aldrich 等认为通过信息技术所产生的合作增加价值的最重要的方式在于提供了时间—商业实体或个人最宝贵的商品。实际上，不同类型的产业，不同的市场环境都可能对这一价值的创造产生影响。

经典的联盟价值创造研究是波特于 1985 年在其所著的《竞争优势》一书中提出的价值链的概念，他以单个企业的观点来分析企业的价值活动、企业与供应商和顾客间可能的连接，以了解企业从中获得的竞争优势。近年来这一思想不断得到丰富和发展，新的价值链观点中将价值链看成一些群体工作的一系列工艺过程，以某一种方式不断地创新，为顾客创造价值。但是随着信息技术的发展，价值越来越多地建立在信息和知识的基础上，于是有人提出“虚拟价值链”的概念。实际上电子商务的发展使得价值链的边界变得模糊，竞争也可能来自价值链之外，因此价值网络的概念进一步得到了发展和被管理者接受。价值网络使组织间的联系具有交互、进化、扩展和环境依赖的生态特性，扩大了企业的动态发展空间，从而促进价值创造，改进价值识别体系，扩大资源的价值影响[15]。

4. 组织间联盟关系的维系

Lorange 和 Roos 认为联盟合作与高水平的效率和利润是正相关的。它们之间的相互作用在每个公司的边界处得到管理，联盟的边界标志着合作者的结合点。Spekman 等认为联盟边界有两种联系情况：正式的界面和非正式的界面。它们相互作用、互为补充，共同影响着战略联盟在每一个阶段的管理特征。组织间的联盟关系可以从五个方面进行描述。Birnberg 根据不确定性和相互依赖性的不同程度探讨了各组织间的控制问题。这些特征的重要性随着环境的变化而变化，它们之间组合的不同导致了控制公司关系的行为的不同[24]。在联盟合作中，联盟合作者可能会采取非合作行为，以提高母公司的利益，因此必须通过制定一定的规则（契约）对联盟成员的行为进行规范，保护其他成员的利益，提高联盟管理过程中的公平性，从而保证联盟的存在与发展。为了降低这类由道德风险和信息不对称所导致的机会主义行为，Minehart 等设计了猎枪规则和价格竞争来确定联盟终止时分配剩余财产的机制，从而对联盟成员的行为进行控制。维系联盟关系的另外一个途径就是建立信任[25]。Holm 等认为对相互关系的理解以及商业网络间的联系对关系承诺有积极的影响，对关系的理解及对关系收益率也有正向的影响，关系承诺与关系收益率之间是一种互惠互利的关系。Ring 和 Vandeven 认为建立个人间的关系是联盟成功的关键，但需要用联盟的规章制度对其进行约束。Birnberg 认为信任增长甚至可以取代正式的控制，尽管一定的控制仍有必要存在。

5. 联盟管理障碍与联盟管理者

联盟之间既有合作又有竞争的本质给其管理带来了独特的压力。合作者间的冲突可能来自很多方面，可以划分为利益冲突和运作冲突。当合作公司有不同的利益时，它们合作的激励和意愿都会降低，运作冲突可能来自不同和不协调的组织文化与运作实践，这些都降低了联盟的效率。协调成本作为合作组织间的差异函数而提高。随着联盟的发展和成熟，其目标会发生变化。联盟战略的本意和效果也会在实施过程中受到扭曲或削弱，它的成功在一定程度上取决于对联盟管理的水平。Ouchi 认为公平是联盟管理过程中应考虑的一个重要问题，这不仅是一个获得价值的问题，还要考虑时间问题。Spekman 认为管理者的工作之一是阐释、带来观点及参考框架，因此管理者的思维方式非常重要，它将影响联盟的发展前途与道路，管理者必须具有不竭的创造力和深刻的洞察力。Kotter 提出的 21 世纪执行官原型就与这一观点基本相似，认为这种终生学习的组织是一个勇于承担风险、反应迅速、仔细倾听、对任何新思想抱开放态度的实体[15-16]。

1.2.2 国内外关于高校战略联盟的研究

1. 国外高校战略联盟研究

虽然关于企业战略联盟的研究，成果很丰富，高校战略联盟概念的提出也比较早，但是国内关于高校战略联盟的研究只是处于起步阶段。

国外高校战略联盟有成功的实践经验。美国大学联合会（AAU）、美国常青藤联盟（IVY LEAGUE）、十大运动联盟（BIG TEN），在欧盟以及欧盟申请国 20 多个国家的教育部长先后发表的《索邦宣言》《波洛尼亚宣言》《布拉格公告》的基础上成立的“欧洲高等教育区”等欧盟教育一体化联盟等，对美国和欧洲的经济做出了重大贡献。《联盟中的大学》（Colleges in Consort）[26]和《大学联盟体和校际合作》（Consortia and Inter Institutional Cooperation）[27]是两本关于高校战略联盟的专著，分别出版于 20 世纪 70 年代中期和 80 年代末，这两本专著主要回顾了美国大学联盟的历史和现状，并以具体的案例描述了大学联盟合作的内容和方式、大学联盟的管理以及大学联盟产生的效益和局限性。这些关于大学战略联盟的研究发生在 20 世纪七八十年代，是美国大学联盟的大发展处在美国高等教育的规模扩张阶段，与我国现在高等教育的规模扩张面临的状况有很多类似之处。进入 21 世纪，关于高校战略联盟的重要性进一步得到许多高等教育研究者的重视。美国哥伦比亚大学教师学院亨利·莱文（Henry M. Levin）在 2002 年 7 月中外校长论坛上的发言“中国大学的有效资源配置”上，提出了校际合作是一种替代增长的观点，并以斯坦福大学为例，指出学校要学会放弃，学会合作，学会把资源用于最有潜力的方面[28]。美国专家詹姆士·马丁（James Martin）和詹姆士 E. 萨姆尔斯（James Samels）在

《高等教育纪事报》（The Chronicle of Higher Education）上的文章——“我们错了：应该合作，不要合并”（We are Wrong，Try Partnerships，not Mergers）中指出，大学之间的策略联盟，而非合并，才是大学群体的发展趋势。两位专家详细论述了策略联盟的多项优势，如联盟成员可以保持各自身份的独立性，保证自己的教育目标不受影响，可以使联盟成员的基础设施得到巩固和加强，联盟成员可以维持学术自治，增加新的资金来源渠道，节约资源、缩减成本，为教学和科研提供更多的机会，等等[29]。

2. 国内高校战略联盟研究

在沈红教授的指导下，董志慧在其硕士论文《战略联盟：研究型大学群体发展之路》中，就战略联盟在企业中的成功运用对高等教育的管理借鉴的意义、美国高校战略联盟的成功经验、我国大学校际合作的探索和经验教训进行了较为详细的论述，是作者查找到的我国第一篇研究我国高校战略联盟的硕士论文。

柯森教授的学生陈怡舟在其硕士学位论文《二战后美国高校校际合作办学研究》中对校际合作办学、合并办学及联合办学的异同点进行了分析，对美国校际合作的历史、现状进行了描述，指出美国高等教育市场的自由竞争机制、高等教育大众化和美国政府的高等教育法案是美国校际合作的主要因素，同时分别以美国“中西部学院联盟”“五校联盟”和“研究生教育与研究联盟”为个案，对美国高校联盟的合作形式及内容做了描述和分析。同时她提出，中国高等教育在其大众化的过程中，部分弱势高校可以通过联盟的方式来提高办学效益，增强竞争实力[30]。这篇论文比较系统地研究了校际合作，但是美中不足的是这篇论文主要是描述历史和现状，对校际合作的原因、校际合作的策略、组织形式等缺乏从理论上的深度分析。同时，由于研究对象的不同，该论文没有专门研究地方高校战略联盟。

汪怿[31]介绍了国外高校战略联盟与合作的九种模式：契约模式、经纪模式、协作模式、有效性模式、联合课程模式、双元机构模式、第三大学模式、合并模式及联邦模式，其中属于战略联盟的有八种，分析了建立战略联盟的原因和意义。张爱邦、兰文巧[32]对高校战略联盟的内涵进行界定：指两个以上的高校在教学、科研、社会服务等功能活动上进行合作、通过共同投入、共同享有和共同学习，促进优质教育资源的优势互补，以提高组织创新能力、教育质量和水平、实现一定的办学目标或行动目标而形成的知识型组织，指出了高校战略联盟的特征：合作性、虚拟性、灵活性、高效性、知识性，并从教育经济、知识活动系统、资源依附理论等方面对高校战略联盟做了解释，提出高校战略联盟的四个运作和管理策略。程勉中[33]认为，高校战略联盟的优势在于有利于高校创新与知识学习，有助于消除“巨型大学病”，有利于高校整合优势特色和降低改革发展过程中的风险，提出了构建高校战略联盟的基本原则：核心能力互补、知识分享和互相学习、保持灵活战略和独立等，指出建立战略联盟要注意的问题：挑选合适的联盟伙伴、战略联盟的设计和建立等。高校战略联盟能发挥资源最佳效益、减少浪费。高校战略联盟有助于高校突破地域限制[34]，高校战略联盟是高校可持续发展的客观要求[35]。

阳荣威[36]提出建立高校战略联盟应该注意六个方面的问题。王志刚、郑存库[37]分析了构建一般地方高校战略联盟的原因：高等教育大众化形势下提升综合实力的需要、一般高校自省发展的需要。董志惠、沈红[38]在《论中国大学战略联盟》中分析了建立高校战略联盟的现实需要和可能性与必要性、建立的意义等。20 世纪 60 年代的美国高等教育正处在大众化发展阶段，资源不足成为高校的主要问题，通过战略联盟，一些弱势高校在面临被兼并或消亡的危险情景下，维持了它们在学术领域的领先地位，并对高教大众化发展做出了贡献。

在 2002 年中外大学校长论坛上，香港科技大学荣誉校长吴家玮教授在其“大学发展战略：资源的获取与管理”的报告中指出，校际联盟是每所大学必备的资源之一，一所大学要想取得学科齐全，大学合并是一种方法，校际联盟也是一种方法，校际学术联盟可以高效率地增加两校教师和学生的交流与沟通，了解和学习彼此的优良学风。此外，台湾交通大学高等教育研究所戴晓霞教授在其《高等教育整并之国际比较》一文中，将大学联盟作为大学整并的方式之一并与大学合并、兼并、附属等方式进行了比较，同时对英国、澳大利亚、日本等国高等教育整并模式进行了比较[39]，但并未对大学联盟的方式、组织形态等进行深度分析。

潘云鹤教授提出的建立长江三角洲地区名校联盟的建议很有代表性。北京学院路高校教学联合体、北京东郊五校联合办学、南京四所高校的合作等，为高校战略联盟提供了实践依据。山东大学校长展涛就山东大学与其他高校建立战略联盟曾言：“我们的最终目的是在一个开放式的环境下做到强强联合、资源共享。美国有著名的常青藤盟校，中国是否也应该抓住时机，打造自己的名校联盟品牌呢？”[40]

综合来看，高校战略联盟已经得到众多高校管理理论专家和高校高层管理者的重视，在国外已有成功的经验。但在理论研究上，尤其是国内关于高校战略联盟的研究多在介绍国外的经验，论述高校战略联盟的意义和作用，提出了一些设想，对高校战略联盟的理论缺乏系统研究，没有一个可以指导高校战略联盟的可操作的完整的理论体系。关于地方高校战略联盟的研究几乎空白，需要研究的空间很大。

1.3 研究目标、内容和方法

1.3.1 研究目标

本节研究的总体目标就是从地方高校战略发展环境分析出发，就地方高校现阶段存在的资源和竞争优势问题提出新的战略思想，即将战略管理的有关理论引入地方高校战略管理研究领域，应用战略管理理论、组织生态学、教育经济学的理论，解释和分析高校组织系统的演化趋势，研究目前我国地方高等教育发展战略所处的发展阶段以及未来的走势。同时揭示我国高等教育通过1992年之后的“共建、调整、协作、合作、合并”，到1997年开始的规模发展，终将成为高校集群，演化为高校战略联盟阶段，即敏捷化、虚拟化、网络化的组织创新阶段。大众化后的地方高校将从“一体化的巨型高校”被分散的网络化的战略联盟组织形式代替，竞争的范式由原来的单个高校为主体的“个体式”竞争转向以多个高校构成的“聚群”竞争，高校间的关系从单一的竞争关系走向复杂的竞争与合作互动关系，竞争的优势不仅仅在于高校内部的管理水平和其他能力，更多的体现出一种跨越组织边界，基于资源和能力的系统竞争优势。高校关系正在向战略联盟阶段发展。

具体的研究目标有以下几个。

(1) 在分析战略联盟相关理论的基础上，提出地方高校战略联盟与高校战略联盟管理的概念；分析地方高校战略联盟实施的可行性。

(2) 对高校战略联盟的进化的各个阶段建立系统的分析，提出构建与管理、评价地方高校战略联盟的理论与方法。

(3) 运用地方高校战略联盟的理论指导地方高校战略联盟的实践，促进地方高校生存与发展中面临的资源不足和竞争优势不强的问题的解决。

1.3.2 研究内容

1. 本书研究的内容

第1章分析地方高校发展现状和面临的问题，提出地方高校战略联盟思想，并对地方高校战略联盟研究的目的和意义、研究现状、内容和方法做简要介绍。

第2章主要是在对该研究所依托的主要理论基础进行分析的基础上，分析战略联盟的内涵，并以此为基础对高校战略联盟的内涵进行界定。

第3章对现阶段地方高校发展环境与战略联盟的动因进行分析，指出地方高校发展存在的问题，分析高校战略联盟产生的动因。

第4章研究地方高校战略联盟的可行性和存在的一些障碍问题。

第5章介绍地方高校战略联盟的构建。战略联盟的构建是高校战略联盟健康发展的基础。运用蚁群算法对高校战略联盟伙伴选择进行研究，提出战略联盟组织的几种新模型和支持体系。

第6章主要从关系管理、激励管理、界面管理、风险管理等几个方面研究地方高校战略联盟的管理问题。

第7章主要对地方高校战略联盟的绩效评估进行研究，提出协同效应的数理分析模型，分析联盟协同效应的框架及模型。

第8章对全文进行总结，提出创新点、研究的不足和下一步要解决的问题。

2. 研究路线

本书在分析地方高校发展环境的基础上，就地方高校存在的资源问题和竞争优势问题提出解决方案，以资源和核心能力为中心，以资源理论和能力理论为基础，引入企业战略联盟理论，通过建立地方高校战略联盟的理论和方法，实现联盟高校间的资源利用最大化和竞争优势的提升。地方高校战略联盟研究的技术路线如图1-1所示。

1.3.3　研究方法

本书的研究方法有以下几种。

（1）定性和定量相结合的系统分析方法。本书拟采用系统分析的方法，从调查研究入手，借鉴企业战略管理定性与定量相结合的方法，分析地方高校系统的外部环境和内部条件，建立分析模型，制定评价体系，力求使地方高校的战略联盟的设计较为科学、合理，并具有可操作性。

（2）理论分析和经验总结相结合的研究方法。采用管理科学和管理经验相结合的研究方法，将个人所积累的地方高校的管理经验与管理科学和相关学科的理论及方法有机地结合起来。

（3）文献法。广泛收集国内外相关文献，消化吸收和运用有关成果。

（4）辩证分析法。该方法是关于普遍联系和发展的世界观与方法论，运用辩证分析法探索高校组织结构自身固有的运动发展规律，从而研究高校的战略发展方向。

（5）系统方法。高校是一个复杂开放的自适应的系统，高校之间、高校

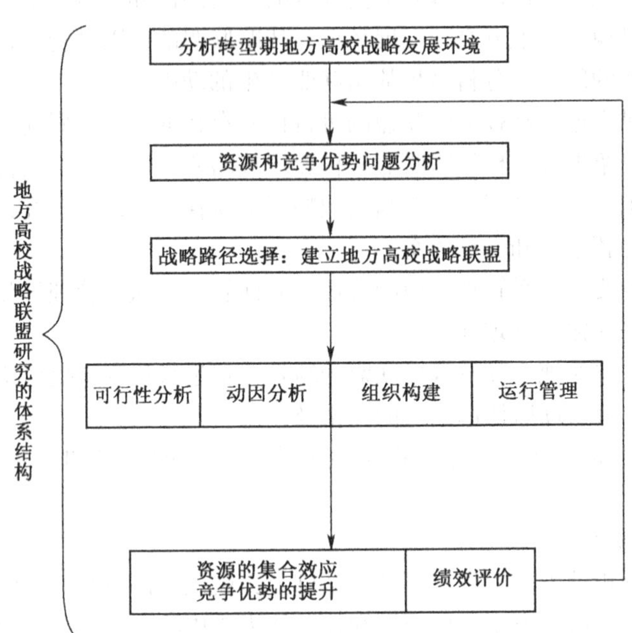

图 1-1 地方高校战略联盟研究的技术路线

与环境之间的联系紧密，研究高校战略必须认识到高校组织结构与环境系统协同进化的基本关系，真正理解高校组织结构的进化规律，研究高校系统的问题。

第2章
地方高校战略联盟概述

尽管目前关于战略联盟的理论研究还在积极地探索和进行中，但是战略联盟的实践已在企业界得到了广泛的应用。基于对实践活动的认识和抽象，对战略联盟一般理论的概括和总结也就成为指导地方高校战略联盟实践活动的基础。本章首先对地方高校战略联盟研究过程中主要运用的一些基础理论进行介绍，包括竞争理论、高校核心竞争力理论、社会网络理论等相关理论；然后根据高校的特点，对地方高校战略联盟的内涵进行阐述。

2.1 高校战略联盟的理论基础

2.1.1 竞争理论

自20世纪80年代以来，企业战略管理理论的研究重点从市场定位逐步转移到企业竞争优势的获得和保持上来，由此产生了企业的内在发展理论，并逐渐演化为两个既相互独立又互为补充的学派，即资源学派和能力学派。

1. 资源理论

Wernerfelt（1984）[41]首先提出了“资源基础理论”这一概念，并将“资源基础”与“资源依赖”两种观点进行了比较，指出两者之间最大的不同在于：资源基础论假设资源是无限的、可创造的；资源依赖论则假设资源是有限的、具有僵固性。资源基础理论经巴尼（Barney，1986）的发展而激发了学者对企业资源与能力的一系列探讨。资源基础论认为战略联盟是企业间资源一体化的结果。Eisenhardt 和 Schoonhoven（1996）将联盟看作“由战略性资源需要和社会资源创造的机会共同推动的合作关系”。

资源是指组织所拥有的各种要素，包括设备、房屋、人员、土地和资金等有形资源及组织形象和文化等无形资源。在资源的差异能够产生收益差异的假定下，企业资源基础观认为企业之所以盈利，是因为企业内部有形资源、无形资源以及积累的知识在企业间存在差异，资源优势会产生企业竞争优势，企业具有的有价值性、稀缺性、知识性和不可复制性以及以低于价值的价格获取的资源，可以产生成本低或差异化高的产品，是企业获得持续竞争优势以及成功的关键因素，企业竞争力就是这些特殊的资源。因此，组织的竞争优势来源于组织的内部，依赖于企业的异质性的、稀缺的、非常难以模仿的和高效的专有资源；组织有不断产生这种资源的内在动力，可保持组织的竞争优势的不断形成和这些专有优势资源的不断使用。

科利斯（Collis D J，1995）[42]和蒙哥马利伽（Montgomery，1995）在《资源竞争：90年代的战略》一文中提出，企业资源观是建立在波特的竞争策略与核心能力竞争两种策略方法的基础上的。企业是实体资产、无形资产及能力三大素质的组合，企业的资产和能力决定企业的效率与成效，拥有最佳且最适当资源的企业比竞争对手表现得更佳或成本更低，从而在竞争中取胜。企业中长期发展的竞争优势依赖于企业自身构建、培育和拥有的特殊资源与能力。有竞争优势的企业有形、无形、能力等资源与基本市场力量的动态相互作用，决定着某一稀有性、专用性、需求性资源或能力的价值。

尽管同属于资源学派，但对于资源所包含内容的不同理解，又形成了不同的资源观。普拉哈拉德（Prahalad C K，1990）[43]等认为，竞争资源是“组织中的积累性学识、特别是关于如何协调不同的生产技能和有机结合多种技术流派的学识”，因而他们认为协调与有机结合的学识是主要资源，能力与知识似乎没有太大区别，都被视为一般资源。巴尼（Barney J B，1991）也认为能力与资源是同一回事，企业的资源还包括人力资本以及组织资本的正式与非正式资源。另外一种资源观是将社会资本纳入其中，认为社会资本能够为企业提供收益。

2. 能力理论

能力学派认为能力是企业有效使用资源，并使其相互作用，从而产生新的能力与资源的能力，其本质是组织在某一方面的知识，是确定资源组合的生产力。企业能力理论主要研究企业的能力分工，认为企业中蕴含着一种特殊的智力资本，确保企业以自己特有的方式更有效地从事生产经营活动。企业能力理论包括核心能力理论、基础能力理论、动力能力理论以及基于流程的能力理论等。

（1）核心能力理论。普拉哈拉德（Prahalad C K）和哈默（Hamel G）于1990年在《哈佛商业评论》上提出，“就短期而言，企业产品的质量和性能决定了企业的竞争力，但长期而言，起决定作用的是造就和增强企业的核心能力”。他们认为核心能力是“组织中积累性学识，特别是关于如何协调不同生产技能和有机结合各种流派的学识”。核心能力分为三种主要类型：市场通路能力，包括品牌发展管理、市场营销、分销与后勤、技术支持等，帮助企业尽可能贴近顾客；与诚信有关的能力，如质量管理、产品时间周期、供货的及时性和存货管理等能力，使企业比竞争对手做得更快、更具柔性和可靠性；与功能有关的能力，包括能够使企业提供独特性的产品或服务的技术，以及能够提供使顾客获得与众不同利益的产品的各项技术。核心能力理论认为并不是企业所有的资源、知识和能力都能形成持续的竞争优势，只有当资源、知识和能力同时符合珍贵（能增加企业外部环境中的机会或减少威胁）、异质（企业是独一无二的，没有被当前和潜在的竞争对手所拥有）、不可模仿（其他企业无法获得的）、难以替代（没有战略性等价物）的标准时，它们才成为核心竞争力，并形成企业持续的竞争优势。在核心能力的管理方面有四个关键任务，即选择核心能力、构造核心能力、配置核心能力和保护核心能力。核心能力理论可以概括为四个方面：企业本质上是一个能力的集合体；能力是对企业进行分析的基本单元；企业拥有的核心能力是企业长期竞争优势的源泉；积累、保持和运用核心能力是企业的长期根本性战略。

关于核心能力与其他战略观点的联系，普拉哈拉德和哈默认为核心能力是竞争优势的源泉，但不是所有竞争优势都是核心能力。产业竞争的观点着重于终端的产品或服务，而能力的观点着重于潜在的能力。市场位势竞争策略分析的是终端产品与服务之间的竞争问题，核心能力分析的是企业之间的竞争问题。以产品特性为定义单位的战略业务单元，限制了发掘潜在机会的视野，而核心能力有助于发现进入新领域的机会和有效资源配置。传统市场份额主要是指品牌份额与终端产品份额，核心能力份额虽不好测量，但可以通过核心产品份额来研究。核心产品介于能力与终端产品之间，建立核心产品份额是建立核心能力份额的途径之一。

（2）基础能力理论。桑切斯（Sanchez R）和黑恩（Heene A）等[44]在核心能力基础上，提出综合动力性的、系统性的、认知性的和整体性的能力概念，把基础能力作为研究竞争战略的基本理论框架。能力是为帮助组织实现目标协同各种资源配置的组织能力，即能力的知识观或知识资本。能力理论认为作为战略变化动力的管理者认知和组织学习的能力，决定了个体企业的资源禀赋与决定工业结构的资源积累禀赋。相同产业的企业在关键资源市场和产品市场的竞争与合作的同时存在并相互作用。强化企业的能力有两种途径：能力的构建（使现存资产与能力获得数量变化的过程）与能力的杠杆作用（运用现有能力满足现有或新的市场机会）。

基础能力理论认为，企业应该把能力作为一个开放系统来管理，重视企业网络和联盟的作用，快速配置临时资源链以获得短期市场机会的竞争优势。基础能力理论认为，产业组织理论、基础资源理论、核心能力理论均提出了获得竞争优势的必要条件，而不是充分条件，企业不应仅仅被描述为原有经济实体或资源的积累体，而应被看作一个有适应能力和变异的有机体，一个有自我组织能力的系统。组织的一致性就是对作为系统的企业所有要素进行排队组合，创造出在全企业得到支持的战略目标与战略手段。

基础能力理论提出了能力的动力性。能力的动力性是环境和组织的变化与共同进化的动态性，是形成能力和基础能力理论的主体，它包括企业内人员与团队的相互作用、企业与企业外资源提供者的相互作用、企业与顾客的相互作用、竞争对手与竞争伙伴的相互关系。环境的复杂动态造成了环境的不确定性，使管理者的认知产生了局限性。管理者的认知差异表现在制定目标与整合、配置资源的差异，进而使拥有和使用相同资源的企业出现能力的差异。要对复杂且具有差异的实现战略目标的资源从整体上进行管理，实现对能力构建和发挥能力的杠杆作用。知识与技能资源是关键的变量资源，企业学习及获得新能力的能力对在动态的市场中获得竞争优势起着决定性的作用。

（3）动力能力理论。提斯（Teece D T，1997）提出了动力能力理论。该理论实际上是基础能力理论关于能力动力性思想的进一步延伸。提斯认为资源和能力并非一个分析性的问题，资源是“黏性的”，企业所拥有的特异资源并非能随意改变或更新，而是依赖路径演化。企业的资源可以分为四个层次：①基础资源，即企业购买的生产要素和获得的公共知识，这是企业的基础，但由于非企业专有，因而不能作为企业的战略要素。②企业的专有资产，如商业秘密、生产秘诀和特殊的生产工艺等，由于融入了企业的无形知识，因而非常难以复制和模仿。③整合能力，即将企业的生产要素和专有资产有机地整合起来的组织与管理活动，这是企业长期生产经营过程中形成并固定下来的专有活动，使企业比市场更有效率，具有很强的经济性，与竞争对手比有显著优势的能力就是企业竞争优势的来源。④动力能力，对于目前激烈变化的环境来讲，能力也必须不断地创新，企业动力能力就成为最关键的能力。动力能力理论强调为适应目前激烈变化的外部环境，企业必须不断获取、整合，具有能确认内外部的行政组织技术、资源和功能性的能力。动力能力可以在给定的路径依赖和市场位势条件下，不断获取新的竞争优势。动力能力理论分析的单元不仅是笼统的资源，而且是有利于维持动力能力的组织过程专有资产状况和获得资源与能力的路径。

（4）基于流程的能力理论。波士顿顾问咨询公司的斯托克（Stalk G，1992）和舒尔曼（Schulman L E，1992）等[45]认为，成功的企业极为注意行为方式，即生产能力的组织活动和业务流程，并把改善这些活动和流程作为首要的战略目标，企业成功的关键不仅仅在于核心竞争力。每个企业都必须管理一些基本业务流程，如新产品的实现，从原材料到最终产品，从营销、订货到实现产品价值。每个流程都在创造价值，每个流程也都要求部门间的协同配合。因此，尽管各个部门可能拥有自己的核心能力，但是关键在于管理这些流程，使之成为竞争能力。管理者应把自己的管理重点放在支持这些能力的基本设施以及员工的培训上。企业为培养这种能力，必须考虑以下四个原则：公司战略的基础不是产品和服务，而是业务流；竞争的成功取决于将公司的关键流程转换为能为顾客提供较高价值的战略能力；公司通过对支持基本设施做战略投资来获得这些能力；这些设施连接传统的战略经营单位和部门，并超越了这些单位和部门，由企业最高管理者来协调部门。

3. 资源理论与能力理论的比较

（1）资源理论与能力理论的相同点。

1）二者产生的理论基础相同，都假设企业是异质的，企业是资源和能力的集合体，都从企业内部和内在发展出发来分析企业与市场。

2）持续竞争优势是二者共同研究的主题。企业间效率差异产生的原因在于企业所拥有的资源和组织能力在本质上有差异，有些企业可以依靠特殊资源和能力在相当长的时间内获得稳定的超额收益，从而建立和维持企业持久的竞争优势。因此，积累和利用这种具有差异性的资源与组织能力来开拓市场，是企业长期竞争优势的决定性因素。

3）二者都认为企业资源和组织能力的建立是一种动态性机制。企业竞争优势的形成、巩固、创新和变革，同企业资源和组织能力的形成、积累、维持和淘汰有着非常密切的关系。企业资源和组织能力最终决定企业的边界，即企业经营的纵深程度和横向多元化程度，是由企业的能力和资源决定的。

（2）资源理论与能力理论的不同点。在资源和能力对于竞争优势的作用机制上二者有着不同的解释：资源学派强调有价值、稀缺、不可完全模仿、不可完全替代的战略资源是持续竞争优势之源；能力学派则认为企业的核心能力是竞争优势的源泉。资源学派将核心能力作为企业资源的一部分；能力学派则强调对资源的配置和整合能力是核心能力的一部分。

总之，企业资源理论与能力理论尚需进一步接受和综合其他的理论，但二者作为研究地方高校所存在的资源与能力问题有着很重要的指导意义。

2.1.2　高校核心竞争力理论

近年来，核心竞争力理论已引入高等教育管理领域。对什么是高校的核心竞争力，不同的人从不同的角度有不同的理解。麻省理工学院第十四任校长保尔·E. 格雷说：“一个大学的质量在于它为自己制定的发展水平和前景以及它的原动力和潜在动力。”他强调能否达到大学发展所规划的“水平和前景”取决于大学的“原动力和潜在能力”，即高校的核心竞争力。我国有学者将高校核心竞争力描述为：“是在学校长期发展过程中形成的，蕴涵于学校内质中的，学校独有的，能给学校带来价值性的，支持学校过去、今后和未来的竞争优势，使学校长时间内在竞争环境中取得主动的，可持续发展的核心能力。”它具有价值性、独特性、延展性、难以模仿性和阶段性等特征。大学竞争力是大学在可持续发展前提下的教育综合能力。大学竞争力从宏观上是指一个国家高等教育与世界其他国家之间在知识创新、人才培养、服务社会等方面的竞争能力；从微观上是指一所大学与其他高校之间在规模实力、文化传统、办学特色、管理水平、教育质量、人员素质、社会公信等方面的优势比较。

1. 高校核心能力的概念及其特征

核心能力是在多种能力中处于中心地位的能力，它是相对组织内部而言的，在多种能力中处于主导地位、重要地位，它在组织生存和发展中可能起到支撑作用。在竞争环境中，有可能是组织的核心竞争能力。高等教育的核心能力是指整合各层次高等教育资源，提升高等教育品牌而形成的在持续竞争中保持优势的能力。从核心竞争能力的角度来看，核心能力使得组织竞争能力的范围经济得以实现，是组织拥有的、能够支持实现最大限度范围经济特征的竞争能力，它应具有独特性、不可替代性、不可模仿性、不可交易性、延伸性、动态可持续性等特征。

2. 影响高校核心能力的主要因素

（1）高校资源的配置。学校是一个大系统，各个系统的资源配备是以整体的方式存在的，基于范围经济，可以实现人财物等优质资源的共享，优化学校教育资源配置。尤其是各高校针对学科专业特点和科学研究方向所积聚的设备与图书、师资，凝练的管理思想与模式，是其他高校无法短期模仿与交易的特色资源，它是主办相关学科专业以及拓展办学层次、类别、形式和功能范围的能力。在办学经费短缺又强化人才培养质量和社会适应性的时期，有限资源的优化配置与共享，势必可以提高高等教育的核心能力。否则，将阻碍高等教育核心能力的发挥。

（2）高校教育信息化的程度和信息技术的利用。高校教育信息化，可以使整个学校多方面的资源共享，学校资源得到最大化的发挥。同时，高等教育信息化，特别是全球教育网络的形成和发展，打破了过去教育资源种种形式的封闭和垄断，使全校资源共享化程度大大提高，从而大大有利于全校教育资源的充分利用与质量和效益的提高。

（3）学科建设和人才培养目标与社会需要的结合度。高校根据市场的需求及时调整办学的理念、层次、形式、类别、学科专业，以适应市场对不同层次、不同类别、不同学科专业和素质的人才需求。其中就业率是检验教学与人才培养质量及学校办学的社会适应度的重要标准之一，是高校核心竞争力的集中体现。就业率反映了高校声誉、教学质量、实力和水平，是培育高校核心竞争力，保持高校持续、健康、协调发展中需要不断提升的重要指标之一。

3. 高校核心竞争力的培育途径

（1）确定正确的发展战略。发展战略是高校对实现总体目标所要做出的总体部署。学校在对市场环境做出科学分析和预测的基础上，对宏观环境政策的把握、资源的吸纳和发展中可能发生的问题进行科学的判断与正确的安排，确定高校发展的阶段性目标和总体方向的定位，使高校的发展适应市场对不同类型人才的需求，确保高等教育的持续、稳定、健康的发展。同时还能根据这一目标，把资源有效地分配到适宜的各个领域，实现资源优化配置。

（2）建设优势学科专业。范围经济的发展，可以根据市场的需要，实现高等教育学科的多样化。目前高等教育学科专业建设较多仍是以学科自身内在逻辑发展为依据和基础的，而较少参照现实社会经济建设和发展领域的需要，不能准确反映劳动力市场需求的变化，导致学校人才的培养带有较大的盲目性。高等教育培养的某些专业毕业生往往只具有理论知识，而缺乏实际操作能力。因此，高校学科专业设置不仅要具有前瞻性，还要提高市场竞争力，与市场保持同步。高校应当根据学校的具体情况，善于利用学校实力最强的师资、实验设备，集中人力、物力，加大发展力度，形成优势，形成特色。当某些学科形成特色，积累经验后，也能推动其他学科的发展，从而推动整个学校的发展。学科专业的建设是一项长期的工作，是学术积累和演进的结晶，是高等院校的立足之本。一所高校只有在学科或学科群中占据绝对或相对优势的情况下，才具有核心竞争力，才能够塑造出满足社会经济发展需要的、功能强大的产出能力。基于这是范围经济的发展战略，也是基于范围经济的高校发展的必然。

（3）形成具有竞争优势的管理体系。发展要求管理，管理为了发展。范围经济的发展是基于一定程度的规模经济，在规模经济的条件下优化资源配置。因此，在学校组织内部，要使整体要素作用得到最大限度的发挥，取决于该组织的组织能力，其关键是良好的管理体制和高效的运行机制。一所学校的管理水平如何，很大程度上决定了这个学校各种教学资源的整合力度以及办学的整体水平。一般来说，管理水平高，办学成本就低，教育质量就高，办学效益就好。对于极端复杂而微妙的现代高校组织而言，学校的所有管理、服务工作，都要围绕着提高办学质量、培养高素质的优秀人才服务。管理者要悉心倾听学生的愿望和要求，为学生创造良好的学习和生活环境。通过科学管理，实现大学内人才、物力、资源的最优化整合，从而获得最大办学效益，管理体系的作用就显得更加突出。独特而高效的管理体系，不仅是高校竞争力的生成机制，而且是高校核心竞争力的重要标志。

（4）构建独特的文化传统和学术精神。核心竞争力的一个重要特点就是不易被他人模仿。技术可以模仿，制度也可以模仿，但作为一个高校独特的文化有的呈显性，但更多的是隐性的，是别的学校难以模仿的。因此，培育独特的高校文化也是培育高校核心竞争力的一条重要途径。高校文化的核心是办学理念、学校风气、文化生活、人际关系等。强大的文化凝聚力将创建一个自由、平等、活跃与和谐的学术氛围。有了学校师生共同认可的核心价值观、核心理念，才能够真正激发出全校师生员工的积极性，为实现学校的办学理念和目标而奋斗不息，努力不止，从而增强学校的核心竞争力。对公众和社会而言，这也是高校良好形象的标志，对校内师生而言，这是达成默契、增强合作、实现认同的最好手段。

上述战略模式实质上就是差异化战略、规模战略以及成本控制战略三大战略模式，而组建战略联盟是实现这三大战略优势最有效和直接的途径之一。

4. 高校培育和提升自身的核心能力战略分析比较

虽然资金并不是决定办学水平的唯一条件，但经费的多寡在很大程度上制约着大学发展的确是不争的事实。核心能力问题解决的战略选择很多，主要有以下几种。

第一，依靠地方高校自身的力量来培育地方高校的核心能力。这是一种代价高昂而且非常困难的方法。核心能力的培育是一个长期积累的过程，而且它有明显的路径依赖性，即核心能力与地方高校现有的知识存量密切相关，这对知识存量明显不足的地方高校来说，就需要花费更长的时间，并且这种内生型的发展往往由于缺乏对外界变化的关注和适应能力，而出现核心刚性，甚至陷于能力“陷阱”。所以在产品更新换代加速、国际市场竞争日趋激烈、知识日新月异的知识经济时代，一所地方高校，特别是知识存量不足的地方高校，想完全依赖自己的力量来获取培育核心能力所需的所有知识，几乎是不可能的，只会使自身的处境日趋危险。高校要提升自身的竞争力，需要有各类教育资源的支持，特别是资金问题，没有一定（甚至巨额）的资金投入，高校就难以维持，更谈不上发展。

第二，通过市场交易、兼并或收购其他地方高校来获取所需的资源，培育和提升地方高校的核心能力。就组成高校核心能力的重要部分知识来说，由于可以直接转移、交易、商品化的知识实质是明晰的知识，具有公共产品的性质，因而地方高校从外部购买的大多是明晰的知识，并不能因为它的吸收而形成地方高校自身的核心能力，至多只为地方高校核心能力的培育、提升起一个基础作用。采用兼并或收购其他地方高校的资源的途径，可以获取地方高校所需的知识和能力，但存在很大的风险。因为地方高校核心能力中包括组织关系、组织态度和地方高校文化等深层次的知识，兼并或收购意味着组织的重构或重组，嵌入原地方高校上的凝聚力、关系、态度、文化等往往会受到破坏，特别是当地方高校之间的知识结构和认知能力相差甚远时，这种破坏力会更大，同时这种途径所需的成本和精力也是巨大的，会给地方高校带来很大的财务风险和经营风险，因而也是一种具有很大不确定性的途径。

第三，通过地方高校间合作的方式来获取和创造所需的新资源与新能力，培育提升自身的核心能力。战略联盟、虚拟地方高校等都是这种途径的具体体现。它们都是指地方高校为了能够获取其他组织的技术和能力，并且可共同创新知识而自愿达成的一种基于知识的联盟形式。这种合作方式是中心目标资源的集合和协同创新，从而提升核心能力。这种途径在获取和创造资源与能力方面，相对前两种途径来说，具有风险小、学习成本低、学习灵活、学习效率高的优势。因此，近年来，随着经济的全球化和知识的迅速膨胀，越来越多的地方高校利用这种合作方式来建立、更新或重塑其核心能力。总的来看，现阶段及今后很长一段时间内，战略联盟是培养地方高校动态核心竞争力的重要途径。

2.1.3 社会网络理论

网络理论分析的基本假设是个别企业所依赖的资源被其他企业所控制，企业必须通过网络以获取这些资源，因此网络是一种关系。Gulaiti 认为，战略联盟是一种社会网络，是组织之间的一种自发行为，目的在于追求共同的经济利益和组织目标，并通过契约关系形成排他的企业进入壁垒[46]。社会网络理论认为，公司所在的社会环境是一个关系网，公司和网络参与者之间直接和间接的联系[47]，以及它们之间的资源关系[48]，都影响着公司各方面的能力。Easton（1986）则从相互导向（mutual orientation）、依赖性（dependence）、约定（bond）及投资（investment）四个方面来说明网络关系。而根据 Hakansson（1987）、Johnson 和 Mattsson（1987）及 Jarillo（1988，1990）的见解，认为产业网络具有以下特点：有一群彼此依赖的独立组织间关系所组成，上述关系隐含专业分工的现象，而其协调则是通过网络上的互动行为（interactions）。这类互动行为包括交换（exchange）与适应（adaption），交换行为的功能旨在取得组织外部资源的累积等，而适应则是为了追求网络关系，以长期维持进而努力解决网络中的不一致，同时，适应也意味着组织间仍有改变的空间（网络动态化）。网络中存有互补与竞争关系，网络是组织间形成的长期关系，而网络联结乃是有目的的编制，使网络内的组织在面对外来竞争者时，拥有其自身的竞争优势。

此外，Jarillo（1988）从战略性网络（strategic network）观点指出产业网络是：意在降低交易费用的有意识的战略行为，具有长期关系，但并不表示此关系必须固定。产业网络联结会因成员彼此战略的考虑，而随时调整产业网络结构，使各成员获取所需的竞争优势。这种观点与战略联盟形成的动机相当近似，实际上是网络理论呈现的形态[49-50]。

2.2 战略联盟的内涵

自20世纪80年代以来，战略联盟作为一种组织形式在西方和日本企业界发展迅速，战略联盟的迅速发展对社会和经济产生了广泛而深刻的影响，在企业和学术界引起了普遍关注，国内外的学者对战略联盟进行了较为深入的研究。

2.2.1 战略联盟的定义

战略联盟的概念最早是由美国DEC公司总裁简·霍普兰德（J. Hopland）和管理学家罗杰·奈格尔（R. Nigel）提出的[51]。但对于战略联盟的概念，学术界至今还没有一个公认的严格的解释，不同的学者从不同的角度对它进行了定义。战略联盟在英文文献中就有很多不同的概念，主要使用的有 Strategic Alliance、Strategic Linkage、Strategic Partnering 等。从字面上解释，联盟最基本的含义是指为达到一定战略目标而产生的相互联系和衔接，常被视为处理某类不确定性的机制。联盟一词来自英文“alliance”或“coalition”，后者有“结盟”之意。联盟是指某种关系。战略（strategic）一词，首先来自军事术语，通常用来表示敌对双方或多方在胜负未决的条件下，对己方已有的力量进行动员或配置的行为过程。因此，在最一般的意义上，战略的本质特征：一是竞争性，二是计划性，三是全局性，四是长远性。表2-1列出了部分学者从企业战略的角度对战略联盟的定义。

表 2-1 部分学者对战略联盟的定义

学者	时间	定义	评述
波特 M. E. Poter	1988	联盟是企业之间进行长期合作，它超越了正常市场交易但又未达到合并程度，联盟的方式包括技术许可生产、供应协定、营销协定和合资企业①	认为战略联盟是介于市场与一体化之间的中间组织形式，论述较为贴切
萨拉哈丁	1988	战略联盟是企业保持自身独立性的同时，为追求共同的战略目标而走到一起合作创造更大价值的特殊关系②	强调企业之间的平等独立和协同效应性的特征，但“特殊关系”概念指代不明
蒂斯	1992	两个或两个以上的伙伴企业为实现资源共享、优势互补等战略目标，而进行的以承诺和信任为特征的合作活动。其包括排他性的购买协议；排他性的合作生产；技术成果的互换；R&D 合作协议；共同营销③	认为联盟排斥直接市场交易，在某种程度上揭示了联盟的本质，但范围稍窄一些
库尔盼	1993	跨国公司之间为了寻求共同的战略目标而签订的多种合作安排协议，包括许可证、合资、R&D 联盟、合作营销和双方贸易协议等④	将战略联盟定义为一种协作关系，显得过于宽泛而不够明确
邓宁	1995	战略联盟可以采取股权共享的方式，如企业合并、合资新建，同时包括 R&D 伙伴、合作生产、共同营销和分配等非股权形式⑤	指出联盟包括股权和非股权两种组织形式，但将企业合并也包括在内，模糊了联盟与一体化的关系
西尔拉	1995	战略联盟是由较强的、在业务上具有竞争关系的公司组成的企业或伙伴关系，是一种竞争性联盟⑥	强调了战略联盟是从事同一活动的公司之间的合作

注：①迈克尔·波特. 竞争优势［M］. 北京：中国财政经济出版社，1988.

②Slahauddin. Strategic ailiance［M］. Business & Economic Review，1988.

③Teece D J. Competition, cooporation and innovation: organizational arrangements for regimes of rapid technological progress［J］. Journal of economic behavior & organization，1992，18：1-25.

④Culpan R. Multinational strategic alliances［J］. Psycho-oncology，1993，23（4）：390-6.

⑤Dunn J H. Multinational enterprises，economic structure and international competitiveness［M］. Ottawa：John Wiley and Sons，1985.

⑥Sierra M C. Managing global alliances：key steps for successful collaboration［M］. England：Addision-Wesley Publishing Company，Inc.，1995.

综上所述，本书认为对战略联盟的界定包括如下内容：

第一，两个或两个以上具有独立法人地位的组织基于对组织战略发展目标和环境预期的考虑，做出的战略性决策。

第二，参与联盟的组织根据各自资源的异质性，寻求自身互补性资源的行为。

第三，长期建立的相互信任关系，补充由于契约的不完备性导致对机会主义行为的约束力不够的问题，约束不完备契约，是一种有效的治理结构。

总之，战略联盟是指两个或两个以上的具有独立法人地位的组织，出于对发展环境的预期和组织总体发展目标的考虑，通过各种方式而结成的资源共享、优势互补、风险共担的松散型组织。

2.2.2 战略联盟的特征

不同形式的战略联盟具有不同的特征，综合来看，战略联盟具有如下共同特征[52]：

1. 战略性

战略性是战略联盟区别于其他合作方式的重要特点。战略联盟是组织出于战略目的而采取的一种长期合作形式，它是联盟组织为了各自长远的和整体的战略利益而采取的一种战略性举措。战略联盟的选择是组织对自身未来竞争环境分析基础上的长期谋划，目的是从战略的高度改善联盟共有的生存与发展环境和条件，积极地利用外部资源。

2. 松散性

战略联盟成员具有各自独立的法人资格，而战略联盟不具备独立的法人资格，联盟成员之间没有行政上或法律上的上下隶属关系，大多由一般的协议来维系，而且这些协议一般局限于某一方面，在其他方面对联盟各方没有约束力。

3. 互利性

战略联盟是多个组织为了某种共同利益而结合在一起的战略共同体。战略联盟存在的目的是互利合作、优势互补，通过合作获取大于各自独立行动所获取的利益，产生联盟体聚集或联盟网络共赢的效果。

4. 竞争性

战略的本意就有竞争，战略联盟是合作与竞争的矛盾统一体，在竞争中合作，在合作中竞争。战略联盟是为合作而产生的，但合作的最终目的在于竞争，在于在更大范围和更高层次上进行竞争。而且，联盟企业之间在一个特定的领域内可能是合作，而在其他领域则是竞争；可能在某一段时间内合作，在其他时间竞争；还可能一边合作，一边竞争。

5. 平等性

成立战略联盟的企业间一般实力接近，因为实力接近才容易实现优势互补，强弱联盟很少成功。同时战略联盟本身在组织上十分松散，联盟企业之间是一种平等的合作伙伴关系，不存在控制与被控制的隶属关系，在密切合作的同时保持着各自企业的独立性与平等地位。

6. 灵活性

进出战略联盟相对来说比较灵活，参与活动的多少出于组织的需要不同而不同，一旦企业参加联盟的目的达到以后，联盟就可能消失。战略联盟本身是一个动态的、开放的系统。

除此之外，战略联盟还具有资源和能力的互补性、聚合性和组织的虚拟化与网络化的特点等。

2.2.3　战略联盟形成的机理

战略联盟的研究成果很多，尤其是国外对企业的战略联盟的研究理论较为成熟，有一定的创新性和理论深度，最核心和主流的理论是研究战略联盟形成机理的理论，这里介绍六个关于战略联盟的形成机理理论：战略缺口理论、网络理论、交易成本理论、企业资源和能力理论、学习理论和竞争优势理论。

1. 战略缺口理论

泰吉（Tyebjee）和奥兰德（Osland）等学者于 1988 年提出了战略缺口理论，该理论认为，竞争环境对企业的绩效目标造成了巨大的压力，因而，当企业扫描竞争环境和评估自身的竞争力和资源时，往往会发现竞争环境客观要求他们取得的战略绩效目标与它们自身资源和能力所能达到的目标之间存在一个缺口，这个缺口被称为战略缺口。它在不同程度上限制了企业依靠自己的资源和能力发展，这就要求企业走战略联盟的道路。因此，战略缺口是推动组织竞争中结成战略联盟的重要动力，组织的战略缺口越大，参与战略联盟的动机就越强烈。一家企业的竞争地位不再是完全取决于其内部所拥有的能力和资源，而在相当程度上取决于企业与世界范围内其他公司结成的战略联盟网络的广度和深度，只有走联盟合作的道路，企业才能弥合不断扩大的战略缺口，增强在全球竞争生存与发展的能力。战略缺口的存在客观上要求企业进行战略联盟[53]。

2. 网络理论

网络理论认为，具有网络型组织的企业，对于增强企业组织的活力和形成企业之间的价值连锁起着很大的作用。网络结构在协作企业的共同防御和相互配合中发挥着重要作用。网络组织既有利于提高各成员的自律性，又有利于在相互协调、共同运作的基础上促进彼此的交流，从而不断提高企业对环境、技术和市场急剧变化的适应能力。战略联盟就是企业间的网络化系统。战略联盟可发挥乘数效应，通过对联盟内资源经营有效组织，实现要素的共享，从而保证从投入到产出全过程的“节约”。当众多主体和多组织相结合的联盟形式跨越行业界限时，联盟的出现有可能改变竞争的性质，产生更为复杂而难以预见的多行业综合竞争。战略联盟作为企业间的网络化系统，其最大着眼点是在经营活动中积极地利用外部规模经济。当企业内不能充分利用已积累的经验、技术和人才，或者缺乏这些资源时，可以通过战略联盟这一网络化系统实现企业间资源的共享，相互弥补资源的不足，以避免对已有资源的浪费和在可获得资源方面的重复建设。战略联盟的建立使企业可利用资源的范围增大了。网络理论通过拥有不同技能、资源乃至不同经营规模的企业的相互合作形成一个动态网络系统，在网络系统内部合理配置资源，利用“协同”效应，共同承担项目的研究开发，并共担风险、共享利益，这以戈沙尔（Ghoshal，1998）、鲍威尔（W. W. Powell，1996）等[54]的研究为代表。

3. 交易成本理论

罗纳德·科斯在1937年发表的《企业的性质》中开创性地提出了交易成本的基本概念，认为市场运行中存在“交易成本”。威廉姆斯（Willamson，1985）在《资本主义经济制度》一书中，对交易成本做了进一步的界定，他完善了交易成本的概念。按照交易成本理论的观点，战略联盟是一种新的制度安排，是介于市场和企业中间的组织形式，它通过建立较为稳固的合作伙伴关系，稳定双方交易、减少签约费用并降低履约风险，顺应了企业节约市场交易成本的需要。这以古莱提（R. Gulati，1995）、洛伦兹尼（C G. Lorenzoni，1999）[55]等的研究为代表。但在实际应用上，交易成本理论有些抽象，也不能适应战略联盟动机的动态变化；同时，它没有对联盟双方或多方所拥有的资源在形成联盟中所起的重要作用给予足够的重视。

4. 企业资源和能力理论

该理论实际上是一系列具有特定密切联系的理论的集合体，其包括资源学说、核心能力理论等。资源管理理论认为资源是稀缺的。企业难以拥有自己需要的所有资源，企业总有资源的薄弱环节。资源和能力的获取有时需要相当长的时间，如物质资源的获取相对比较容易，而核心技术、核心人才、企业品牌等资源，是不能在短时间内可以获取的。当企业所需的某种稀缺资源被其他企业独占。或者企业不具备创造、获取某一资源的能力时，企业的发展将受到资源瓶颈的限制。每一个企业都在探索如何迅速地获取所需的资源，如何在最短的时间内建立起竞争优势。如果企业通过战略联盟与其他企业建立起合作关系，便可以打破资源利用和能力获取的瓶颈状况，联盟企业间的要素可以相互补偿，能量可以相互利用，从而迅速地建立起竞争优势。米勒（D. Miller）等认为企业竞争优势的源泉在于其核心能力，核心能力蕴藏在组织内部和人的经验性知识中，企业联盟为企业的能力转换和创造提供了一条有效途径[56]。

5. 学习理论

帕维特（Pavit）、纳尔森（Nalson）、福斯（Foss）和格兰特（Grant）[57]等提出的企业知识理论认为：生产的关键投入和企业价值最重要的来源是知识，社会生产是在知识的引导下进行的。根据这一理论，知识按照转移程度可分为两大类：一类是显性的可转移知识；另一类是隐性知识，这类知识存在于组织内个人的职业技能、团体的特殊关系之间，也存在于特别的规范、态度、信息处理以及决策程序之中。显性的知识通过沟通可以比较容易地转移，而隐性知识难以用语言进行表述，也难以通过沟通得以转移，它只能通过应用和时间才可外现并获得。因此隐性知识在组织中的转移是缓慢的，成本是昂贵的，且是不确定的。

知识学习理论认为，知识产品市场较多地存在“市场失灵”现象，知识产品市场失灵，一是知识转移多采用内部化形式；知识多隐藏于组织内部，其在组织内部的转移成本低，因此多采用内部化形式；二是因为知识学习成本高。拥有独特的知识产品是企业获取竞争优势的源泉，企业为生产知识消耗了大量资源，因此企业必定会竭尽全力地防止其知识的“外溢”；出于信息不对称、机会主义和不确定性的存在，也使知识产品难以用市场价格机制进行交易，这一切都增加了知识学习的成本。为了克服这一现象，企业常常通过建立战略联盟促使知识进行“内部化”转移。

Harnel（1991）[58]，Kogut 和 Zande（1993）[59]，Mowery、Oxley 和 Silverman（1996）[60]研究表明企业形成联盟的伙伴关系是为了获得组织学习的机会。知识学习理论认为，战略联盟是解决经验型知识转移的有效途径，可以通过缔结战略联盟创造一个便于知识分享的动态的宽松环境，通过人员交流、技术分享、访问参观联盟伙伴的设施等办法将经验型知识有效地移植到联盟各方，进而扩充至更新企业的核心能力，真正达到企业间合作的目的。学习不仅是缔结联盟的重要原因，也是联盟获得成功的一个重要因素。战略联盟的重要性和意义在于，企业作为一个学习型组织，可以通过在战略联盟组织内部相互作用中学习提高，进而达到增强企业竞争优势、改善企业整体的目的。

6. 竞争优势理论

波特提出了著名的“五力”模型，认为一个行业的竞争状态取决于五种力量（供应商、顾客、替代者、互补者和同行）的相对强度，这些竞争力量合起来决定了行业的最终利润潜力，而企业的行业定位则决定了行业内企业的业绩差异[61]。按照行业结构理论，企业业绩差异主要来源于由行业壁垒所导致的“张伯伦租”，其中涉及规模经济、产品差异、资本需求、转换成本、分销渠道、与规模无关的成本劣势、政府政策等因素。

协同竞争是发生在企业或组织之间，涉及不同企业或组织的一种关系。一些学者开始从企业或组织间的角度来寻求企业竞争优势的来源，提出企业竞争优势来自组织间的“关系租”。Eeffery H. Dyer 和 Harbir Singh[62]开创性地对“关系租”做出了如下定义：如同超常报酬，从厂商彼此的交换关系中产生，单一厂商无法完成，必须通过特定联盟伙伴的共同努力才能创造。联盟伙伴通过整合、交换或投资于特定资产、知识与资源利用有效的治理机制来降低交易成本，或有效地整合资产、知识或能力以获得租金。他们进一步指出，通过旨在组织之间建立关系的特定投资，可以以独特的方式对资源进行整合。因此，厂商之间的特殊关系是“关系租”与竞争优势的来源。厂商的重要资源可拓展厂商的边界，这些资源可能镶嵌于厂商间的资源与惯例之中。“关系租”可能来源于关系专属资产，具有互补性的稀缺资源或能力，以及共同学习、知识交换或更有效的治理机制等。“关系租”理论很好地解释了当前不断发展的战略联盟、虚拟企业、供应链、企业集群等各种协同竞争形式竞争优势的来源。

2.3 高校战略联盟的内涵

2.3.1 地方高校战略联盟的定义

对于高校战略联盟的定义，众多专家学者参照企业战略联盟的含义做了不同的界定。本书认为，地方高校战略联盟应该包含企业战略联盟定义的七个基本特征，高校战略联盟是指高校之间在一个特定的竞争环境条件下，为了实现一定的战略目标，通过一定的方式而建立的关系紧密又保持各自相对独立的联合体。地方高校建立战略联盟，是知识经济时代挑战的一种合理选择，是适应资源短缺的竞争环境的一种组织安排，是高校在大众化时期为实现办学资源共享、提升竞争力的重要组织形式。地方高校为合作伙伴建立的战略联盟就是地方高校战略联盟。战略联盟组织具有敏捷化、虚拟化和网络化的特性，行为具有战略性，成员之间有各自独立的法人地位、地位平等、彼此之间有一定的竞争性又相互协作。

2.3.2 高校战略联盟与高校合作、合并的关系

1. 高校战略联盟与高校合作的关系

高校校际合作是两个及以上的高校在教学、科研和社会服务等活动上进行合作，通过共同的投入和努力达到一定的办学目的的活动。

从合作对象类别不同看，合作可分为地方高校间合作、部属高校间合作、地方与部属高校间合作。

从合作面的大小上看，各合作高校之间可以全方位合作，也可以就某一、某些项目的局部合作。就局部来说，可以就某门学科、某个研究项目进行合作等。

从合作对象多少，合作可分为多伙伴合作和两校合作。相对于多伙伴合作，两校合作的特点是范围小、规模小，管理和运行相对简单。

合作对象增多、合作深度和广度增加，一般的合作可以发展为高校战略联盟。从某种意义上说，合作与战略联盟也可以是一个概念，合作是战略联盟的萌芽，可能也是战略联盟的诱发阶段，是战略联盟的最低级的形式。战略联盟是合作的高级形式，它比一般意义上的合作面要广，伙伴间的联系更加紧密，战略性更强，也更加复杂。在欧美高等教育中存在着一种非常独特的办学模式，这种模式是类似于一种“联邦式”的独立联合体。在这样的联合体中，每个学校是独立的，有自己的教职员、学生、目标和特定的教学领域，提供小型学校可以实现的有特色的课程和教学模式，但是学校之间又有跨校的协调机构，使学校之间保持密切的联系，实现师资、课程、设施、支持服务方面的资源共享。例如美国的“克莱蒙特大学联盟”和“常青藤盟校”，这样的合作就是战略联盟。

2. 高校战略联盟与高校合并的关系

高校合并是指两个及以上的高校合并为一所高校。合并是合作的极端形式，是把两个独立的主体学校变为一所学校。参与合并办学的高校通常都失去其原来的独立地位，成为合并后成立的新大学或一个分校的一个部分。战略联盟最基本的一点是要求两个学校在共同参与教学活动的过程中保持主体的独立性，各合作方始终保持独立的身份和地位。它们可能成为各校在自愿协商基础上成立的某种合作事务管理机构的成员校，相当于某种“独联体”的成员，但不会成为分校或其中另一所大学的一部分。

高校间的合作、战略联盟与合并的比较如表 2-2 所示。

表 2-2 高校间的合作、战略联盟与合并的比较

区分点	合作	战略联盟	合并
结合紧密程度	半松散半紧密	松散紧密	融为一体
时间长短	可长可短	长期	长期
参与者数量	2 个或 2 个以上	2 个以上	2 个或 2 个以上
范围	较窄小	较宽	全方位
地位独立性	完全独立	完全独立	不独立

2.3.3 战略联盟提升高校竞争优势的机理

地方高校目前存在的主要问题是资源稀缺和竞争优势不足。根据资源理论，可以认为高校是资源的集合体，高校的持续竞争优势来源于它所拥有的战略资源的数量、质量及其使用效率，高校拥有的战略资源是高校持续竞争优势的基础。由于每个高校的发展路径不同，它们所拥有或控制的资源状况也就不可能完全一样。因此，战略联盟伙伴之间往往各自拥有一些不同的战略资源。由于能够带来竞争优势的战略资源通常是稀缺的、不完全流动的、不完全模仿的和不完全替代的，这就决定了这些战略资源不能通过市场交易实现有效的配置和使用。然而，高校的战略资源本身并不是高校的竞争优势，高校的战略资源只有得到有效的配置和使用，才能转化为高校的持续竞争优势。高校战略联盟为高校战略资源的有效配置和使用提供了机会，战略联盟可实现联盟伙伴之间的高校战略资源的共享和互补，并在此基础上发展新的战略资源。因此，从资源理论的角度，高校战略联盟的竞争优势主要表现为高校战略联盟资源共享的竞争优势、高校战略联盟资源互补的竞争优势和高校战略联盟发展新资源的竞争优势。

1. 高校战略联盟资源共享的竞争优势

高校的竞争优势体现为高校能够比竞争对手以更快的速度或者更好的质量为顾客提供更高的顾客价值，这里的顾客可以指学生或者要求提供服务的社会组织，对于学生而言就是提供更好的教学质量和教学环境；对于社会组织而言就是更好和更快地研发产品与提供科技服务、创新知识。竞争优势有两种基本形式：成本领先和差异化。高校战略联盟在联盟伙伴之间重新配置战略资源，使高校的战略资源从高校内部使用扩展到高校外部使用，扩大了战略资源的使用范围，实现了联盟伙伴之间战略资源的共享，进而导致成本的节约，获得成本优势。

高校战略联盟资源共享的竞争优势是通过规模经济和范围经济实现的。高

校的规模经济是通过高校学生规模的扩大来实现的。高校战略联盟的规模经济则是通过在联盟伙伴之间重新配置战略资源，相对地扩大招生规模和服务范围（扩大了战略资源的使用范围）来获得的，而不是通过高校内部规模的扩大来实现的。首先，高校战略联盟扩大了高校资源，尤其是战略资源的使用范围，通过资源共享有效地提高了高校资源的利用率，降低了单位运行成本；其次，高校战略联盟在更大范围内实现了专业化分工，提高了学习经验效率，相应地降低了运行成本。高校范围经济的产生，一是在增加办学行为（层次、形式、类别、学科专业等）以前，学校的三大职能发挥的空间还很大，师资、教学设备、图书信息资料资源等的综合利用不够，拓展办学行为后各项资源得到有效组合、共享和匹配。二是现代信息技术的发展，使得教学科研设备、电子图书、网络资源共享成为可能，并且占据总资源的比例增大，在使用率允许的前提下，提高资源利用率产生的边际成本可以忽略不计。例如在一所高校，在网络流量允许的条件下，一个人上网查阅学习资料与两个人上网查询资料时，在一定条件下不会太多地影响网络电子图书建设的成本。三是多个办学行为的关联性也可以带来成本的节约，如以普教资源为基础拓展关联的成人教育、国际教育、网络教育，以研究生培养资源为基础拓展科学研究和知识创新等，能在资源共享过程中减少成本，产生范围经济。一般地，高校战略联盟带来的规模经济和范围经济越大，则高校战略联盟资源共享的竞争优势也越大。

2. 高校战略联盟资源互补的竞争优势

缺口理论同样适合高校，一个高校的持续竞争优势往往受到高校战略资源薄弱环节的制约。要提高高校的持续竞争优势，高校必须尽力发展所缺的战略资源，克服战略资源的薄弱环节。传统的方式是高校依靠自身的力量来发展所缺的战略资源，弥补战略资源的薄弱环节。高校战略联盟改变了这种传统的方式，高校不再仅仅依靠自身的力量，而是依靠外部高校的力量来克服战略资源的薄弱环节，即高校不是用自己最有优势的战略资源来弥补最薄弱的战略资源部分，而是用自己最有优势的战略资源和其他高校的战略资源重新整合，实现高校间的资源互补，从而获得更大的持续竞争优势。高校战略联盟伙伴间的资源互补，实现了不同高校间战略资源的取长补短，从而提高了每个高校对自身资源的利用效率。从战略管理的角度，高校在分析竞争环境和评估自身的竞争力及资源时通常会发现，在竞争环境中它们所需取得的战略绩效目标与它们依靠自有资源和能力所能达到的目标之间总是存在着一个战略缺口，而战略缺口的存在在一定程度上限制了高校走依靠自有资源和能力自我发展的道路，这就在客观上要求高校走战略联盟的道路。通过高校战略联盟实现联盟伙伴间的资源互补，正好可以弥补高校的战略缺口（最短的木板或战略资源的薄弱环节），提升高校的资源和能力，实现高校所需取得的战略绩效目标。也就是说，高校战略联盟所产生的资源互补的持续竞争优势主要是通过弥补高校资源尤其是战略资源的不足来实现的，即通过联盟伙伴间的资源互补提升高校的战略资源的数量、质量和使用效率来实现。

首先，联盟伙伴间的资源互补增加了高校战略资源的数量。从联盟伙伴那里获得高校所需的战略资源是高校战略联盟的一个重要动因，通过战略联盟高校可以从联盟伙伴那里获得一些重要的战略资源，增加高校战略资源的总数量。其次，联盟伙伴间的资源互补实现了以他人之长补己之短，进而提高了高校战略资源的质量。最后，联盟伙伴间的资源互补使不同高校间的战略资源得到优化配置，提高了高校战略资源的使用效率。

3. 高校战略联盟发展新资源的竞争优势

经济全球化和科学技术的快速发展使得高校外部经营环境和高校未来发展充满了诸多的不确定性。面对未来的不确定性，高校需要不断地发展和积累有价值的战略资源，从而获得持续的竞争优势。发展和积累高校有价值的战略资源并不意味着简单地从其他高校获取有价值的战略资源。在一定程度上，从外部获取是高校发展和积累有价值的战略资源的一个途径，但仅仅从外部获取有价值的战略资源并不能保证高校能够获得持续的竞争优势。首先，许多有价值的战略资源往往是意会的、模糊的，它们是其他诸多资源的综合结果。例如高校的隐性知识、高校的核心竞争力等，高校并不能直接从外部获取这些资源。高校能够从外部获得的资源也许是有价值的，但往往并不是最有价值的战略资源。高校最有价值的战略资源是高校持续竞争优势的重要来源，其他高校并不会轻易让你获取这些资源，因为这些资源是它们的生存和发展之本。其次，有价值的战略资源往往会不断地被更有价值的战略资源所替代。由于科学技术的快速发展，技术革新周期缩短，知识更新加快，从而使有价值的战略资源不断更新换代。原有的有价值的战略资源逐渐变成一般资源，而新的更有价值的战略资源不断涌现，并替代原有的有价值的战略资源，成为高校持续竞争优势新的重要来源。因此，一个高校如果要获得持续的竞争优势，必须不断地发展自己的有价值的新战略资源。

2.3.4 地方高校战略联盟与企业战略联盟的差异

虽然高校具有类企业性质，但是高校的非营利性组织的特性决定了高校战略联盟和企业战略联盟还是存在很多差异的。

1. 产生的动因不同

从时间上来说，非严格意义上的大学校际合作办学早在现代之前就曾在地理位置靠近的大学之间出现过，高校联盟的产生比企业战略联盟更早。高校在办学过程中进行某种形式和某种程度的合作是很自然的，高校联盟最初主要不是出于经济利益，而是出于追求学术卓越等非经济性的因素。企业战略联盟的出现是因为竞争、经济利益的推动。但是，严格意义上的较全面和系统的高校战略联盟是在高等教育发展到现代才变得具有普遍性的，除了高等教育自身规模扩大的需要外，企业界战略联盟的成功运用也是一个重要的影响因素。

2. 联盟的目的不同

企业战略联盟最终目的是要追求利润最大化，但高校战略联盟不是追求利润的最大化，而是最大限度地降低学校运行过程中的成本，促进高校资源的利用效率，提高高校核心竞争力，追求一定的或适度的盈利，同时要求将这种所得投入高校促进高校的再发展。

3. 绩效评价标准不同

企业战略联盟的绩效可以用投入的经济成本，生产出的物质产品的销售额等量化指标来核算联盟的效益。而高校由于其很多无形成本的投入难以计量和定价，毕业生和科研等“产品”的效益评价具有滞后性，所以很难在短时间内评价联盟的效果。

本章小结

本章首先介绍了战略联盟研究的相关基础理论以及战略联盟的定义特征和形成机理。然后就本书研究的主要目标——地方高校战略联盟问题进行了一般性的概述，给出了地方高校战略联盟的定义，并将高校战略联盟与高校合并、合作的关系进行了比较，然后深入分析了战略联盟提升高校竞争优势的机理，比较了高校战略联盟和企业战略联盟的不同之处，为本书的后续研究打下了理论基础。

第3章 地方高校发展环境与战略联盟动因分析

20世纪90年代以来，我国进行了影响深远的高等教育体制改革与结构调整，开启了高等教育大众化进程。目前，地方普通高校数量和在地方普通高校就学的学生数占全国高校总数的90%以上。地方高校已经成为我国高等教育体系的主体部分，在高等教育大众化过程中发挥着主力军作用。在一定意义上讲，地方高校的发展水平，决定着我国高等教育事业的总体发展水平。为数众多的地方高校如何发展，成为人们关注的重要问题。本章从高等教育大众化给地方高校带来的机遇以及地方高校面临的困境等几个方面对地方高校构建战略联盟的动因进行分析。

3.1 地方高校发展环境的机遇

我国的高等教育起步晚且前期发展缓慢，经过数十年的迅猛发展，高等教育的作用和地位日益突出。高等教育作为高端人才培养和技术创新的主要阵地，在经济社会发展中的重要性日益凸显。2016年12月7日，全国高校思想政治工作会议强调“高等教育发展水平是一个国家发展水平和发展潜力的重要标志，实现中华民族伟大复兴，教育的地位和作用不可忽视。我们对高等教育的需求比以往任何时候都更加迫切，对科学知识和卓越人才的渴求比以往任何时候都更加强烈”，尤其是在实现“建设世界一流的大学和学科”的战略导向下，使得高等教育受到空前重视，各级政府加大对高教的投入，社会各界更加关心高教的发展，地方高校发展的软、硬环境将得到进一步改善[63]。

无独有偶，经济学家归纳了经济增长的三个时期或模式：一是靠投资驱动和资源消耗时期，相应的经济学理论是哈罗德-多马增长模型；二是靠创新驱动时期，相应的经济学理论是索洛的经济增长模型；三是靠信息化驱动时期，相应的经济学理论是内生增长模型。创新型国家是我们国家发展战略的必然选择。科技部部长万钢在 2018 年全国科技工作会议中指出，党的“十八大”以来的 5 年，我国科技实力大幅增强，已成为具有全球影响力的科技大国。科技创新水平加速迈向国际第一方阵，进入“三跑并存、领跑并跑日益增多”的历史性新阶段[64]。我国国际科技论文总量比 2012 年增加 70%，居世界第二；国际科技论文被引用量首次跃居世界第二。发明专利申请量和授权量居世界第一，有效发明专利保有量居世界第三。科技进步贡献率从 2012 年的 52.2%升至 57.5%，国家创新能力排名从 2012 年的第 20 位升至第 17 位。在建设创新型国家的道路上，高等教育承担着重要的责任，高等教育的发展与建设任重而道远。

大众化为地方高校规模发展提供了条件。一方面，我国积极融入经济全球化的浪潮，世界级的企业纷纷来到中国贸易市场，必然需要大量的受过高等教育的人才。另一方面，由于经济快速稳步的发展，也需要越来越多的各种类别的高层次人才。1999 年教育部出台《面向 21 世纪教育振兴行动计划》，文件提出到 2010 年，高等教育毛入学率将达到适龄青年的 15%。进入 2008 年后，教育部表示 1999 年开始的扩招过于急躁并逐渐控制扩招比例。2012 年 4 月，教育部发布《关于全面提高高等教育质量的若干意见》明确提出，今后公办普通高校本科招生规模将保持相对稳定。2019 年，高职将要扩招 100 万人，我国进入高等教育普及化阶段。整个高等教育行业正进入高质量发展时期，这对地方高校趁势发展提供了巨大的空间。2009—2018 年高校在校生中本专科生规模如图 3-1 所示。

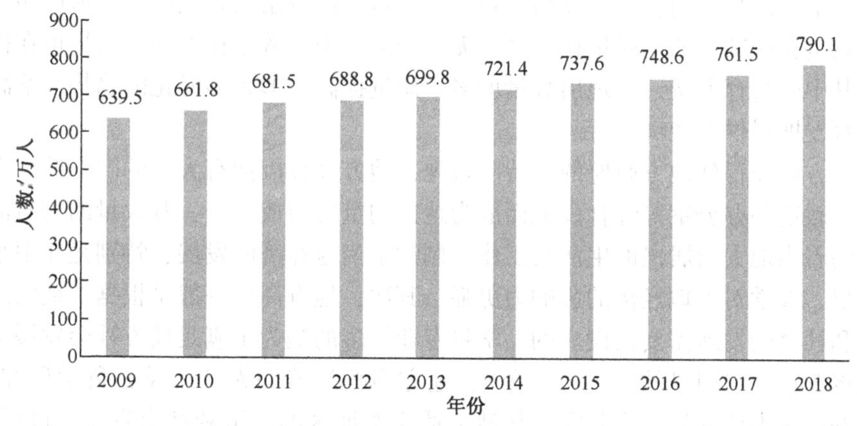

图 3-1 2009—2018 年高校在校生中本专科生规模
（数据来源：国家统计局）

人们对高等教育的强烈需求为地方高校的发展提供了必要条件。城镇居民和农民收入增加以及对子女教育的重视，迫切需要高等教育扩大规模，满足人民群众对子女接受高等教育的愿望。据有关统计资料表明，目前中国城市消费支出中增长最快的是教育，增长速度为20%以上；中国居民年收入的30%用于教育消费，平均每年在子女教育方面的支出，占家庭子女总支出的76.1%，占家庭总支出的35.1%。而教育对GDP（国内生产总值）增长的直接贡献率一般为4%~7%，也高于其他行业。随着社会的发展和竞争的日趋激烈，家长把接受高等教育作为提高子女竞争能力的一条重要途径。招生并轨、缴费上学并没有影响家长送子女上大学的强烈愿望。总体而言，大众对高等教育的旺盛需求基于以下四个方面的原因：第一，受儒家思想的影响，我国对教育的重视由来已久；第二，学龄人口高峰期的到来加剧了大众对高等教育的需求；第三，知识经济时代的到来进一步促进了大众的高等教育需求；第四，随着中国经济的发展，人民大众的家庭经济状况也得到相当程度的改善，因而他们的高等教育支付能力也随之提高，也从客观上刺激了大众对高等教育的需求。在这些因素的综合作用下，我国居民对高等教育的需求也越来越旺盛[65]。可见，高等教育扩大规模，为人民群众提供更多接受高等教育的机会，也为中国高等教育的发展提供了机遇。

经济的繁荣和人民生活水平的提高，为地方高校收费办学提供了一定的物质条件。随着中国劳动生产率的提高，物质产品越来越丰富，人们的物质消费已达到满足的程度，中国告别了短缺经济，走向过剩经济。由于物质产品的丰富、消费水平的提高，消费结构也在发生着巨大变化。中国的居民消费，正在由生存消费向享受消费、发展消费转变。在这一消费结构转变中，有形产品的消费数量在递减，消费质量在提高，无形产品的消费数量在增加，质量也在提高。其中的教育消费，呈现出数量增多、质量提高、形式多样化的趋势，给高等教育发展提供了经济支持。

地方高校得到地方政府的支持。首先，地方高校因拥有大量的图书馆、实验室、教室和办公室等综合设施而成为地区的重要组成部分，其大量的物质消费影响着当地大量居民的生活与工作，刺激了当地经济的发展，特别是在中小城市里，大学对当地经济的影响力更强。其次，地方高校一般是根据本地区的经济和社会的发展需要而设立的，学科专业较多的是为了满足地方社会发展需求而设置，有很明显的“地方特色”，地方高校培养的人才以及其科学研究，能更好地与本地的社会实际需求接轨，适应本地区的经济和社会发展。最后，地方高校的学生主要来自本地区，毕业后也主要就业于本区域。可以说地方高等教育的终极目的是服务于本地区的经济与社会发展。因此，区域经济与社会的发展需要地方高校，地方政府也越来越注重科教的作用。

高等教育的行业“门槛”效应，对地方高校在竞争的环境中起到一定的

“保护”作用。由于高等教育是一个特殊行业，创办高校需要巨额的经费投入和吸引大量的高层次的教学科研人才，要形成规模和办出效益难度就更大了。同时，新办高校必须由有关主管部门严格审批。也就是说，目前该行业还存在较大的进入障碍，这一点对现有的地方高校有利，可以避免由于新进入者的出现使竞争更为激烈。例如，政府对高教事业的经费投入被分散，高层次人才的争夺更激烈，以及毕业生就业的压力更大，等等。此外，由于目前相当部分高校比较难以进入，党政机关精简机构和人员，这种背景对于作为事业单位的地方高校吸引高学历高层次的人才来说还是比较有利的。

3.2 地方高校发展环境的挑战

3.2.1 资源困境

高等教育大众化主要表现为办学规模的扩大和办学资源的变化。资源可分为显性资源和隐性资源。显性资源包括经济资源（学校的办学经费来源）、学科资源（学校所处的地域和自然发展空间）和社会资源（学校的历史文化和社会声誉）等。隐性资源包括如大学知名度、大学办学理念、大学精神、大学校园文化等。进入大众化阶段以后，从资源总量上来说，地方高校都得到了一定程度的增强和提高，而从生均获得资源情况来看，地方高校资源短缺的问题并没有得到本质上的改变，甚至还有加重的趋势[66]。

1. 资源短缺

规模的扩大在一定程度上有效地促进了高校的发展，提高了资源的利用率。大众化也给高等教育带来了冲击，最直接的冲击是入学人数的增加、新建高校的竞争、传统院校的模式的改变，冲击的中心问题是资源。高等学校规模的大幅度扩大与高等教育资源有限性之间的矛盾在一定程度上也阻碍了高等学校大众化的进程。

（1）政府经费投入不够充足。高校资金来源以财政投入为主，但教育部、国家统计局、财政部日前公布的2017年中国教育经费统计数据显示，有的省没有达到《教育法》规定的教育经费增长要求。例如2017年，中央财政教育支出1 548.39亿元，比2016年增长了6.95%，低于中央本级财政经常性收入12.10%的增长幅度。

在2012年以前，国家财政性教育经费占GDP的比重一直没有达到4%的要求。直至2012年，国家财政性教育经费占GDP的比重才达到4.30%。根据教育部公布的全国教育经费统计快报显示，2018 年国家财政性教育经费为 36 990 亿元，而全年 GDP 为 90.03 万亿元，这意味着 4%目标已连续 7 年实现并得到巩固。

但许多国家的财政性教育经费占 GDP 的比例为 6%，且随着我国经济及教育事业的不断发展，中国发展研究基金会副理事长卢迈建议将国家财政性教育经费占 GDP 比例的标准提高到 5%。2017 年全国一般公共预算教育经费（包括教育事业费、基建经费和教育费附加）为 29 919.78 亿元，比 2016 年增长 8.01%。其中，中央财政教育经费为 4 663.16 亿元，比 2016 年增长 5.03%。但是普通高等学校数量逐年增加，规模逐渐扩大，教育经费的增长速度并不能满足我国所有普通高校的发展需求。

另外，有专家学者对“三级教育分配合理的制度选择”研究的情况表明：我国公共教育经费 35%给了初等教育，35%给了中等教育，20%分配给了高等教育，如图 3-2 所示。而亚洲地区的平均比例为：初等教育 43%，高于中国 8 个百分点；中等教育 31%，低于中国 4 个百分点；高等教育 17%，低于中国 3 个百分点，如图 3-3 所示。

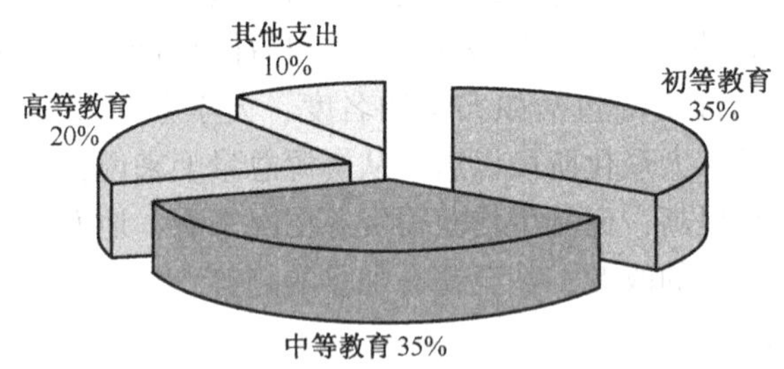

图 3-2　中国公共教育经费支出情况

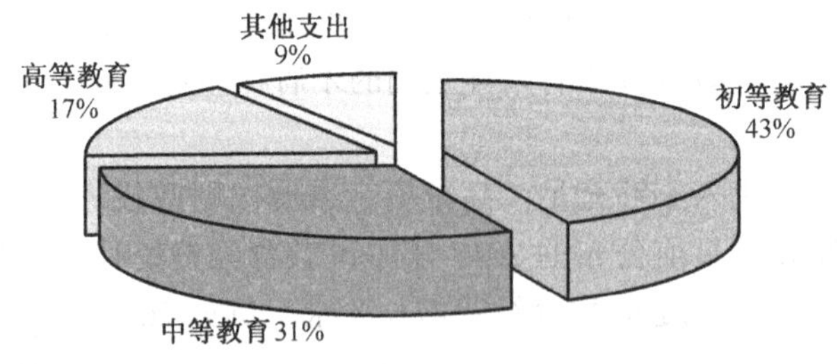

图 3-3　亚洲其他国家公共教育经费支出情况

目前我国基础教育的现实是农村教育投入严重不足，没有公用经费，工资拖欠问题，危房改造问题，教师素质低下，等等。基础教育阶段所教授知识的间接性和基础性，也使得其必须是政府财政投入的重点。另外萨卡罗普洛斯的研究结果表明，初等教育的社会和个人收益率均高于其他各级教育收益率。因此，投入初等教育是最合算的，而且从公平角度，保证初始公平比保证结果公平更有效。因此，我国对基础教育采取“重中之重”的投入方式，所以高等教育想在财政这一块再多分一点蛋糕是难上加难。

再从表 3-1 中国际上其他的国家对公立高等教育管理的模式来看，所有国家的政府都致力于实现三个目标：提高入学机会，提高教育质量，提高教育公平性。没有一个国家仅靠公共财政实现以上目标，大都在谋求以下途径：提高效率，预算控制，多样化生源和资源，提高学费，削减开支。

表 3-1　国际公立高等教育提供的基本模式

收费标准	资助情况	国　　家
低收费	低资助	欧洲国家
高收费	低资助	东亚国家
高收费	高资助	美国、澳大利亚

政府财政拨款的教育经费总量还可能逐年增加，但一般高等学校很难再希望国家有更大的投入了。国家明确了今后教育经费的增量不能都用在大学了，要用于农村义务教育和西部地区了，因为过去重视不够，要构建和谐社会，要很好地帮助西部地区农村教育的发展。

相比部属高校而言，地方高校办学经费短缺现象更为突出。据统计，2017 年占全国普通高等学校数 95.4%、学生人数 93.29%的地方高校获得的教育经费仅占全国普通高等学校经费收入的 70.16%。2017 年，中央部门普通高校生均教育经费支出 5.48 万元，地方高校仅为 2.52 万元。财政性教育经费投入中央部门高校为 3.11 万元，地方高校仅为 1.69 万元。地方高校获得的预算内教育经费、校办产业和社会服务等收入、捐集资收入等比例更低，很多学校科研经费极少。生均经费支出和生均预算内经费支出分别仅为中央部属高校的 46%与 53%，从图 3-4 和图 3-5 中数据可以看出地方高校和部属高校之间生均办学经费差距非常大。

（2）自身造血能力差。我国众多高校通过科研项目、技术转让、设备租赁、教育基金、个人和社会组织的捐赠等多渠道筹措经费方面进行了大胆的探索，但没有达到预期的效果。校办产业等一度被视为最有潜能的高校收入渠道的拓展，却暴露出明显的局限性。由于大多数高校校办产业是在改革开放后创办的，经验不足，又同社会主义市场经济新形势有一个适应过程，因此，校办

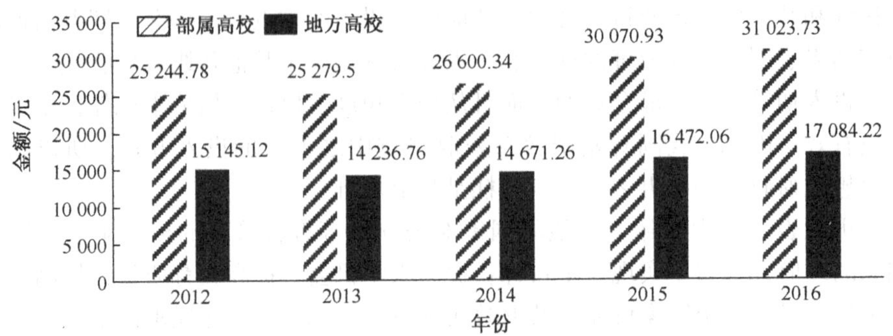

图 3-4　部属高校和地方高校生均财政教育经费对比
（数据来源：中国教育年鉴）

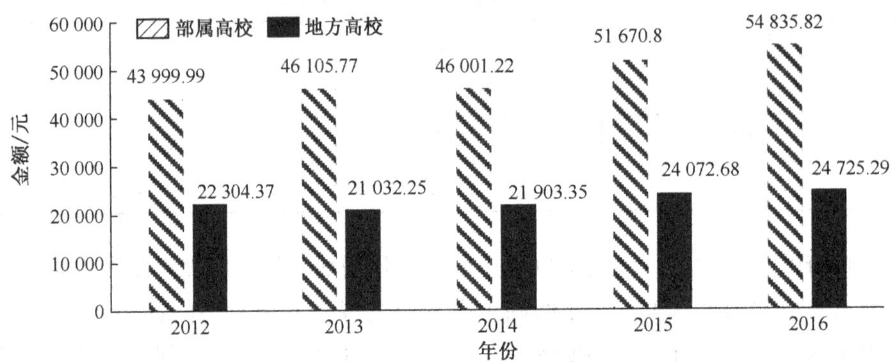

图 3-5　部属高校和地方高校生均教育经费对比
（数据来源：中国教育年鉴）

产业在成长过程中面临多种困难，遇到不少问题。例如，人们的认识和观念仍不能适应市场经济新形势，校办产业的性质定位尚不够明确，在体制上仍然没有摆脱计划经济的模式，在客观条件上软、硬件明显不足。受传统体制吃“大锅饭”弊病的影响，高校的内部管理工作存在严重浪费现象，许多高校靠固定资产的大量损耗赚钱，结果“富了和尚，穷了庙”。而且，校办产业还大量存在虚假盈利现象，因为设备使用等费用均未计入成本。在用人问题上，缺乏明确分流，人在产业，却享受学校的医疗、住房、寒暑假等待遇，产业人员总体素质低。同时缺乏合理的自我约束机制和自我发展运行机制，致使短期行为较为常见。政策也不够配套、完善。一些支撑服务校办产业发展的体系尚未建立。加之，财税体制改革后，由于地方税纳入财政收入，校办产业税赋特别是地方税减免的难度更大。

此外，地方院校的师资水平、科研能力确实有限，自身“造血”能力差，经济发展落后地区的高校中显得尤为突出，很多校办企业不仅不能反哺学校，反而给学校造成了损失。

（3）债务缠身。20世纪90年代末期以来，贷款收入已成为继财政拨款、学杂费收入之后，我国高等院校筹措资源的第三个主要渠道。由此，资本市场通过向高校学生提供助学贷款和向高等教育机构提供贷款两种方式，成为继政府、学生家庭和高校之后高等教育经费的另一个重要供给主体，但因此也带来债务危机。地方高校负债情况有三个特点[67-69]。

1）债务数额大。近年来公办院校的债务规模虽有所下降，但存量仍然较大，截至2017年年底，仍有33.94亿元未清偿债务，其中12所省重点建设高校债务总额仍然高达15.10亿元。福建省29所民办院校2015年的比例均达80%以上，2016年和2017年甚至超过100%，负债水平竟然超过学校的总收入或总支出，处于高负债运行状态。例如，吉林省2009年省属高校债务总额82.3亿元，其中银行贷款67.2亿元，资产负债率为42.7%；2015年年末高校债务总额37.4亿元，其中银行贷款26.4亿元，2015年新增银行贷款1.3亿元[70]。2007年年底，广东省高校债务达到了惊人的275亿元，高校贷款总额在全国排名靠前。截至2014年年末，广东省省属高校债务余额为63亿元，分布于30所高校中，平均每所高校负债2.3亿元[71]。

2）债务结构不合理。债务的主要形式是商业银行贷款，并且很多地方高校的债务为商业银行短期贷款。从广义上说，各个高校在办学过程中形成的、能以货币计量并将以资产、劳务或新的负债予以偿还的经济责任都是债务。但就地方高校而言，其债务主要是银行贷款，不少高校因大规模进行基建而使债务负担沉重。江苏省南京市新建了三个大学校园，总投资在100亿元以上，其中银行贷款在85%以上，贷款数额最多的学校已超过10亿元。贷款期限短，势必使高校的资金筹措更加困难。

3）存在一定数量的隐性负债。高校负债同负债的概念本身应该是相同的，负债的形式主要有显性负债和隐性负债两类。隐性债务是指表面上学校不将其列入债务，但却存在一种债务关系。其典型形式就是工程未付款，一些在建项目是基建单位先垫付的资金。几乎所有高校都有工程未付资金，而高校自身在项目建设时并不将其视为债务。另外一种形式是校内集资，多是学校从教职员工那里通过"高息揽储"得到的。其操作方式有直接违规的，也有通过合规的委托理财形式，但作为学校债务并不被重视。还有一种形式是学校基金或资金被提前使用与推后发放。例如项目未做完的科研经费被学校同意调配使用，又如公费医疗费垫支，公费医疗费历年累计超支对各高校都是一个极大的数字。再如学校推迟发放或集中在后期发放教职工福利津贴，尤其是国家允许发放但要用学校自有资金解决的部分津贴，当然也包括引进人才时承诺的各种待遇在服务期内分年度兑现。诸如此类的问题实际上都属于隐性负债。

（4）融资能力下降。从一家银行的资料来看，2012 年至 2016 年间，国内普通高校教育经费增长较快，由 2 251 亿元增加到 9 973 亿元，年均递增 68.6%。从经费来源看，非财政性经费来源增长了 5.21 倍，年均增幅高达 104%，国家财政预算内拨款增长了 305%，年均增幅 61.1%。从这组数字来看，普通高校教育经费在几年内增长快速，国家财政教育经费占高校教育经费的比例一直维持在 60%左右，但非财政性经费增长远远高于财政性经费来源。对这组数字的分析，加上高校面临的生源问题，让银行调低了对高校投资的预期。而让商业银行担心的还有，近年来国家财政性教育经费支出虽在不断增长，但增长幅度低于 GDP 的增长。

如果按现行 5 年期项目贷款年利率 4.90%计算，一个贷款几个亿元资金的学校每年仅支付利息就要上千万元。偿还利息的压力已经影响了学校的正常运转，更何况还有巨额本金需偿还，这必将导致高校财务危机，有的大学已亏损运行，连债务利息都无法偿还；而且大学债务的责任人缺位，使银行增加了财务风险，有可能最终成为国有银行新的不良债务。从 2005 年起，国家审计署在连续两年的审计报告中，都对高校债务风险提出了警示。针对扩招问题，教育部出台了三限政策（限人数、限钱数、限分数）。

当银行开始惜贷的时候，原本资金来源渠道有限的高校立刻感觉到了压力，如果是地方高校，这个问题就更为严峻。据透露，商业银行纷纷要求其各地分行，要关注“211”院校及中央部属院校等高端客户，而对地方院校的贷款要谨慎。目前，很多省政府已要求省教育厅制定高校贷款的最高控制额度，实行额度内备案、超额度审批制度，对那些已经超过核定额度的学校不再审批新的贷款。

（5）高校自筹收入经费增长困难。高校学费标准上升空间的局限性，学费收取困难，导致高校自筹收入经费增长困难。办学规模的扩大，人才培养成本的上升，使得普通高校在运行过程中经费不足。近年来，政府遵循高等教育经费投入的“受益者负担”的原则，并在短时间内迅速扩大了学生及其家庭的成本负担比例。

自 20 世纪 90 年代起，我国普通高校的学费接连上涨。1997 年，普通高校学费标准平均为 2 000 元左右。到 2000 年，学费涨到了 4 000 元，在 1999 年的基础上提高了 15%。2007 年，教育部、国家发展改革委员会和财政部联合发布了《关于进一步规范高校教育收费管理若干问题的通知》，明确了大学学费 5 年内不得上涨。2013 年，随着“限涨令”的到期，我国迎来了高校学费的“涨价潮”[72]。2014 年江苏、宁夏、浙江、山东等六省纷纷上调学费，少则涨一成，多则涨五成。浙江省调整后的平均学费为 6 483 元，平均提高

15.21%。江苏省本科平均学费由 4 712.5 元调整为 5 487.5 元，上涨 16.4%。贵州省本科平均学费由 3 558 元调整为 4 170 元，平均上涨 17.2%；宁夏回族自治区文史类、理工农类、医学类涨幅均超过 50%。2016 年广东省发布《关于调整公办普通高等学校学费的通知》，对普通公办高校学费进行调整，学费标准增幅为 20.2%；江西省部分高校学费标准上涨，调整后平均学费水平为 4 000 元，上涨了 2.3%；海南省对所属的 4 所公办高校调整学费，调整后平均学费标准为5 656.29元，上调比例约为 11.64%[73]。

但我国学生家庭高等教育的支付能力较弱，2002 年，高校学费和就读期间的费用，是农村居民家庭人均纯收入的 4 倍，是城镇居民家庭人均可支配收入的 1.5 倍。有研究对 2003—2011 年城镇居民高等教育学费的支付能力进行估算，结论显示，我国城镇各阶层的收入差距悬殊，各阶层的高等教育学费的支付能力存在明显差异。在维持平均生活水平的条件下，40%的城镇家庭无力支付高等教育学费；在维持基本生活水平的条件下，20%城镇家庭缺乏支付能力[74]。

学费收取难，这个问题近年来在高校中有一定的普遍性。我国是社会主义国家，高等教育虽是非义务教育，但不是有钱人才能享受的教育。学校虽有《高等教育法》赋予的收取学生学费的权利，但又有为贫困学生减免学费、资助困难学生完成学业的义务。学校想方设法争取并完成招生计划，以期提高规模效益，但招的学生越多，贫困生也越多，欠费量也越大，学校又必须实行“绿色通道”，让每一个考上大学的贫困生入学，入学后又不能让一个学生因经济困难而辍学。在收缴学费中，学校既要面对一部分确因家庭困难而欠费的学生，又要应对一部分家庭并不困难而想浑水摸鱼的欠费者。学费收取难这个问题在不同层次的高校间程度差异极大。由于生源的因素，地方高校学生来自中小城市、农村，甚至边远山区的多，家境贫寒的学生占的比重大，原本相对较低的学费却很难收齐。

2. *资源浪费*

布里默（Brimer, M A）等把教育浪费等同于“学校中的失败”[75]。日本教育社会学家新崛通也和联合国教科文组织都将教育浪费与教育目标的实现联系起来，新崛通也认为，教育浪费是指“教育目标未能充分实现的状态”，教育浪费是教育病理的“第一个范畴”[76]。联合国教科文组织的报告也指出，“‘浪费’这个术语在教育领域里被用来描述阻碍一个教育体制实现其目标的各个障碍。”教育浪费主要是指教育资源浪费，表现在利用效率不高的地方高校间和地方高校内部重复建设、无效的投入建设。例如，部分设备和校舍投入建设后闲置、部分教师工作量不足或无所事事。

北京师范大学教育管理学教授靳希斌说，目前许多高校存在着教育资源利用效率低的问题，主要体现在资源整合利用能力较差。例如许多高校每个院系都建有计算机房等，如果建设一个共同的资源加以统筹协调使用，这样将可节约一大笔经费。重复建设、闲置、使用率低和教育目标没有实现、人才资源的恶性与不公平竞争仍然存在[77-78]。一方面，高校教师来源单一，多数为“出校门就进校门”的高校毕业生，缺乏教学经验和教学实践基础，不同程度地影响了教学质量，造成人力资源的“无效”。另一方面，高校人才使用中的“条块分割”降低了人力资源的利用率。近年来，高校教师跨校任课和科学研究的横向合作，基本都是教师的个人行为，没有相应的管理规范，出现了教师忙闲不均的现象，导致部分人力资源的闲置。

有关部门的一项调查显示，扩招后，高校中另一种惊人的浪费现象是物力资源和财力资源的浪费。在财力资源方面，经费投入缺乏合理的预算方式和论证导致出现较大的浪费现象，部分高校在办学过程中：对于一些为了达标、创优、争荣誉的工程或项目，在成本方面的投入不合理（如耗资数百万建校门、投巨资重复购买教学仪器、设备等）；基建工程招标不规范、预算粗糙、合同签订监督不完善等导致的浪费；科研经费使用在非科研项目上，乱用、滥用、套用现象时有发生。物力资源的浪费主要表现为：各类资源重复购买，使用率低；教学资源利用率低（如有的高校大力开展“圈地活动”占用大量土地，进行重复建设，虽然规模达到了，但利用率低）；低水平重复设置专业，造成高校间的专业相似度高，既浪费了有限资源，也导致了人才过剩，引起社会人力资源浪费。高校拥有的这些巨大的物质资源还有巨大利用和发挥空间，只有得到充分的、合理的运用，它才能产生效益[79]。

竞争意识、合作意识的缺乏和思想观念的落后，也导致各高校之间、院系之间的各类人员、设备等资源也不能实现共享，形成了一定的隐性浪费。有些高校的教学单位重复购置设备，对仪器设备的投入、产出没有充分估计；盲目耗巨资引进先进仪器设置又不能充分利用，使其新功能丧失其存在价值，导致“功能浪费”。此外，高校为迎接上级部门评估，为了满足固定资产、校舍面积、图书量、教师数量等条件，不惜花重金对办学条件进行突击补充，在教学条件改善的同时，也势必会造成一定的浪费。

3. 管理不善，经费使用约束力弱化

教育经费是高校进行教学、科研和行政管理的经济基础，其收支的变化直接影响高校各项工作的开展。在这有限的经费中，因管理不善造成的浪费及不合理支出的现象时有发生。高校目前在经费使用上存在的主要问题，一是公用经费支出部分结构不甚合理，教学、科研、图书购置等维持性事业费支出所占比重偏低，水电费、车辆及人员维持费所占比重偏高；二是非经济化行为严重，一些院校只将投入而不考核效益和不记成本，财务核算管理体系的不科学使得经费使用约束力弱化，造成部分经费投向不合理，浪费严重，效益低下。

3.2.2 生源的竞争

地方高校的发展面临的挑战不仅是各类资源短缺的问题，另外一个核心问题是生源。如果一个大学生源严重不足，那么它的生存就会受到严重的威胁，甚至是关门倒闭。

1. 生源数量的制约

高等教育要受人口结构状况的制约，并对人口结构的变动起作用。教育与人口之间是相互作用、相互制约、相互影响的两个既彼此联系又独立的部分。从数量上来看，人口对高等教育系统最直接的制约作用就是高等教育要受高等教育适龄人口数量的制约。如果一个国家高等教育的适龄人口数量呈不断减少的趋势，那么该国高等教育规模的扩大就比较困难。如果一个国家高等教育的适龄人口数目呈不断上升的趋势，那么国家面对社会对高等教育越来越旺盛需求，就必须扩大高等教育的规模以满足国民的需要和社会经济文化建设的需要。在不考虑我国高等教育学龄人口死亡、迁出、迁入等因素的假设下采用“年龄推移法”进行测算，以 2000 年全国第五次人口普查资料数据为依据，有学者推算出我国今后若干年高等教育学龄人口（18~22 岁）的变化趋势[80]，结果如表 3-2 所示。

表 3-2　2000—2020 年我国 18~22 岁学龄人口预测　（单位：万人）

年份	18~22 岁人口	年份	18~22 岁人口
2000（基数年）	9 837.36	2011	10 809.66
2001	9 960.70	2012	9 942.90
2002	10 099.56	2013	9 015.30
2003	10 303.11	2014	8 529.53
2004	10 709.83	2015	8 099.75
2005	11 028.05	2016	7 709.34
2006	11 479.17	2017	7 211.85
2007	11 961.58	2018	6 897.87
2008	12 539.65	2019	6 888.41
2009	12 228.84	2020	7 049.35
2010	11 475.79		

根据预测和统计数据，进一步分析如下。

（1）学龄人口的预测数据分析。从表3-3可以清楚地看到我国学龄人口规模数从2000年的基年数据9 837.36万人开始逐年增长，2008年达到峰值12 539.65万人，比2000年增加27.47%以后逐年下降，到2019年下降到最低位6 888.41万人，仅相当于2008年的54.93%，2020年回升到7 049.35万人，2004年到2011年间中国的适龄人口将一直保持在1亿左右。

根据我国人口信息网上的数据，我国1986—2015年出生的人口情况统计如表3-3所示。

表3-3 中国各时间段出生人口统计表（1986—2015年）（单位：万人）

出生时段	1986—1990年	1991—1995年	1996—2000年	2001—2005年	2006—2010年	2011—2015年
出生人数	12 539.7	9 015.3	6 897.5	8 158.0	7 918.0	6 534.0

（2）从2009年起，高校应届生源将大幅度减少，持续扩招的高校将面临生源不足的危机。“扩招”只是一种面对人口高峰压力的应急方案，而不是长期发展的方针。而根据教育报的相关政策，我国今后相当长的一段时间内主要是控制高等教育人口规模和录取率。《国家教育事业发展“十一五”规划纲要》提出要适当控制普通高校招生增长幅度，相对稳定招生规模。2012年4月，教育部发布《关于全面提高高等教育质量的若干意见》明确提出，今后公办普通高校本科招生规模将保持相对稳定。从20世纪90年代至今，我国出生人口保持在一个相对稳定状态，甚至21世纪以来，出生人口有下降趋势（表3-3），“招生难”的问题将进一步加剧。

如表3-4所示，我国10年来普通高校招生人数基本保持稳定，增长率为1%~4%，今后几年的招生幅度也会维持在这个区间。同时，随着我国教育事业的发展，普通高等学校的数量也在逐年增长，将有越来越多的竞争者加入生源的竞争市场。因此地方高校未来可能出现的生源危机将会为地方高校的发展带来严重影响。

表3-4 2009—2018年我国普通高校数量及其招生人数及统计

（单位：万人）

年份	2009	2010	2011	2012	2013	2014	2015	2016	2017	2018
学校数量	2 305	2 358	2 409	2 442	2 491	2 529	2 560	2 596	2 631	2 663
增长率/%	—	2.30	2.17	1.37	2.01	1.53	1.23	1.41	1.35	1.22
招生数量	639.5	661.8	681.5	688.8	699.8	721.4	737.8	745.6	761.5	790.1
增长率/%	—	3.49	2.98	1.07	1.60	3.09	2.27	1.06	2.13	3.76

（数据来源：国家统计局）

2. 优质生源的竞争

在招生中，部属高校为了占领生源市场，在普通本科生招生规模已经够大，且师资、校舍、仪器设备都比较紧张的情况下，又增加了一些与本校紧密联系的、打自身招牌的城市学院、网络学院、分校等办班形式，加上一些部属高校“共建生”等一系列优惠政策，降分录取分数较低的考生，把一些原本准备就读地方院校的考生吸引到了自己的学校。地方院校则由于受自身的名气、实力、地理位置等因素的影响而在生源大战中居于劣势。从我国中部H省的情况来看，地方院校的志愿率仅为50%（所有志愿），一次性报到率为82%。据圈内人士分析，这些学校全部是地方院校，他们因担心自己的声誉，在上报数字时打了埋伏，实际人数远远大于现披露的数字，估计在2.5万个。麦可思教育研究院曾对部分高校进行调查，发现即使一流国内名校，如北京大学、清华大学、复旦大学、上海交通大学、浙江大学、中国人民大学等，录取生报到的比例也只有97%；其他一本院校、二三本院校、高职高专院校此项比例分别为90%、77%和69%。虽然调查未必全面，但录取不报到的问题由此可见一斑。这种情况使得有些地方院校为学生准备的校舍、师资等处于闲置之中，造成有限教育资源的浪费。

3.2.3 竞争带来的威胁

1. 外来竞争者的竞争

经济全球化使得各个国家及地区之间的联系越来越紧密，形成了一个更加开放包容的环境。这对我国来说既是机遇，也是挑战和威胁。在知识经济的背景下，高等教育成为国家竞争力主要构成部分之一。“学术无壁垒”“科学无国界”这些理念，以及更宽松的市场准入规则吸引更多的外来竞争者进入本国市场，这无疑将对地方高校产生极为深刻的影响。

首先，外来竞争者的进入打破了地方高校教育系统资源的分配平衡。我国允许中外合作办学，外国机构将利用准入条款到国内单独办学或合作办学；同时，我国对境外教育消费未做任何限制，这样，外国大学将以资源优势吸引更多的中国学生到海外留学，必将减小某些地方高等院校优秀生源的挑选空间，高等教育市场竞争日趋激烈。中国在全球化的浪潮中，大量外资教育机构将会纷纷涌入我国，这些外资机构将会凭借其高工资、高福利等物质条件与优越的工作环境，吸引国内高科技人才；这些将对地方高校的青年教师产生巨大的诱惑，可能导致学校骨干教师“国内出国”的现象产生，引发新一轮的人才外流。

其次，地方高校作为教育服务的提供者，要想在国内教育市场上占有一席之地，毋庸置疑地要接受市场的检验，相对于国外大学及其教育服务的需求者的要求，地方高校的在教学思想、教学方法、师资建设、专业设置、实验室建设等方面面临着巨大的挑战。

2. 现有公办高校的竞争

国内教育部直属院校及其他综合性大学也给地方高校的发展构成很大的威胁。尤其是得到教育部重点扶持的高校，在社会声誉、人才引进、科研项目的获得、建设资金的吸引等多个方面都有很强的优势。地方高校整体上还难与这些高校相媲美。

3. 潜在竞争者——民办高校的竞争

民办高等教育作为我国教育体系中重要的组成部分，近年来呈现出高速发展的势头。我国民办高校在办学机制、办学效率、用人机制、办学经费等方面有着很多公办高校无法比拟的优越性，富有旺盛的生命力，逐渐成为地方高校强有力的竞争者。

3.3 地方高校战略联盟动因分析

3.3.1 基于生态学理论的地方高校战略联盟动因分析

美国生态学家 Odum 于 1963 年在其 *Fundamentals of Ecology* 一书中指出，生态学是研究自然结构及其功能的科学，并提出人类属于自然结构的一部分，生态学适合于研究所有生命形式。大学是人类历史发展到一定阶段的产物，有与生物生态系统中的生物个体相似的特征，生物生态系统中的许多规律对高校同样适用。高校系统与生物系统在本质上具有相通之处，运用生态学的理论、思想和方法来研究高校发展战略问题，具有重要的借鉴和参考价值[82]。本节主要从“物竞天择，适者生存”“竞争、互利共生”“地方高校生态环境”“高等教育生态系统”几个方面来分析地方高校战略联盟的动因。

生态系统的演化有其内源、外源性表现，根本动力来自系统内部，生态系统通过各子系统间的相互作用及对环境变化的相互调整，保持增加有序整体中的负熵因素，以达到系统适应环境之目的，教育生态系统亦然，但人可以经常通过决策调整其发展目标。决策正确可以推进系统的演化，反之决策失误将导致系统缺损、失调。总体上说，由于物质能量、知识和信息的积累，系统的交替、演化不可逆，且不断推进。

1. “物竞天择，适者生存”是地方高校战略联盟产生的动力源泉

“物竞天择，适者生存”是生物与自然界相互作用而生存的客观规律，不适应就难以生存，这也是客观规律，是“自然选择”的结果。高校在与自然环境、经济环境和社会环境相互作用中的生存与发展同样也要遵循“物竞天择，适者生存”的客观规律[83]。

高校战略理论的演化和发展历程也说明了“物竞天择，适者生存”法则对于高校战略的重要性。高校制定战略只有充分考虑环境的变化，适应环境的变化，才能求得生存和发展。特别是在世界科技进步和经济全球一体化进程日益加快的今天，高校正面临着越来越复杂的生态环境，只有遵循“物竞天择，适者生存”这一自然法则来制定正确的战略以适应不断变化的环境，才能生存和持续发展。譬如，美国大学之间的竞争异常激烈，2 600多所四年制大学和学院、3 600多所两年制社区学院，在生源、师资、投资、研究项目、社会捐赠等诸多方面都存在不可回避的竞争[84]。在这种竞争的环境中，大学要么赢得市场，得到发展的机会，要么就得落伍。每年美国也有不少的高等院校关闭。目前国内民办高校每年倒闭的数量不少，尽管倒闭民办高校的准确总数无法确定，据厦门大学教育研究院周国平保守估计至少倒闭500所以上，随着高等教育管理体制的进一步改革，公办高校如果办不好，照样也可能倒闭。近年来，在上海等一些地方，政府正想办法把一些办得不好的公办高校转为私立，就表明了这样一种趋势。

2. “竞争、互利共生”是高校战略联盟产生的核心因素

在高等教育生态系统中，实力不等的高校就如同森林中参差不齐的树木，都有生存和发展的机会，也都有枯萎死亡的命运。为了争夺共同的阳光资源，它们彼此角力，互相竞争，但多种植物聚生，更具有协同共生性。例如，大乔木是阳性植物，树冠在高空伸展以求多吸收阳光，耐阴性的灌木、草本或苔藓等植物则附于乔木树阴之下，既能吸收阳光，又不致被过强的阳光晒死。如今，那种你死我活、损人利己的竞争时代已经结束。为了竞争，高校必须在加强自身素质的同时，加强与其他高校的协作，组成战略联盟，寻求在高等教育生态系统中占有一席之地。

3. 高等教育生态环境是高校战略联盟存在的关键条件

在生物生态系统中，一方面，单个生物的生存和发展取决于自己与别的生物的竞争能力以及其适应环境的能力；另一方面，周围生态环境的好坏对生物个体的生存和发展起着推动或制约的作用。与此相似，高校的生存与发展很大程度上取决于自身的竞争实力，但周围生态环境的好坏也起着非常关键的作用。高校生态环境是指高校生存和发展所处的自然与社会环境。在高校的生存

和发展过程中，高校必须不断地调整自己的战略以适应不断变化的经济社会环境，但良好的高校外部环境对于高校更好地制定、实施其发展战略具有很大的推动作用。例如当今美国高等教育远远领先于世界其他国家，很大程度是由于其良好的高等教育管理制度和环境，而让美国的大部分高校经过大众化时代仍能发展生存的战略就是组建高校战略联盟——多校园大学系统，如今美国有70%的学生都是在这类学校学习。

4. 高等教育生态位互补是地方高校战略联盟建立的目标

从教育生态学理论角度看，高校生态系统存在不平衡。经过扩招以后，由于投入资源不匹配，总的教育投入严重不足，在以市场作为手段配置高等教育资源的情况下，无论高等学校是大是小，是公是私，都要像狮子和羚羊一样训练快速奔跑，否则就会没落甚至是被“吃掉”。面对这种日益竞争的局面，错开生态位应是高校竞争最主要的策略，也就是要利用自身优势形成自己的办学特色。高等学校是以学术组织为核心建构起来的社会组织。作为学术组织，学科是高校组织的基本构成单元，高校之间错开生态位主要就是要凸显自身的学科特色，做到“人无我有，人有我优”。例如，美国斯坦福大学曾打算建立建筑学院，但建立建筑学院必须同时发展建筑学、土木工程等四个专业，这要有很大的投入。该校附近的伯克利大学已有一个相当好的建筑学院。经过综合考虑后，斯坦福大学决定取消这个计划。事实也证明，他们的选择是明智的。但是，即使错开生态位发展，高校之间生态位的重叠仍然是不可避免的，假如两个学校同时争夺同样的“市场”，必定会造成“两败俱伤”。从每年高校的“招生大战”中也可见一斑。当然，这种“两败俱伤”是大家都不愿看到的局面。虽然竞争是客观存在的，但是无论什么时候，竞争策略总要遵循这样一个原则：只要有可能，就得避免竞争对手的制约，避开双方无所谓的争夺，这对任何一方都是有利的。现代竞争，不再是“你死我活”，而是更高层次的竞争与合作。

竞争的各方都乐意将尚未有对手竞争的资源转移到不与其他物种发生重叠的生态位上去，或尽量在少重叠的生态位中生存发展。所以说，高校也可以采取另一种双赢的竞争策略：与其他高校合作，结成战略联盟，尽量做到生态位的互补。

3.3.2 基于能力资源观的地方高校战略联盟动因分析[85]

1. 战略联盟是高校应对资源短缺与提高自身核心竞争力的发展战略选择

高等教育资源包括人力、学科专业、信息、财力和名望等，这些构成了高校的综合资源，保证了高等教育的存在及正常运转，促进高校的发展。高等教育无疑是一项耗资巨大的事业，没有一定的甚至是巨额的资金投入，高校就难以维持，更不要说得到发展。虽然资金并不是决定办学水平的唯一条件，但经费的多寡在很大程度上制约着高校发展。我国目前高校生存与发展中所遇到的许多问题或多或少都可以从经费不足、资源短缺中找到原因。目前资源紧张、经费短缺和办学效益不高是各高校普遍遇到的问题，尤其在我国高等教育快速发展的大众化阶段，实现资源共享，提高有限教育资源的利用率，避免低水平重复建设，具有十分重要的现实意义。因此，高校间、高校与社会其他组织间开展战略联盟，有利于各高校集中其有限的教育资源，加强重点环节的建设，也有利于具有不同优势的高校间优势互补、强强合作，将各自的比较优势充分地发挥出来。在研究领域，把有限的资金集中用在最好的地方；在教学领域，让学生能够感受优秀教师的教学；在校企的联系方面，能够组成良好的团队，承担更多、更为复杂的课题，为社会提供更多更好的服务，提高综合办学效益。当今科技与经济的发展需要大批高素质、综合性人才，需要高校解决更加综合、复杂的社会问题，这些都要求高校具有较强的综合学科优势，近年来我国不少高校规模发展采用增设新学科的外延式和对外兼并的扩张模式。但是，几年来的办学实践及理论研究表明：高校办学规模扩张到一定规模后，继续扩大办学规模难以产生规模效益，甚至一定程度上导致办学质量与效益下降，高校间的合并时常难以达到原来预计的目标，还常常使合并后高校管理的成本不断增加。所以，外延式和对外兼并的扩张模式正变得越来越困难。德国大学校长联席会主张高校间应多采用合作，而不是合并。其优势在于联盟与合作的主体仍然拥有各自独立的办学自主权，在教学、科研、社会服务等方面能更迅速地做出决定，适应社会环境的快速变化。过于集中的结构必然导致决策缓慢，不能对社会需要做出及时反应。通过高校间携手合作，培育以发展为导向的教学、科研、社会服务协作群体，组建各种战略联盟，是大众化条件下高校应对资源短缺与提高办学效益的新选择。

2. 战略联盟能够增强高校的核心竞争力

高校竞争力是在可持续发展前提下的教育综合能力。随着我国高等教育大众化进程的加快，教育资源配置方式从以政府配置为主逐步转向以市场配置为主。高等教育资源配置的市场化，在一定意义上意味着高校将失去政府过去提供的舒适的“襁褓”，必须学着自己走路，学会在社会大环境下自我生存。高校通过参加科研项目研发，加强为社会各方面的服务，从政府、社会组织获得更多的办学经费与教育资源，才能在竞争中求生存求发展，同时，这也加剧了高校间的竞争。如果说以往我国高校之间的竞争还仅仅表现为生源的争夺、科研经费的竞标、各种财政来源的寻求，那么，今后高校之间的竞争将会更多表现为高校为自身生存而进行的全面竞争。特别是伴随着高等教育国际化、信息化步伐的加快，高校竞争的范围已经扩大到全球。高校只有在寻求自己生存与发展空间过程中，办出各自的特色，提高自身的核心竞争力，才能在世界高校中占领一席之地。日益激烈的竞争使高校不得不将有限资源集中于各自最具竞争优势的领域。可是，单项核心能力并不能保证其在世界范围内的竞争力，高校应以更加开放的姿态与外界合作，实施战略联盟则是一项具有重要意义的策略。通过联盟可以使参加联盟的高校与社会组织快速实现资源共享，优势互补，提高合作体的综合能力。同时，可以融合各高校的核心能力，形成某种聚合效应，为参加合作的院校提供发展机会，从而有助于高校在竞争中获胜。此外，通过高校间相互沟通与学习，可以获取合作中其他组织的隐藏性知识，也可以与其他高校合作创造出新的能力和技术，从而不断提升高校核心竞争力。

3. 战略联盟有利于高校创新和知识学习

创新是高校培育核心能力的源泉，也是增强竞争力的关键，是高校可持续发展的生命线，是制约高校生存与发展的重要因素。高校创新是指运用新思想、新技术、新方法对高校教学、科研、管理诸系统的战略组合进行重新设计、选择、实施与评价，以促进这些系统综合效能不断提高的过程。它是一项复杂的系统工程，涉及高校观念、组织、制度、战略、文化等诸多要素，其中观念是整个创新的核心。只有转变传统的观念才能适应知识经济的时代要求，实现全面创新。战略联盟有利于高校教育思想和教育观念创新。按照群理论的观点，创新发生的可能性强烈地依赖于组织间的交互作用的数量和强度，战略联盟成员之间的密切关系与频繁的合作交流所形成的集聚效应。从组织学习的角度观察，一所学校要保持战略领先，必须有不断学习的能力与机会。在创造学习机会方面，高校战略联盟扮演了重要角色。它将高校信息网扩大到整个联盟范围，借助于联盟内各成员的合作，获取本校缺乏的信息和知识，并带来不同组织文化的协同创造效应。它将合作作为高校学习或寻求保持其能力的一种手段，创造了一个分享知识的环境，使其成员容易接受新知识并能在内部进行顺利转换。同时，战略联盟有助于各个高校间科技创新能力的相互学习，取长补短，相得益彰，相互结合而创造出新的交叉学科与知识，从而促进高校持续健康发展，满足人才培养需求。

4. 战略联盟有助于防止“巨型大学病”，提高办学的规模经济效益

在独立扩张或对外兼并式的传统发展模式下，高校为了尽可能地掌握对环境的控制，必然要求致力于高校内部化边界的扩大。这一努力过程不仅伴随着巨大的投入成本，而且容易出现组织膨胀带来内耗过大的所谓“巨型大学病”现象：由于高校规模过分扩张，管理层次急剧增加，协调成本上升而使学校的

行政效率向着官僚式的低效率迈进，致使决策缓慢，难以对瞬息万变的外部变化做出敏锐的反应。

战略联盟的经济性在于高校对自身资源配置机制的战略性革新，不涉及组织的膨胀，因而可以避免带来高校组织的过大及僵化，使高校保持灵活的管理机制，并与迅速发展的教育事业保持同步。战略联盟克服了“官僚制”的缺点，增强了高校组织的活力，其中某些部分松散的结合有利于保持组织的灵活性。由于高校之间存在着资源的相互依赖性和教学科研活动互补性，战略联盟通过其特有的协同效应，促使这些资源和教学科研活动在联盟中能够得到新的组合和延伸，扩大了高校与外部环境的融合。既避免了规模扩张的压力，又可通过信息的相互传递、教育资源的相互分享和配合获得资源的优势互补，使高校降低办学成本，获取更多的潜在利益。战略联盟内部既包含了高校内部环境的可控因素，又混合吸收了很多原先高校不能控制的外部因素，并使之具有可控性。战略联盟的建立，一方面扩大了高校对资源的使用界限，使高校实现了在既定规模条件下，对更大范围内资源的支配能力；另一方面，运用战略联盟这种全新的发展模式，可以化解发展带来的资源压力，优势互补，不断开拓新的增长点，使不同高校之间的教学资源、科研资源、人力资源、信息资源等得以有效、灵活组合，提高高校战略调整的灵活性。它不仅可以使高校将拥有的各种资源结合起来，改变过去相互脱离、分散的局面，而且加大了系统之间的渗透性。这样就可以充分利用由环境变化所带来的发展机会，节约在获得资源方面新的投入，最大限度地降低办学成本，提高办学的规模经济效益。

5. 战略联盟有利于高校整合优势特色，发挥协同效应，提高竞争力

任何高校都只能在办学的某些环节上拥有优势，而不可能拥有全部的优势。为达到“双赢”的协同效应，注重高校之间携手联合，充分发挥各自优势，彼此在各自的关键优势环节上展开合作，尽量采用外部资源并积极创造条件以实现内外资源的优势相长，可以发挥协同效应，求得整体竞争力的最大化。战略联盟使高校在组织上突破有形边界，根据办学层次和自身特色等实际情况，精选、保留、发扬和运用最关键、最有优势的功能，而将其他某些功能依托到战略联盟中，借助外力完成，并且予以整合弥补。这样做的目的可以使高校在竞争中以有限的资源发挥最大的效率，其精髓在于一所高校要集中精力在核心优势特色上追求卓越，保持一流水平。

长期以来，我国高校习惯于“大而全”或“小而全”的管理思路，管理的精力往往耗散在众多低附加值的活动上，大量真正创造高附加值的活动反而不为人所重视。从长远来看，这不利于高校积累起真正具有竞争优势的

资源，必然会影响我国高校改革发展的深度与广度。高校不仅因此会失去许多可资发展的机会，还可能在未来更为开放的教育竞争中处于相当被动的地位。当前，我国高校亟须从战略高度出发，开拓思维，跳出局限于内部化的管理模式，不失时机地选择与其他高校或组织、机构建立全方位、多层次的战略合作关系。

6. 战略联盟有助于降低高校改革发展过程中的风险

有些高校在发展中为了尽快打开局面，不惜一切力量，调动其所有可能的资源来扩大办学规模。但在某种程度上，这种做法是相当危险的。由于资金、资源、人才等方面的匮乏，加上规模扩大后管理经验的不足，往往导致失败。而通过与一些著名的、有实力的高校合作，不仅可以增加信息获取的来源和渠道，在发展上获得有力的帮助和提携，也使“孤军奋战”的学校更有可能形成合力，以弥补自身实力和经验的不足，降低管理风险，提高教育质量和办学水平。对具有优势的高校而言，由于办学资源的共享，有效的成本控制变成可能。通过战略联盟，可以进一步增加高校自身核心能力的辐射力，把剩余的办学能力利用起来，促进教学和科研力量得到进一步整合，使学校对资源的利用发挥到极致，满负荷运转，也使学校的竞争力得到有效的拓展。

7. 战略联盟可以提升高校可持续发展的能力

高校的可持续发展是指高校在发展过程中要处理好高校与内外部环境之间的关系。社会经济环境的快速变化及高等教育的国际化、大众化和终身化的发展趋势，使我国高等教育体制改革不断深化，高校在促进社会、人和自然协调发展的同时，其自身可持续发展的长期性和合理性问题正日趋凸显，师资队伍、教学质量、社会环境、政策制度等许多方面都影响着高校的可持续发展。充满无限诱惑的现代社会对高校抱有许多期望，高校也力求谋取自身在社会发展中的地位，创造发展空间。在社会诱惑和主观愿望因素的作用下，高校有可能四面出击。然而，如果不分重点，不分先后，将有限的资源过于分散使用就难于形成合力和优势，高校在竞争中也将很难立足。哈佛大学校长说：“世界上任何一所高校都不可能在所有领域都领先其他高校，高校应集中其有限资源，发展自身核心能力与关键领域。”可持续发展理论告诉人们，高校作为社会组织成员之一，必须对资源进行有效配置，以实现其可持续发展。高校是集知识创新、传播、应用功能于一体的知识型组织，在高等教育大众化阶段与其他高校及社会组织围绕某一共同目标，组建互为补充、互相衔接、相互合作的联盟组织，对创造高校的竞争优势，推动高校的可持续性发展，具有重要的作用。

本章小结

本章主要对目前地方高校进入大众化时代以后面临的发展机遇和发展中困境问题进行说明与讨论，分析了目前地方高校面对的生存状态的原因以及未来发展的道路。特别是针对目前地方高校在大众化时代资源短缺的情况下对如何科学地选择适合自己的发展道路等问题进行了深入讨论，阐明在目前地方高校普遍资源短缺的情况下，组建地方高校战略联盟，互相协同合作是地方高校共渡难关、保持可持续发展的理性战略选择。然后对地方高校战略的优势进行了说明，并且从能力资源观和生态学的观点出发对高校联盟的动因进行了理论上的分析与探究。

第 4 章

地方高校战略联盟可行性与障碍分析

战略联盟被越来越多的事实证明是一种新的合作竞争理念，同时也表现为一种新型的产业组织形态。其理论一般起源于工业企业，随着在工业上的成功运用，这些理论迅速渗透到其他领域。尽管大学的非营利性、学术性与追求利益最大化的企业相比，在组织特性上有很多不同的地方，不能盲目地将企业管理的理论直接移植到教育管理理论中，但高校与企业有很多共同之处，在西方发达国家，非营利组织的企业化管理取得了很大的成功，值得我国高等教育管理学习和借鉴。特别是战略联盟在美国高校的成功运行给了我们很大的信心和启示，但是对于中国高校来说，目前是否具备实施联盟战略的可行性基础，有哪些障碍妨碍地方高校战略联盟的实施，本章分别就这些问题进行探讨。

4.1 地方高校战略联盟的可行性分析

随着高等教育制度改革的发展和深入，地方高校战略观念的转变和战略的调整，以及信息技术的飞速发展，再加上各个高校间普遍存在的差异性和互补性，一些具有相对竞争优势的地方高校也具备了组建或参与战略联盟的机会和条件，战略联盟不再只是公司和企业的专属战略选择。地方高校开始意识并强调普遍实施的归核化战略即特色办学，发挥优势学科，为地方高校参与高校战略联盟提供了绝好的机会[86]。我国部分地方高校自身拥有部属高校难以替代的优势，地方高校中隐藏着大量的“小个子冠军”，所有的这些独特优势，使得地方高校联盟具有非常光明的发展前途。

4.1.1 国外高校战略联盟的借鉴性

国外正式的高校联盟很多，人们熟知的美国大学联合会（AAU），常青藤联盟、十大运动联盟和高校合作委员会等都是高校联盟的不同形式。这些高校联盟一般有正式的组织管理和活动章程，它们成立的目的在于通过高校间的资源共享和项目合作，促进高校学术水平的提高，降低高校管理成本和运行效率。它们开展的合作项目主要有：学生交叉注册、联合图书馆、出版社合作、专业发展活动、研讨会，师资和管理人员的互相培训、校园间在线课程共享以及大学物资的集团采购，等等[87]。

高校联盟最著名的是美国的常青藤盟校。常青藤盟校的说法来源于20世纪的50年代，早期的常青藤盟校只有哈佛、耶鲁、哥伦比亚和普林斯顿4所大学，后来又扩展到8所，它们是马萨诸塞州的哈佛大学、康涅狄克州的耶鲁大学、纽约州的哥伦比亚大学、新泽西州的普林斯顿大学、罗德岛的布朗大学、纽约州的康奈尔大学、新罕布什尔州的达特茅斯学院和宾夕法尼亚州的宾夕法尼亚大学。这8所大学都是美国首屈一指的大学，历史悠久，治学严谨，许多著名的科学家、政界要人、商贾巨子都毕业于此。

在洛杉矶以东的克莱蒙特小镇，有一所以高水平的本科生博雅教育和有特色的研究生教育而闻名美国乃至世界的私立大学，其正式名称为克莱蒙特学院，实际上是由5所独立的本科生院和2所研究生大学组成的“独立学院联合体”。它们分别是波莫纳学院、斯克里普斯学院、克莱蒙特·麦肯纳学院、哈维·穆德学院、比萨学院、柯克应用生命研究生院、克莱蒙特研究生大学。克莱蒙特学院没有像有些博雅学院那样后来发展为统一于一个中央权力机构下规模庞大的“多元巨型化大学”。学院的领导人在20世纪20年代考虑成立克莱蒙特学院联合体时就清楚地指出要“与建立一所巨大的、没有差异的学院构成的团体——就像牛津大学的模式一样——围绕着一所图书馆和其他设施，而这些机构都能够从中得益。通过这种方式，我期冀一方面要保护无法估量的独立个体学院的价值，另一方面要确保有大型大学那样的设施”。1925年成立的克莱蒙特大学联盟就执行了这样的功能，它是独立于7所学校之外的中央协调机构。这个机构有一个监督理事会，并设立了10多个特别委员会，从而形成一个工作网络，负责联合体有效的管理并监察联合体的合作。各个学院之间在克莱蒙特大学联盟的协调下，开展了十分灵活的合作和协调活动。这些活动主要集中在教学和研究方面，如包括跨学院注册、跨学院学习、跨学院项目、兼职教授、学生校外学习项目等。跨学院修课是克莱蒙特大学联盟最为骄傲的成就，学生用在一所学院注册的成本，却同时能享有极少数大学才能提供的课程。克莱蒙特7所学院各有自己的价值、课程和研究追求的重点，但是7所学院在同一个校区协作发展，向我们展示了一个与众不同的、成就卓越的高效发展模式[88]。

常青藤盟校和克莱蒙特大学联盟都是高校校际合作成功的例子。在美国的

3 000 多所大学中，常青藤盟校尽管只是其中的极少数，仍是许多美国学生梦想进入的高等学府。可以说常青藤盟校是美国最优秀大学的代表，是强势高校之间的合作。而克莱蒙特大学联盟相比之下是一些弱势高校之间的联盟，这种联盟合作成为它们获取资源和扩大势力范围的一种方式。克莱蒙特大学联盟的7 所学校使学校不仅保存了自己的特色，也在竞争中获得了很好的发展。看到学校校际合作的同时，也要看到在盟校中的每个独立的学校之间也随着高等教育市场化存在激烈的竞争，为了生源、师资、经费，每个学校都在寻找自己的发展空间，但是它们在竞争的同时也用这种联盟形式的合作获得彼此之间更协同的发展。

美国高校联盟对美国高等教育发展和美国经济做出了重大贡献，其中不同类型的高校联盟起着不同的作用。例如，地方高校结盟曾是美国高等教育大众化阶段大学谋求生存与发展的重要手段，时至今日，美国 3/4 的大学生在多校园大学系统里面学习，这些多校园大学系统本质上就是一种联盟[89]。20 世纪60 年代的美国高等教育正处于大众化发展阶段，其主要问题是资源不足，一些地方高校面临被兼并或消亡的危险。这些大学通过联盟和合作，不仅提高了资源的利用效率，减少因规模小而被强势大学兼并的危险，维持了它们在学术领域内的领先地位，同时对高等教育的大众化发展做出了贡献。另外，研究型高校联盟的学术和科研合作活动的开展，使美国研究型大学的学术水平、科研水平和声誉都位于世界前列。以位于美国中西部的 CIC 大学联盟为例，CIC 的12 所大学都是研究型大学，它们都具有较大的在校生规模、超强的师资队伍、强大的科研实力和高水平的学科。这 12 所大学间的联盟属于强强联合的类型，它们致力于发现和解决大学发展中的共同问题。通过联盟活动，CIC 不仅打造了世界级名校，而且对地区经济和社会发展做出了重大贡献。

4.1.2 国内高校校际合作的奠基性

1989 年西北工业大学出版社出版的《发展中的高等教育横向联合》（张树人，陶秉礼，杨乃成责任）中介绍了国家教委关于高等教育横向联合的文件、部分省市、地区和普通高校开展横向联合的情况与经验、高校联合办学、校际协作的合同或协议书以及关于高等教育横向联合的研究论文。当时对高校校际合作研究中论述比较全面的是卢一新，他在《关于高校校际协作的几个问题》一文中，描述了大学校际合作的形式和内容：资源共享，同学科、同专业及工作同行之间的协作、交流，两个或两个以上院校共同办专业、培养研究生，地区性不同种类、院校的全面合作和联合，等等。同时他分析了校际合作的作用和效益：有利于打破旧的高教管理体制；有利于发挥高校群体优势，使学校资源得到了更加合理的利用，提高办学效益；有利于培养跨学科人才，发展高技术；有利于提高各校职工素质。

国内大学校际合作的实践早在 1979 年就开始了，过去的几十年间，我国大学之间零散的、经常性的合作从未停止过。国内大学之间小规模、经常性的合作曾一度兴起，不少高校根据自身的需要和条件，与邻近的高校或不同地区相关类型的高校进行了多种形式的合作，如大学间的学术交流、实验室与图书馆的共享、研究生互相保送、互认学分、在线课程共享、学生跨校选课和专业辅修、共同参与政府主持的大型科研项目研究以及大学合作办学等，这些活动几乎涉及高校的各个教学、科研领域及职能部门。例如上海市东北片区有 9 所普通高校自 1995 年年底就建立了大学校际合作关系，这些大学先后开展了跨校选课、跨校辅修专业等合作项目，这些合作项目是基于“优势互补、资源共享、互惠互利、协调发展”的运作模式上的。再如武汉地区 7 所重点大学（武汉大学、华中科技大学、华中师范大学、武汉理工大学、中国地质大学、华中农业大学和中南财经政法大学）按照“资源共享，优势互补，平等互利，相互促进”的原则自 2001 年起也实行了联合办学，7 校联合办学在人才培养和教学工作方面的主要内容包括校际互相选修课程、相互承认学分、校际攻读辅修专业、第二专业学士学位、双学位、互相利用校际实验室、图书馆和教学基地以及相互推荐优秀本科毕业生为免试研究生等[91]。2009 年 10 月，在西安交通大学举行的一流大学建设系列研讨会上，我国 9 所首批“985 工程”建设高校即北京大学、清华大学、浙江大学、复旦大学、上海交通大学、南京大学、中国科技大学、哈尔滨工业大学、西安交通大学，经过充分研讨，友好协商，一致同意按照“优势互补，资源共享”原则，签订《一流大学人才培养合作与交流协议书》，共同培养拔尖人才。

然而，大学校际合作只是一种“一对一”或“一对多”的“点对点”合作形式，其特点是小范围、小规模、临时性，与此相对应，高校战略联盟是多对多的网状组织形式。大学校际合作在大学参与频率、合作项目及合作的深度和广度上都不及高校战略联盟，为了促进大学校际交流与合作的进一步发展，这种零散的、非制度性的校际合作组织必将逐步发展为高校战略联盟。受高等教育国际化的影响，开放式办学已深入大学校长的办学理念之中，加上教育信息化等工程的实施，大学间的合作在广度和深度上都有所发展。很多大学不仅设立了有关大学合作的管理部门和专职管理人员，而且采取了强有力的措施来保证校际合作的顺利进行。

真正意义上的高校战略联盟形式的高校校际合作在我国还没有，但是已经有了建立高校联盟的设想。2003 年 9 月 2 日，钱江晚报关于《长三角名校联盟猜想》的报道，引起了社会各界尤其是教育界人士的关注。报道称，在美国东部，有一个令全世界学子仰望不已的名校联合体，号称“常青藤盟校”。在我国东部，常青藤也爬满了一些百年名校的墙头，随着江浙沪的长三角区域经济大融合的势头，学术常青藤也有牵丝攀藤之意。我们能否像美国常青藤盟校一样打造一个全国甚至全球叫得响的“长三角盟校”呢？报道了这篇文章后，引起了很多人的兴趣。有学者谈到“长三角”正有望成为世界第六大都市圈，经济融合是个大趋势，符合历史潮流，经济的融合首先要人事的合作，吸引优秀人才的团队合作，而后备人才是靠教育孵化出来的。假如能够联合江浙沪名校，如浙江大学、复旦大学、南京大学、上海交通大学等的联盟绝对可以产生核聚变，比北大清华都要厉害了。高校间打破传统学术壁垒，这一联盟可以说比任何长三角的合作更符合广大人民群众的根本利益，是最实实在在的改革。但到目前为止这还只是一个设想，真正意义上的高效战略联盟还没有完全建立起来，希望通过更深入的教育改革来促进校际合作的实现。

4.1.3 地方高校战略联盟理论上的可行性

从理论上看，将企业发展战略及战略联盟理论运用到高校战略中的依据是，高校组织与企业组织有很多共同的特性——高校具有类企业的性质[92-93]。著名教育经济学家舒尔茨的观点：“学校可以视为专门生产学历的厂家，教育机构（包括各类学校在内）可以视为一种工业部门。”美国著名的高等教育学家和社会学家伯顿·R. 克拉克（Burton R. Clark）认为，高等教育系统是由生产知识的学术组织，以高深知识为核心是高等教育的本质特征。他的小组在对英、美、法等10多个国家的高等教育系统进行了调查和比较研究，并以经验事实为根据，从组织的视角，以知识为研究的端点，按照知识分化的逻辑和管理维度，把高等教育系统的要素以及要素的协调、变革有机地组织起来，构建了一个高等教育的逻辑体系，从高等教育研究的内部揭示高等教育的本质特征。

战略联盟在工商业领域的成功运用，应当引起我们的思考。虽然大学与企业之间存在本质的差异，但是在高等教育管理中引进企业管理的科学手段也不失为一种创新的尝试。联合国教科文组织在《学会生存》一书中指出：“最近的各种实验表明，许多工业体系中的新管理程序，都可以实际应用于教育，不仅在全国范围内可以这样做，而且在一个教育机构内部也可以这样做。”

随着世界高等教育不断地走向市场化和全球化，市场取向的改革举措包括在政府拨款中实施招标拨款、合同拨款；施行收费制、成本分担制、贷款制；建立高校成本会计制度；实施依据业绩付酬的薪金制；组建教育银行、发行教育券，等等。全球主义的盛行使高等教育的市场化改革突破了地域限制，世界各地高等学校的改革相互影响，相互推动。在市场化和全球化改革浪潮的冲击下，高等学校组织的属性与职能在悄悄地发生变化，高等学校的企业属性与技术创新职能日益显现。高等学校与义务教育不同，不是纯粹的公共产品，具有排他性和营利性。从形态上看，高等学校具有经济的属性，而企业具有教育的属性。高校作为社会的一个特殊“生产”单位，在产业划分上属于第三产业（服务业）。随着高等教育大众化和产业化进程的加快，高校作为一种理性的投资行为，投资效益越来越被人们所重视。地方高校在面向社会、面向市场、走向产业化的进程中，为了更好地生存和发展，就必须正确处理好办学与效益的关系问题。

美国的组织社会学家艾兹奥尼（A. W. Etzioni）依据组织为使其成员服从并参与组织而采取的控制手段的区别，将社会组织分为三种基本类型，即强制性组织、功利性组织与规范性组织。任何社会对其成员所能采取的控制手段不外乎物理的、物质的与精神的三种，只是某些社会组织对其成员往往同时采用多种控制手段。依据艾兹奥尼的分析框架可以认为，高等学校与企业均属功利性组织[94]。高等学校组织对于教师而言具有功利性，高等学校毕竟是教师获得经济来源的职业场所。教师是活生生的人，是靠劳动所得谋求生存的个体。教师在高等学校从事的教育工作是有偿劳动，而不是无偿劳动。教师将经济价值视为高等学校对自己的主要价值。高等学校可以通过增加或扣发工资、津贴、奖金及各种奖品等物质的刺激手段来显示组织的威力。从这个意义上来说，高等学校的功利性，与企业组织具有相似性。企业是更为典型的功利性组织。人不是商品，然而，事实上人们确实按照一定的价格把自己的劳务租借出去。这个价格即是工资率，而且在一切价格中，它是最重要的。对于绝大多数人来说，工资是收入的唯一来源。高校教师从事经济活动也以追求个人收入为目标。就高等学校与企业功利性组织而言，它们是相似的。但是更贴近的分析表明，企业是纯营利性组织，高等学校是准营利性组织。通常人们将组织分为营利性组织与非营利性组织。马西（W. F. Massy）指出，营利性组织（for-profit organization）具有四个基本特征：一是追求收入与成本之间差异的最大化（利润），二是考虑适用的技术、人的因素和规则（生产可能性），三是受投入和产出市场的约束（供求曲线），四是将利润看作积累基金或资助发展或作为红利支付给股东及偿付债券。非营利性组织（nonprofit organization）具有五个基本特征：一是追求贡献给社会的价值的最大化（效用），二是考虑适用的技术、人的因素和规则（生产可能性），三是受投入和产出市场的约束（供求曲线），四是保持长期收入和支出按平均数计算的实际价值的平衡（资金约束），五是禁止将盈余私自分配给股东。马西的分析表明，营利性组织与非营利性组织的最大差异在于前者追求最大的利润，后者追求最大的效用。

就高校的教学和研究领域而言，大学为了实现创造、传播和应用知识这一崇高的使命，必须获得必要的资源。当政府提供的直接或间接经费不足以维持大学的正常运转时，大学还得设法从其他渠道获取经费，这时大学的行为就会受到市场因素的影响。譬如，大学会开展多种形式的教育活动获得经济收入，如在研究生教育层次，大学可以开设专业性的教育项目，如教育、法律、工商管理等专业硕士和博士，对于这类教育形式，大学充分利用市场机制，达到创收和支持学术项目运行的目的。另外，大学为了竞争优秀生源展开激烈的竞争，一些大学把招生工作当作市场营销工作来做。大学为了提高其在某些指标（如学生的选择性）上的名次，采取了商业化的手段。美国新闻与世界报道等媒体对于大学的排名就是一个极好的促进大学的商业化行为的例子。

高等教育产品和市场的特性：竞争，最主要的还是高等教育行业内部的竞争。除了社会资源、师资、生源等方面的竞争之外，产品质量和市场份额是高等学校竞争成败的最关键因素。高等教育产品的生产及市场的运作有其自身的特性，高校只有准确把握并且巧妙运用这些特性，才有可能制定出切实可行的竞争战略，从而使自己在激烈的竞争中始终立于不败之地。

总的来看，就高校的管理部门而言，高校管理的本质是实现资源约束下的最佳选择，这一点和企业没有明显的差别，都是要突出对工作业绩的追求和行动导向。随着高校规模的扩大、结构与功能复杂化，高校也在努力探求良好的运行模式来促进高校资源的运行效率。所以，在高校的学术部门和管理部门都出现了这种类企业性质，高校中类企业性质的出现代表了当今时代精神对高校的影响，向企业学习经验，帮助市场力量顺利地进入高校，使高校避免陷入自我封闭的状态，应该成为高校制度创新的一个来源。

此外，高校还有如下的类企业特征：大学的资本运营，大学的收费与定价，大学的垄断和政府的反托拉斯（anti-trust）。大学管理的本质是实现资源约束下的最优选择。大学既是知识传播与学术发展的场所，又是创造价值的类企业组织。因此，大学的异质结构在于文化和职能迥异的两个部分：学术部门和管理部门，而知识管理则是“第五代管理”的中心。

以上理论和研究的支撑使得企业战略理论、战略联盟理论用于高校战略管理及其战略联盟成为可能。

4.1.4　地方高校战略联盟经济上的可行性

战略联盟作为高校组织关系中的制度创新，其总体目标是提升高校资源的利用效率和竞争优势，实现合作高校的双赢局面。在具体实施上，从横向看要解决规模不足的问题，从纵向看要解决战略资产不足的问题。利用战略联盟的组织方式，可以比较容易地获得这两个方面的经济效益，即高校战略联盟可以获得基于规模经济[95]和范围经济的联合经济效应。战略联盟的规模经济和范围经济主要是由以下三个方面的原因产生的：

（1）战略联盟可以实现资源的共享。越来越多的事实证明，弱势高校“独行侠”的发展方式难以使高校较快发展壮大。通过合作，高校可以互相享受彼此的教学和科研资源，大大节约一些不必要的重复费用和消耗。

（2）战略联盟可以实现优势互补，提高经济效益。教学、科研和社会服务功能是高校的三大职能。今天市场这只“无形的手”已经进入高校资源配置的领域。为了获得更多经济资源，高校需要在科研和社会服务方面下足功夫，做好科研成果开发和转化功能。现代的高科技产品多出自边缘学科，因此地方高校战略可以通过优势学科的人力和物力资源互补，开发出具有市场竞争力的产品，从而获取办学所需要的经济资源。

（3）高校在发展过程中常常受到自身资源和核心能力的限制，缺乏相应的战略资产，而不能有效实现范围经济。通过与资源互补高校建立战略联盟，则可借助联盟高校的资源和核心能力，弥补自身在发展过程中战略资产的不足。战略联盟使得高校不必扩大组织边界就能实现范围经济。拥有某种互补资源和技术的高校通过组建战略联盟的方式进入新的领域。

下面将联合经济的优势做简单分析。在规模经济的情形下，设高校的生产函数为

$$P = f(x_1,\ x_2,\ \cdots,\ x_n) \tag{4-1}$$

式中，P 表示高校办学产出，x_i 为投入的各种资源要素，$i=1,\ 2,\ \cdots,\ n$。在规模经济下，高校只是生产专业化分工方案中一种或几种产品，高校的办学产出就是这几种产品的生产量。

在范围经济情形下，高校的产出量应该是多种产品的生产量之和，即有

$$P = \sum_{j=1}^{m} f(x_1,\ x_2,\ \cdots,\ x_n) \tag{4-2}$$

式中，$j=1,\ 2,\ \cdots,\ m$ 表示高校产出的产品的种类数。在联合经济情形下，联盟高校总的生产函数为各个高校产出的乘积，即有

$$P = \prod_{k=1}^{s} f(x_1, x_2, \cdots, x_n) \tag{4-3}$$

式中，$k=1, 2, \cdots, s$ 表示参与联盟的高校数。同时，由于投入的资源要素成本由联盟高校共同承担，从而使得单位产出的要素成本迅速降低。因此，由式（4-1）~式（4-3）可知，通过联盟能够产生相乘的效果。

当然，一个或者多个高校得到资源与能力的同时不付出任何资源与能力的战略联盟，在现实中几乎是不存在的。为了保证战略联盟能够有效运作，确保自身能够借助战略联盟伙伴合作关系获得需要的资源与能力，成员必须付出一定的资源与能力。对于地方高校战略联盟而言，各方合作主要是基于现有的资源和能力的基础之上的。从国内的高校合作办学以及国外高校联盟成功的范例来看，地方高校战略的组建运行不需要额外支付更多的经济资源。而现代信息技术的发展和应用使战略联盟降低了运行费用，使联盟内的沟通渠道更为稳定和畅通。借助于网络信息系统，不仅可以在搜寻和筛选联盟伙伴方面大量节省人力、物力，提高联盟的组建效率，还可以提高联盟的运作效率，不仅可以更方便、快捷地共享信息，还可以在相互交流的基础上加深了解和信任。计算机、网络等信息技术为构建地方高校战略联盟奠定了一个良好的信息互动化的基础，使战略伙伴的新关系有了通畅的沟通渠道，也进一步巩固了地方高校间的合作关系。这一切降低了战略联盟的运作成本和风险，因此高校战略联盟在经济上是具有可行性的。

4.1.5 地方高校战略联盟政策上的可行性

《高等教育法》第十二条规定，国家鼓励高等学校之间、高等学校与科学研究机构以及企业事业组织之间开展协作、实行优势互补、提高教育资源的使用效益。国家鼓励和支持高等教育事业的国际交流与合作。这表明地方高校战略不违背行业政策，在政策允许的范围之内，是现阶段高等教育发展的有效探索。

高校联盟不仅符合《高等教育法》关于开展协作、实行优势互补、提高教育资源使用效益的精神，也符合经济学的价值链原理。价值链是高校分析竞争优势的基石，有些活动是高校的优势所在，有些是高校的薄弱环节，高校既可以通过优化与协调内部活动获得竞争优势，也可以通过与其他高校的价值链整合获得竞争优势，而后者就包括本书所提的战略联盟，即不同高校在价值链上相同价值活动的整合或不同价值活动的共享，战略联盟创造了高校新价值链的极大化。高校可通过建立战略联盟，与拥有己方所缺乏资源的其他高校建立合作关系，借助战略联盟，获得所需的资源，通过资源共享，使有限资源投入产生尽可能大的成效，树立成本意识，讲究社会效益与经济效益的统一。

在高校战略联盟中，涉及学生跨校选课和教师跨校兼职授课等问题，如今国家在这类问题给予政策上的扶持和优惠，放宽了高校自主办学的权利，对于跨校选课的学生，高校有权利在学生修满一定学分，达到培养计划要求的情况下授予学生双学位或者是辅修学历证明。而对于教师跨校兼职问题，教育部政策研究与法制建设司司长孙霄兵做客人民网演播室，解读教育热点政策时表示，提倡高校教师在科研教学的岗位上进行兼职。四川省和福建省等多个省份已经相继出台了教师兼职的相关政策，对教师在联盟高校间兼职教学给予了政策上的支持和法律上的保护。因此地方高校联盟在政策上也是切实可行的。

4.1.6　地方高校战略联盟管理上的可行性

地方高校战略联盟是一个复杂的巨型组织，一般在空间布局上都会出现“一盟多校”的情况。如何提高资源、资产的利用效率，如何实现多所大学的团结，加强学科融合、实现交叉互补，如何做好联盟教育教学上的管理，这些问题都是地方高校战略联盟必须面对的问题。如果这些问题解决不好，联盟运行效率低下，那么联盟必然面临解散的结局。解决思路是在管理上借鉴国外高校联盟成功的教育教学管理经验，成立专门的组织机构对联盟内事务进行协调管理。更重要的是现代信息技术的发展对联盟运行的管理提供了可靠的技术支持[96]。

随着科学技术的迅猛发展，特别是计算机技术、电子技术、通信技术、网络技术，数据库技术以历史上从未有过的速度渗透到生产、生活、学习和社会各个领域，尤其是高速、宽带的现代信息网络的发展和完善，人类社会的经济与社会活动，都将越来越多地利用计算机网络。目前，大学信息化建设在各大学普遍开展，尤其是网络基础设施的建设在各大学都已经有了比较完善的解决方案，几乎所有的大学已经建成了自己的校园网，各个校园网通过中国教育与科研计算机网和 Internet 之间互联。目前多数大学都拥有办公、综合教务管理、财务管理、人力资源管理、科研管理、设备资产管理、网络教学、综合信息服务等多个应用系统。大学中的教学、科研、办公等管理工作日益依赖于这些应用系统提供的服务与支持。可以说信息网络对高校联盟运行机制带来的变革是革命性的，它为高校联盟的教育教学管理提供了强大的技术手段。联盟高校在联盟后依然是独立的决策主体，只是其决策的信息有可能变得更加充分和及时，但是这种可能性以及整个联盟绩效的发挥在很大程度上还取决于信息网络技术的发展和采用。近年来，我国信息与网络技术的发展已经为高校战略联盟的信息沟通需求、教育和教学管理提供了有力的保障[97]。

1. 信息技术可以推动高等教育的资源共享

随着高新信息技术的迅速发展和广泛运用，高等教育的面貌正发生着显著的变化。高校在教学、科研和社会服务等方面运用这类技术，已日趋普遍。通过这类技术手段来进行校际合作办学，已成为现实。最典型的例子也许要算高校之间通过信息网络和计算机等工具来实现图书信息资源库的共建与共享。自动化图书信息搜索系统、网上借阅、档案数字化管理在高校之间的运用已很常见。此外，随着多媒体教学、计算机教学软件、远程教育、虚拟大学等应运而生，先进的信息技术使教育资源共享的原则得以贯彻，通过信息系统实现课程整合和互相选课，也日见增加。现在，在许多大学里，有些课程已不仅是面向某个专业方面的学生开设，而是向整个学院或大学乃至其他院校的学生开放。高新信息技术手段的广泛运用，正在使更大范围和更多样的高校不断扩大与加深相互间的交流合作。这已成为一个值得关注的趋势。现代信息技术实现了高等教育的资源共享，这主要体现在网上远程教育方面。现代远程教育变革了传统的被动教育模式，形成了主动的学习社会。它打破了现有教师、教室的局限，通过建立庞大的教育资源库，进行全球教育资源共享，增强了大学的容量，缓和了教育市场的需求矛盾，解决了扩招中出现的教育资源不足的问题，联盟中教学方式完全可以通过网上远程教育的方式来实现，不需要教师或者学生来回在高校之间奔走。

2. 现代信息通信技术缩小了客观世界的时空距离

1995年起，中国教育与科研互联网（CERNET）开始建立。现在，它已连接400多所高校，每天有30多万人上网工作。计算机教学软件和多媒体也已在教学中广泛应用。现代信息技术对中国未来教育的深远影响不可估量。远程教学的实现，标志着可以把校外讲课引入教室，学生的学习可以不受时间和空间的限制，借助信息技术这一平台使人们的学习变得无比丰富多彩。现代信息技术极大地拓展了教育的时空界限，改变着教与学的关系。跨校任教的教师和跨校选课的学生可以通过电子邮件、因特网导航、文件和学习资源传递、环球网、聊天室和视频会议，给人们的学习交流和信息传递提供了快速通道。同时，它又为人们进行资料数据处理、编辑文本文件带来了极大的方便。学生在社会调查时完全可以通过在线视频、网络交流等方式与各种各样的人进行访谈，收集各种信息资料。而对跨校选课的学生的成绩管理，可以采用网上考试和网上提交课程作业的方法，教师在网上批阅成绩发到对方学校所在教务部门，这种形式方便灵活。

由此可见，地方高校战略联盟的教育教学管理工作虽然存在一定困难，但是有了现代信息技术作支撑，是完全可以顺利实现的。

4.1.7　地方高校战略联盟的现实可行性

1. 大学之间存在资源互相依赖

资源依赖理论的核心观点是组织的资源异质性和战略缺口，由于组织不是内部自给自足的，而是需要来自环境的资源，将会反应或回应环境中控制关键资源的那些群体的需求而建立战略联盟[98]。

对大学而言，每所大学的人力资源和学术资源相对于其他大学来说，都是一些异质性资源，这些异质性资源会给大学带来其他大学难以替代的核心竞争力，而造成这种核心竞争力的资源可能是其他大学的战略缺口。任何一所大学，不管其学科门类有多么齐全，是不可能在每个学科领域取得领先地位的，学科群的不完善和落后地位将会是高校主动寻求合作的动因。对中国大学而言，通过战略联盟达到优势互补，共享资源，提高大学的整体竞争力，参与国际竞争具有重大意义。

2. 大学具有价值供应链的形态

高等教育机构同任何一个企业、组织一样，自诞生之日起，供需的问题就相伴产生，供应链是天然存在的。高等教育供应链既有一般企业的供应链的共性特点，又具有高等教育本质所决定的供应链的功能和形态的特殊性。在一般企业中，产品的生产过程可表示为由五个基本节点组成的供应链：供应→采购→制造→销售→客户接受。与其相对应，高等教育的供应链也具有与其相对应的节点，即具有高等教育需求的群体（如家庭、组织、个人等）→高等学校的招生、选拔生源→高等学校对学生的知识与技能培训（产品的生产过程）→就业（不同的就业机制、就业服务体系，即产品的销售）→接受高层次人才的群体（接受高校毕业生，即接受高等学校的产品）[99]。同样，每所高校不可能在供应链的所有环节上都具有绝对优势，为达到“双赢”的协同效应，注重高校之间携手联合，充分发挥各自优势，彼此在各自的关键优势环节上展开合作，尽量采用外部资源并积极创造条件以实现内外资源的优势相长，可以求得整体竞争力的最大化。

3. 大学具有交易成本

高校交易成本是指高校内、外部各种交易活动所花费的费用支出，包括高校内部各组织和高校与外部组织之间人际关系的摩擦成本、获取信息的成本以及高校组织管理的成本[100]。

高校交易成本是高校办学成本的重要组成部分，而高校办学成本又是衡量高校办学效率和效益高低的一个重要指标。大学之间学者个人的、零散的合作与交流活动无疑是存在的，也是有交易成本的，如果能建立大学之间的长期的、稳固的联盟关系，就会将合作活动规模化，这样势必会降低交易成本。

4. 大学是典型的学习型组织

大学是特殊的知识密集型的学习型组织，对大学而言，它的一切使命都是围绕着知识创新而展开的，正如在许多教育著作中人们将大学比作一个知识场，人类社会发展的动力站，从某种含义上讲，大学已经演化成知识的化身。按波兰尼将知识划分为显性知识与缄默知识来看[93]，大学更倾向于缄默知识的构建，缄默知识相当于大学的无形资产，大学之间缔结联盟会创建一个学习和分享无形资产的有效途径，使得这些知识或经验在整个联盟体内渗透、扩散、协调和运用，从而有利于保持和发展大学的核心竞争力，减少资源的消耗和创新的风险。

综上所述，当前的高校无论是扩大教育市场占有能力以获得生存，还是开发新的知识创新和科技创新领域，使大学获得长足的发展，追求学术卓越，都必须集中有效资源，与其他高校携手合作，培育以发展为导向的战略联盟共同体，才会有所收获，建立一种充满生机的教育生态系统。

就我国大学而言，建立高校战略联盟最明显的作用是解决我国大学重复建设、资源配置低下、大学管理成本过高和我国高等教育大众化发展中资源不足的问题。同时，从微观上来看，高校战略联盟给我国大学学术发展、复合型人才的培养和教师专业发展及院校管理水平的提升将会起到很大的作用，其效益是无法用经济指标来衡量的。

4.1.8 地方高校战略联盟效应数学分析

地方高校战略联盟追求的是资源共享，优势互补，共同发展。简单地说，就是1+1>2的效果。具体地说就是将地方高校教育资源要素进行优化组合，形成更具有竞争力的整体。前面几节主要从定性的角度分析了地方高校战略联盟的可行性。下面从数学角度对此进行简单的分析。

假设两所高校在 n 项要素上进行合作，这些要素通过一定的关系进行组合配置，其中对于各单项合作要素的要求是其状态应该趋于最优。由于联盟的目标是要实现联盟体总体效果的最大化，因此可用模型1表示：

$$\max F(x(\sigma),\ \sigma) \tag{4-4}$$

$$\text{s.t.}\quad \sum \sigma_i \leqslant c \tag{4-5}$$

$$G(\sigma) \geqslant 0 \tag{4-6}$$

$$\max f_i(x_i) \quad (i=1,\ 2,\ \cdots,\ n) \tag{4-7}$$

$$\text{s.t.}\quad g(x_i) \leqslant \sigma_i \quad (i=1,\ 2,\ \cdots,\ n) \tag{4-8}$$

$$h_i(x_i) \geqslant 0 \quad (i=1, 2, \cdots, n) \tag{4-9}$$

式中，F 代表战略联盟的总体目标函数，σ_i 代表联盟整体中所属的第 i 个要素的资源量，x_i 为代表第 i 个要素的状态，c 为所有要素可以获取全部高校的源总量，f_i 为第 i 个要素的目标函数，式（4-5）为联盟中总资源约束，式(4-6)和式（4-9）分别为非负约束，式（4-8）为第 i 个要素可获得的资源约束。

上述模型 1 是一个典型的多人两层决策问题，当要素之间不存在合作关系时，它们之间可以形成纳什（Nash）平衡策略。现实却是这些高校资源要素出于各种目的要进行合作。通常，高校间的合作方式有以下两种。

（1）两所或者多所高校根据自己的资源状况主动地进行长期合作，以实现资源的优化配置和获得最佳的办学效益。这种合作被称为结果共享型的战略联盟。不失一般性，假定高校 A 与 B 之间结成结果共享型的战略联盟，可以建立模型 2：

$$\max F(f_1(x_1), f_2(x_2)) \tag{4-10}$$

$$\text{s.t.} \quad g_1(x_1) + g_2(x_2) \leqslant \sigma_1^* + \sigma_2^* \tag{4-11}$$

$$h_1(x_1) \geqslant 0 \tag{4-12}$$

$$h_2(x_2) \geqslant 0 \tag{4-13}$$

模型 2 中，式（4-10）代表高校 A 和 B 原有目标形成的双方都可接受的联盟目标函数，把联盟目标函数简化为两所高校目标函数的加总，即 $F(f_1(x_1), f_2(x_2)) = f_1(x_1) + f_2(x_2)$，式（4-11）代表高校 A 和 B 总的资源约束，式(4-12)和式（4-13）代表高校 A 和 B 的非负约束。利用运筹学中的优化技术，对模型 2 求出最优解为 $x_1^{\sim}$，$x_2^{\sim}$，与此相对应的目标函数为 $f_1^{\sim} + f_2^{\sim}$。比较模型 1 和模型 2，可以发现合作后的总目标函数比不合作的单独的目标函数之和要大，即 $f_1^{\sim} + f_2^{\sim} \geqslant f_1^* + f_2^*$。

（2）两所高校为了完成某项任务而进行的短期合作，称为任务共享型合作方式。同样不失一般性，假设高校 A 和 B 形成任务共享型联盟，建立模型 3：

$$\max F(x(\sigma), \sigma) \tag{4-14}$$

$$\text{s.t.} \quad \sum \sigma_i \leqslant c \tag{4-15}$$

$$G(\sigma) \geqslant 0 \tag{4-16}$$

$$\max \ f_1(x_1) + f_2(x_2) \tag{4-17}$$

$$\text{s.t.} \quad g_1(x_1) + g_2(x_2) \leqslant \sigma_1 + \sigma_2 \tag{4-18}$$

$$h_1(x_1) \geqslant 0 \tag{4-19}$$

$$h_2(x_2) \geqslant 0 \tag{4-20}$$

类似地，根据运筹学中线性规划的有关求解方法，可以证明

$$f_1^{\sim}+f_2^{\sim}\geqslant f_1^{*}+f_2^{*} \tag{4-21}$$

从上述结论式（4-21），容易推广到多所高校进行合作的情形，即只要高校进行合作，不管是结果共享型长期合作还是任务共享型短期合作，则必然有

$$\sum_{i=1}^{n} f_i^{\sim} \geqslant \sum_{i=1}^{n} f_i^{*} \tag{4-22}$$

也就是说，高校战略联盟所产生的联盟效应必定大于各个高校单独运作所产生效应的简单叠加总和。

由以上分析可知，地方高校组建战略联盟更有利于地方高校资源的共享和地方高校核心竞争力的提升，现阶段地方高校战略联盟具备良好的实施基础。

4.2 地方高校战略联盟的障碍分析

前已论述，地方高校战略联盟有其内外动因，有实施的合理性和可行性，只有高举发展、合作、共赢的旗帜，联盟各方面都赢得主动，加快发展，但从地方高校发展的实践考查，高校间真正联盟的很少，都是采取的一些校际合作的政策，联盟发展比较缓慢。这是因为，显示地方高校战略联盟的国内支持空间不是很大，还存在一些思想和体制方面的障碍。

（1）从高等教育发展的外部环境来看，大学缺乏完全自主权是我国大学建立战略联盟不够活跃最根本的原因。因为任何一个联盟组织都是在自愿互利的基础上产生的，大学需要在招生、专业设置、与不同学校进行学分互换、学生升转学等方面都享有自主权，这样大学才能自主地选择合作对象、决定合作内容。国内高校的联盟意识、主体意识与竞争意识仍不强烈。一方面，由于我国的高等教育尚处于高速发展时期，还未达到发达国家（地区）的发展水平，高校各方面的生存状况及竞争也不及发达国家（地区）严酷。由于我国高校绝大多数是以国有为主体的，习惯于按上级主管部门指示行事等，致使高校的危机意识不强，这些都是影响高校联盟意识、主体意识与竞争意识不强的原因所在。虽然近年来大学缺乏自主权的现象逐渐得到改善，但是这种自主权的享有也只是局限于部分重点高校和高校的部分领域，这种状况影响了大学合作的积极性。成立后的大学联合体没有经费保障。美国高校联盟的活动经费来源于各大学的会费、州政府的拨款（对公立大学而言）、基金会或私人的捐助，这使得美国高校联盟能够长期发展下去。而我国大学校际合作建立之初，很多大学由于对合作的效果持怀疑态度而不愿意交纳会费（上海西南片大学管理委

员会的日常经费长期由上海交通大学支出），当地教育主管部门也只是成立之初划拨一点开办经费，没有针对合作项目进行资助，我国也没基金会或私人对大学的合作项目进行捐助，所以经费困难使得联合体的具体活动无法开展下去，联合体要继续维持下去举步维艰。另一方面，任何一种制度的创新都是需要时间和科学的管理去检验其效果的。高校联盟并不是解决高校发展问题中的灵丹妙药，科学有效的管理和运作是其发展和显示其优势的必要条件。我国大学校际合作只是处在初级阶段，高校的“短视”意识和联合体松散的管理也是我国大学校际合作没有长足发展的原因。

（2）战略联盟增加了组织管理上的难度，使得一般的管理很难跟上。联盟是一种非股权式的松散的合作体，其运作存在着行政与市场的双重机制，由于它不能单纯以行政命令来解决各方的利益与冲突，所以要求按市场规律建立并运行一个科学的管理体系来维持组织的正常运作。这对于单一高校来说，难度是相当大的。有不少联盟失败的原因就是组织管理没有跟上联盟发展的需要，在一些战略规划、执行协调等重大问题上由于缺乏组织保证而出现失误，从而导致联盟的失败。

（3）战略联盟容易引发文化的冲突。在高校联盟中，不同高校间，不同高校人员间的文化、观念、价值观等方面的差异。然而不同组织的文化融合是很难的。由于各个高校都具有自身独特的高校文化，这种文化上的差异会转化为学校管理上的差异，从而加大战略联盟的管理难度。当联盟高校各方的文化出现冲突而文化的交流并不能使它们有效融合在一起时，可能会弱化高校文化，降低联盟伙伴的文化凝聚力。并且如果文化上的冲突不能得到及时有效的解决，则会引发矛盾冲突的升级，威胁联盟的稳定。

（4）战略联盟构建的时间难以掌握。Spekman 在 1996 年的调查表明大型复杂的联盟要花费大量的时间来建立其信任，通常联盟的建立与运转之间所耗费时间为 3~4 年。这不仅因为单纯组织关系上的建设就耗费大量的时间，高层管理者建立起私人的关系网，联盟的信任等各方面的建设也需要更长的时间。长的时间周期虽有利于管理者有充分时间来解决联盟中可能出现的问题，但延长了战略决策的时间，在快速变动的高校经营环境中，过长的时间会使战略归于失败，或者丧失一些良好的机会。所以不能合理地掌控时间，也会对联盟发展构成相当的威胁。另外，从国内高校的体制来看，国内高校属于事业性单位，据统计，国内校长的平均任职年限为 5~6 年。如果领导层执行战略联盟计划，可能一个任期结束以后还没有什么实质性的成果而校领导已经换届，事业上得不到成就，所以也带来参与战略联盟积极性不高的问题。由此可见，战略联盟的构建存在着不少风险，困难较重。

虽然地方高校战略具有上述障碍，但是这些障碍并不是不可克服的，只要国家给予相应的配套政策，高校管理人员能够解放思想，高校教职工能以开放的胸怀对待高校战略联盟这个新生事物，上述困难都是可以克服的。应当指出，在高等教育大众化时代激烈的市场竞争中，地方高校走战略联盟的道路是必然的、正确的。要使理论指导实践，必须使战略联盟理论与地方高校发展实践、与人们的思想紧密结合起来，具体分析实施战略联盟是否存在“水土不服”问题，有哪些障碍，怎样去消除这些障碍。当然，只看到联盟障碍，看不到联盟的正确道路是不对的；只看到联盟的正确道路，只看到联盟的必然性，而不注意甚至忽视联盟中的障碍，也是不全面的。只有认清道路，清除障碍，才能使地方高校战略联盟顺利健康发展，也为本书的后续研究及应着力解决的问题提供有益的指导和条件。

本章小结

本章主要就战略联盟理论在地方高校发展和战略管理适用性的问题上进行了深入分析和讨论。首先主要介绍了国外大学成功的战略联盟案例和我国高校战略联盟的萌芽——高校的校际合作办学的情况。然后就战略联盟理论在高校战略管理上的可行问题进行了讨论，主要从高校类企业性质的角度对战略联盟在高校战略管理适用性从理论上进行了探讨。之后从当前的高教环境出发，就地方高校战略联盟在经济上、政策上、教育教学管理等几个层面的可行性进行了分析。在上述分析的基础上，又采用数学分析的方法对地方高校联盟的效应进行了简要的定量分析，论证了战略联盟理论在高校战略管理中的适用性。最后根据我国高校性质和管理体制，对地方高校建立战略联盟的进程可能出现的障碍进行了分析和讨论。

第5章

地方高校战略联盟的构建

地方高校结盟是高等教育大众化阶段弱势高校谋求生存与发展的一个重要手段，相互独立的弱势高校通过联盟相互支持，协同发展，从而提升自身竞争力。然而国内并无成功的高校战略联盟范例可以参考，幸运的是国外企业和高校战略联盟成功典型很多。本章在参照国内外成功的各类战略联盟构建的基础上，根据我国高校自身的性质和特点，给出了如何构建地方高校战略联盟的原则和思路、最优战略伙伴的选择方案以及成功构建地方高校战略联盟的建议和联盟支持系统的架构，以期促进地方高校战略联盟真正由概念向实践转化。

5.1 地方高校战略联盟伙伴选择

高校战略联盟的价值性来源于各联盟高校的资源和能力的互补性与聚合性。据相关研究资料显示，联盟失败的原因70%以上与伙伴选择相关，因此，联盟构建过程中伙伴的选择是至关重要的。联盟伙伴选择的优劣直接关系到高校战略联盟的成败，所以研究联盟伙伴选择的原则、标准和过程具有非常重要的意义，在广泛参阅文献[101-108]的基础上，结合地方高校实际情况，本书认为地方高校联盟伙伴选择应遵循如下原则。

5.1.1 战略联盟伙伴选择原则

联盟伙伴的合适与否，直接影响联盟的成败。高校首先要树立明确的战略目标，并据此来寻找能够带来学校所期望的教育资源、风险分担和进入新领域的机会优势，要选择文化相容、优势相生的对象作为自己的合作伙伴，高校可利用各种渠道收集和发掘信息，物色潜在合作伙伴，予以充分的评估之后确定。就地方高校来说，选择战略联盟伙伴要坚持下面四个原则[109]。

1. 实现资源和核心能力互补，产生协同效应原则

战略联盟的优势在于可以在不改变学校独立性的条件下，汇聚不同学校所拥有的高质量的资源和能力，通过资源和能力的充分使用与相互作用，产生协同效应，达到单个学校资源和能力系统所不能达到的目标。资源和能力的互补性是战略优势发挥的关键因素之一。潜在合作伙伴必须具备学校所需要的资源和能力，合作才有价值。

地方高校实行战略联盟最为主要的目标是弥补高校原有的战略缺口和增强自身的核心能力。所以地方高校在选择联盟伙伴时一定要分析本校和潜在合作者的管理现状、办学能力、发展前景，分析双方的核心能力，并通过积极有效沟通，掌握双方的短期目标与长期目标，尽可能使自身发展目标与合作者目标保持相同向度。如果联盟方的核心能力与本校的核心能力相同，往往造成联盟后虽然高校的规模扩大了，但效益反而变弱了的局面，如果缺少核心能力互补，联盟体会出现内部整合度差的现象，最终导致联盟体的失败。

2. 自愿互利和长久合作原则

根据资源基础理论和能力理论，高校竞争优势的来源在于独特的资源和组织能力的积累，而这些资源和组织能力往往不易模拟，也不能转移，只能遵循特定的“路径依赖”形成，相互之间在短期内不能够模仿，高校只有在与伙伴长期的合作过程中才能获得。由于高校联盟的效益实现具有滞后性，使得地方高校战略目标在短期内很难充分显示，因而联盟应该强调的是一种长期合作关系。

潜在合作伙伴的合作态度是否积极，将直接影响高校能否达成联盟的目标。高校间的联盟可以在较少投入的情况下分享创新经验和创新成果，共同探索培育高校自身的科技创新能力和创新人才，通过相互学习来提高组织的整体创新能力，因而这种合作不应该是一个短期过程，而要在了解高校之间的需要和实际情况的基础上，明确重点目标，制定实施方案等来稳步发展合作关系，同时需要高校之间能够着眼于长远利益，相互协调、友好相处、相互尊重，保持积极态度，善于调整合作计划。态度影响潜在伙伴的资源和能力投入水平、影响联盟伙伴间的沟通。

3. 保持灵活性战略和独立地位原则

竞争环境的动态性和不确定性，要求高校制定迅速适应环境变化的战略与之相适应。如果高校因为加入联盟而失去了战略的灵活性，则一旦环境改变，就会面临巨大的风险。同时，如果联盟使高校失去战略的灵活性，也就违背了战略联盟的目的。战略联盟是建立在平等互利和相互信任基础上的，参与战略联盟的高校之间应该是完全平等的关系，这种关系不受经济实力的影响，具有

明确的战略目标，目的是充分发挥高校的各自优势，如果某一联盟方失去了独立地位，联盟就变成了兼并，这样一方的投机就会造成对另一方高校的侵害，而这种风险是高校无法承担的。因而高校战略联盟一般只是具有特定意义的某种协议，重点强调参与战略联盟的高校各方进行合作的重要意义及目的，以及在教学科研等活动中怎样进行有效的合作，并不要求相互承担相应的法律义务。所以地方高校战略联盟的参与者一定要保持灵活的战略并保持独立性。

4. 文化和战略兼容原则

成员间校园文化和战略的兼容是一个成功的联盟必须具备的最重要的条件之一。每所高校都有各自的历史、经历，有其独特的人力资源管理传统和实践，独特的行政系统和管理风格。合作高校间如果缺少文化兼容性，那么无论他们的业务关系在战略上多么重要，也不管它们各自的资源多么丰富，都将很难经受时间的考验，也很难应付环境的变化，因为他们首先要做的事情是能够在一起工作。合作伙伴之间在组织文化方面的差异可能会导致流程的混乱、沟通的失效，最终导致联盟的失败。但兼容原则并不意味着绝对的一致，没有任何差异。高校在选择联盟伙伴时，不能苛求对方一定具有相同或相似的文化，实际上高校之间文化相同或相似的情况并不多见，战略就更不可能相似了。从另一方面讲，伙伴之间完全相同或过于相似也不利于双方互相学习、取长补短。只要合作双方有合作的基础并且相互尊重，就能解决分歧。文化上的兼容性代表联盟各方在基本价值观上有一致的看法，战略上的兼容性主要是高校与潜在的合作者能够找到共同的利益，具有共同的利益是保持联盟关系的纽带和桥梁。没有共同利益，联盟就会失去价值和动力。

5.1.2　战略联盟伙伴选择指标

高校战略联盟合作伙伴的选择是一项涉及多因素的复杂的管理活动。当前国内也没有正式的地方高校战略联盟，基于要解决的问题，选择的指标是主要围绕高校资源和核心竞争力内容。本节选取的参照指标只是一些高校核心竞争力的指标，再结合成功战略联盟实践所考虑的一般代表性的指标，高校应该结合外部环境综合考虑自身的实际情况，适当调整某些关键指标。

对于高校战略联盟最佳合作伙伴选择，需要解决的关键问题：一是“最优”合作伙伴的定义，这里的最优不是通常意义上的排名最高的一批高校；二是科学地选择一些定性和定量的指标来描述最优合作伙伴；三是这些指标在选择最优合作伙伴时权重选择多少才比较恰当；四是如果存在多个潜在合作伙伴如何能快速地辨识出来。这些都是属于复杂的决策问题，在这里也不能给出全部的科学的答案。鉴于这是一些前人都没有涉及的问题，这里给出一些可供参考的解决上述问题的途径和方法。

1. 最优高校战略联盟伙伴指标

目前，无论是在战略联盟理论应用得十分广泛的企业界还是在其他地方，最优伙伴并不存在通用的判别准则。“合适的才是最好的”，这样的规则同样合适于地方高校选择战略联盟伙伴问题。根据成功联盟的经验和伙伴选择的原则，以下四个方面是选择联盟对象时应考虑的指标[110-111]。

（1）资源和能力的互补性指标。竞争环境要求高校取得的战略绩效与它们依靠自身资源和能力所能达到的目标之间存在一个缺口，战略缺口在不同程度上限制了高校一切依靠自身资源和能力自我发展的道路。建立战略联盟的目的就是通过不同高校的优势互补和整合达到 1+1>2 的效果，为此合作双方必须有某种优势和专长，具有能够对联盟投入互补性资源的能力，以达到凭自身能力和条件无法实现的目标。

（2）兼容性指标。兼容是一个成功的战略联盟所必须具备的重要条件之一。两个进行联盟的高校，如果缺乏兼容性，都将很难经受时间的考验，也很难应付环境的变化。高校在选择战略联盟的伙伴时，必须从战略、校园文化、组织管理理念和实践等方面综合评估双方的兼容性。

（3）对等性指标。麦肯锡公司针对战略联盟的一项研究表明：强弱联盟的成功率一般仅有 30%左右，而弱弱联盟的成功率在 40%左右，强强联盟的成功率则在 70%左右。如果合作双方的实力严重失衡，可能会给联盟带来麻烦，强大的一方可能会对弱小的盟友颐指气使，而弱小的一方又会过分依赖强大的合作伙伴。这样的联盟不能在互惠的基础上制定决策，其稳定性和发展前景也会遭受严重的威胁，较弱一方的高校有被强势高校合并的危险。

（4）合作态度性指标。联盟成员之间的彼此高度信任是保证联盟成功的重要因素。战略联盟面临的不确定性有两种类型：一是未来未知事件的不确定性，二是盟员高校对这些未来事件可能做出的反应的不确定性。正是在这样双重不确定的环境下，联盟伙伴间相互信任就成为战略联盟的关键组织原则。

总的来说，如果有很多潜在的合作伙伴可供选择，从上述准则出发，高校应该选择和自己互补性强，兼容性好，合作态度积极，双方综合实力和核心竞争力情况相近的高校作为自己“最优”的联盟伙伴。当然，以上几点准则是人们从成功的战略联盟实践中总结出来的，它具有一般性。选择恰当的合作伙伴是一个复杂的过程，高校在进行战略联盟合作伙伴选择时，还需要根据自己的实际情况，适当调整考察的指标数目，以便选择出最优的战略联盟合作伙伴。

2. 最优合作伙伴指标的定量化描述

联盟成员的互补性、兼容性、对等性等，这些都是笼统和定性的指标。定性的指标在实际操作的时候很不容易掌握，评价的时候常常会存在较大的误差，所以应力求将上述指标细化和量化[112-113]。

（1）资源和能力互补性指标。能力互补性指标又可以用以下指标进行评价：①互补性资源和能力的数量，即数量越多，得分越高。②互补性资源和能力的质量，即对高校提升竞争力的价值性大小。对高校的竞争力贡献越大，得分越高。③互补性资源和能力的可获得性。资源和能力容易获得，高校就可以尽快地把该项资源或能力纳入自己的资源和能力系统，同时联盟的风险也越小。可获得性越高，得分越高。例如，就联盟双方学科专业的情况，是否存在多个在价值链上互补的专业，双方师资的情况，是否存在本校某些优势学科师资力量强大，而对方这些学科的学科力量薄弱等，通过这些定量的指标，我们可以在一定程度上将互补性量化。

（2）兼容性指标。兼容性指标可以具体细分为以下指标进行评价：①学校文化的兼容性，②各自战略目标的兼容性，③双方对联盟期望的一致性。兼容性越强，得分越高。

（3）对等性指标。判断两所高校对等性的具体指标比较多，最简单的根据就是近几年度的大学排行榜。虽然各类机构推出的排行榜并没有得到公认，但还是具有一定的参考价值。基于地方高校联盟的目标是从提高资源使用率和核心竞争力的提升出发的，本书提出另外一种对等性比较指标——高校核心竞争力。关于高校核心竞争力研究已有不少，从地方高校的实际情况出发，将地方高校的环境竞争力、管理竞争力、学科竞争力作为一级评价指标。环境竞争力二级指标分解为办学条件、资源能力、环境影响力；管理竞争力二级指标分解为规划能力、结构水平、效益效率；学科竞争力分解设置了学科能力、科研能力、教学能力三个二级评价指标。根据地方高校目前的客观实际，既考虑了三级指标体系的集中度，又考虑了尽可能选择可以定量对比的指标，共选择三级指标 47 项，如图 5-1 所示。

（4）合作态度性指标。合作态度是否积极主要可以通过以下指标进行评价：①投入的大小，即潜在合作伙伴准备为联盟投入的各类资源和能力的数量，投入的数量越大，得分越高。②投入的方式，即潜在合作伙伴拟采用的投入形式，主要分为完全公开和半公开两种情况。完全公开即投入的资源和能力对合作伙伴完全开放，高校能够不受限制地接触到该项资源或能力。半公开即投入的资源和能力仅对合作伙伴开放一部分，高校不能接触到该项资源或能力的核心。③参与联盟谈判的管理层次，一般管理层越高，说明潜在伙伴对联盟

- 地方高校核心竞争力的评价
  - 环境竞争力
    - 办学条件
      - 生均宿舍面积
      - 生均仪器设备份额
      - 生均图书、计算机
      - 校园网建设、使用
      - 设施配套，功能完善，使用率高
    - 资源能力
      - 招生均分
      - 外界支持，项目与经费
      - 引进和流失优秀人才情况
      - 年均科研项目数，进账教学科研投入
    - 环境影响力
      - 招生第一志愿率
      - 各类国内、国际竞赛获奖数
      - 社会知名度
      - 产学研合作的范围和比例
  - 管理竞争力
    - 规划能力
      - 定位准确（层次、科类、功能）
      - 指标合理（校园、学科、事业发展规划）
      - 特色明显（学科、专业、科研、人才培养等）
    - 结构水平
      - 教师/非教学人员/在校生
      - 高职称、高学历教师占教师的比重
      - 教学、实验、图书、学术投入/年度总经费
      - 组织结构合理
    - 效益效率
      - 毕业生一次就业率/招生均分
      - 毕业生一次就业率/在校生投入
      - 产学研合作收入/年度总经费
      - 利益社会资金/年度总经费
  - 学科竞争力
    - 学科能力
      - 国家重点学科/实验室/中心/基地
      - 省部级重点学科/实验室/中心/基地
      - 博士点数/学科总数
      - 硕士点数/学科总数
      - 与区域主导产业对应的学科
      - 区域内唯一学科
      - 区域、行业品牌学科、专业
    - 科研能力
      - 国家级项目奖励
      - 省部级项目奖励
      - Science等各学科顶尖论文
      - 三大检索，CSSCI收录论文数或引用次数
      - 专利授权、技术转让数、科研转化率
      - R&D全时人员占教师比例
      - 一级核心期刊论文数、国家级出版社专著数/教师总数
    - 教学能力
      - 毕业生一次就业率
      - 特色专业数
      - 院士、杰出人才
      - 研究生/本科生
      - 教育部优秀教材、全国规划教材
      - 省级优秀博士、硕士论文
      - 教学评估等级、评价
      - 国家级教学成果奖
      - 省级教学成果奖

图 5-1 高校核心竞争力指标

的重视程度越高。④高校决策层人员的个人态度，决策层人员对联盟态度越积极，得分越高。综合以上分析，可能的联盟伙伴的评价指标体系如图 5-2 所示。

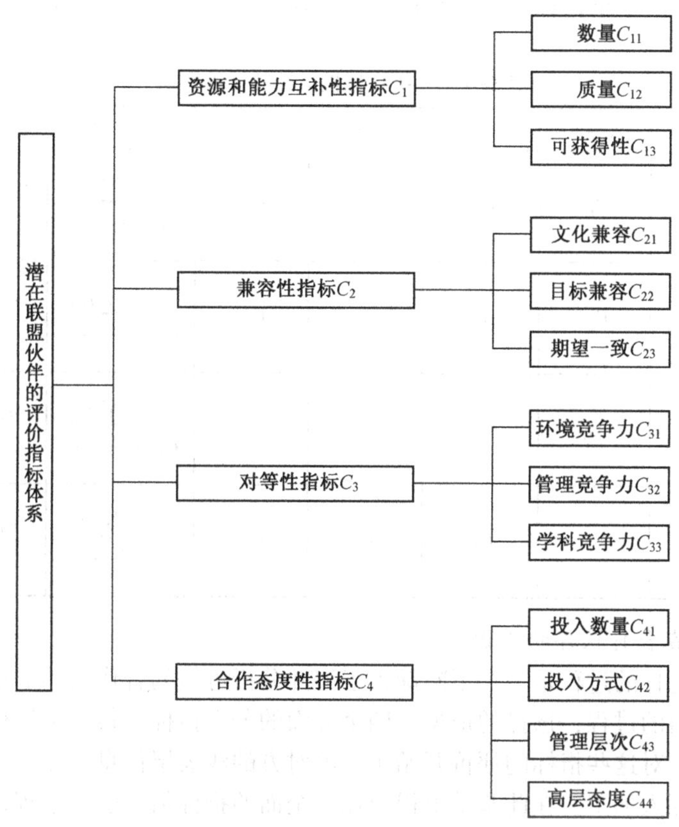

图 5-2　联盟伙伴的评价指标体系

3. 指标的权重选择

对于定量指标可以通过调查候选伙伴的相关数据整理得到，对于定性指标采用特尔斐法和模糊层次分析法两种方法结合确定权重。特尔斐法的具体过程：明确待咨询的任务；汇集背景材料；设计咨询调查表；初步选定咨询专家名单；初次联系，向专家发出邀请信和履历表；确定专家名单；发出第一轮咨询表和说明性资料；统计处理；专题联系；根据不同情况，深入征求意见；确定咨询结果。一般通过 2~3 轮活动就能结束，利用计算机通信取代书面通信，可以加快咨询过程。

在使用特尔斐法的时候，特别要注意的问题是选定咨询专家名单，应该尽量选择那些有高校合作管理经验的专家，不能只选择高校的管理者，也可以选择有过战略联盟经验企业的领导者。通过这些专家对各评价指标给出自己的成对比较矩阵，并且其一致性是可以接受的，然后用加权几何判断矩阵法得到各级评价指标的权重，在得到这些权重的基础上进行高校核心竞争力的计算，如表 5-1 所示。

表 5-1 一级指标权重系数计算方法

评价指标	专家 1	专家 2	…	专家 n	平均值	权重
C_1	C_{11}	C_{12}	…	C_{1n}	$C_1 = \frac{\sum_{k=1}^{n} C_{1k}}{n}$	$a_1 = \frac{C_1}{\sum_{m=1}^{4} C_m}$
C_2	C_{21}	C_{22}	…	C_{2n}	$C_2 = \frac{\sum_{k=1}^{n} C_{2k}}{n}$	$a_2 = \frac{C_2}{\sum_{m=1}^{4} C_m}$
C_3	C_{31}	C_{32}	…	C_{3n}	$C_3 = \frac{\sum_{k=1}^{n} C_{3k}}{n}$	$a_3 = \frac{C_3}{\sum_{m=1}^{4} C_m}$
C_4	C_{41}	C_{42}	…	C_{4n}	$C_4 = \frac{\sum_{k=1}^{n} C_{4k}}{n}$	$a_4 = \frac{C_4}{\sum_{m=1}^{4} C_m}$

4. 潜在合作伙伴的辨识

伙伴选择的过程是一个不断深入了解并分析可能的合作伙伴的信息、资源和能力价值的过程，选择的依据是四个方面的若干指标。每一个指标都是综合性的指标，对这些指标的评价开始于了解对方的浅表层信息，然后是对浅表层信息进行深入加工，在此基础上得出比较全面的指标值。这一过程还是根据潜在伙伴评价指标逐步优化、不断筛选的过程。从基础指标出发，分阶段从若干个潜在的合作伙伴中剔除不符合条件者，最终从剩下的候选合作伙伴中选出最优的合作伙伴。根据地方高校本身的特点，给出地方高校战略联盟伙伴选择过程，这一过程分为过滤、筛选和最优组合三个阶段，其中，前一个阶段属于定性分析阶段，后两个阶段属于定量分析阶段。最优合作伙伴选择流程如图 5-3 所示。

5.1.3 基于蚁群优化算法的战略联盟最优伙伴选择

一般经过过滤、筛选以后还会有较多的候选合作伙伴，如何快速地在众多候选伙伴里面识别出一组最优的合作伙伴呢？这实质是一个组合最优化的问题，是一个经典的工程难题。下面以一所地方教学科研型理工科高校选择伙伴

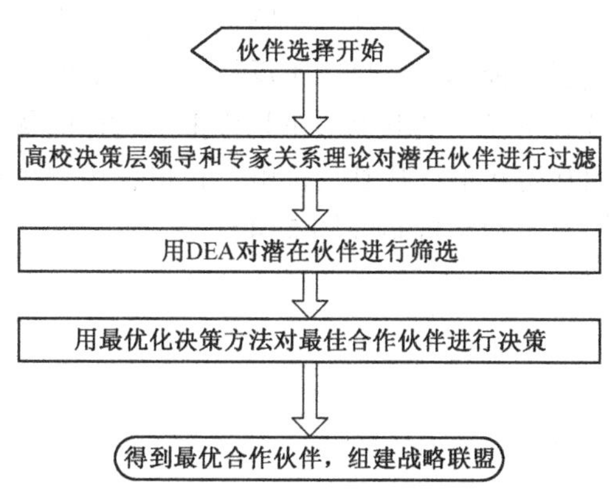

图 5-3　最优合作伙伴选择流程

为例说明如何使用最新的协同进化算法——蚁群优化算法[114]来解决该问题。

按照中国高校的分类习惯，有综合、理工、师范、农林、财经、医学等分类，假设一所地方教学科研型理工科高校要从前面 5 类高校里面选择一个或者若干个合作伙伴。假设每个类型的合作伙伴经过过滤筛选以后综合类有 20 所，理工类有 20 所，师范类有 15 所，农林类有 12 所，财经类有 10 所候选，要从每个类型的高校里面选择一个合作伙伴，则总的可能的候选方案为 $C_{20}^{1} \times C_{20}^{1} \times C_{15}^{1} \times C_{12}^{1} \times C_{10}^{1} = 20 \times 20 \times 15 \times 12 \times 10 = 72\ 000$（种）候选方案。显然这是一个复杂的优化组合问题，对于这类问题如果想自动获得最优方案，最简单的方法就是建立待解决问题的数学模型，给定目标函数，采用穷举法求解，但是该方法非常耗时。实际工作中，常用最优方法来处理这类问题，比如神经网络算法、遗传算法、动态规划法、禁忌搜索、模拟退火法等[101-104,112-113]。这里首先建立最优伙伴选择的数学模型，然后介绍一种新兴的进化计算方法“蚁群优化算法”来处理最优合作伙伴选择问题，并以一个最简单的伙伴选择问题说明算法的实际操作。

1. 蚁群优化算法原理简介

蚁群优化算法是受自然界中真实蚂蚁的觅食行为启发而产生的一种仿生算法。自然界中的蚂蚁基本没有视觉，既不知向何处去寻找和获取食物，也不知发现食物后如何返回自己的巢穴，它们仅仅依赖于同类散发在周围环境中的特殊物质——信息素的轨迹，来决定自己何去何从。尽管没有任何先验知识，但蚂蚁们还是有能力找到从其巢穴到食物源的最佳路径，甚至在该路线上放置障碍物之后，它们仍然能很快重新找到新的最佳路线。昆虫学家研究发现蚂蚁在移动过程中将一种化学标志（我们称为“信息素”）敷设在走过的线路上，一条路径上的信息素越多，蚂蚁选择这条路径的概率越大。因此，蚂蚁群体的集体行为实际上构成了一种学习信息的正反馈现象，蚂蚁之间通过这种信息交流寻求通向食物的最短路径。蚁群算法正是模拟了这样的优化机制，即通过个体间的信息交流与相互协作最终找到最优解。这里，用一个形象化的图示来说明蚂蚁群体的路径搜索原理和机制（图 5-4）。

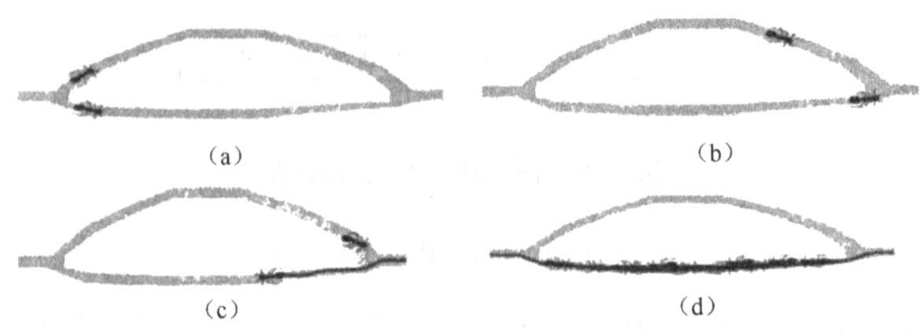

图 5-4　蚂蚁觅食图

设初始时刻有两只蚂蚁从巢穴出发寻找食物，它们具有相同的移动速度。从巢穴到食物源的路上有两条通路，如图 5-4（a）所示。初始时刻线路上没有留下任何信息素，两只蚂蚁从巢穴出发，它们以相同概率选择左侧或右侧道路，因此平均有一只蚂蚁走上侧，一只走下侧。因为下侧的路径较短，所以经过一段时间以后，下面的蚂蚁将会先达到食物源［图 5-4（b）］，找到食物以后开始返回。因为下面一侧的路径已经有蚂蚁经过时留下的信息素，所以先到达的蚂蚁倾向于沿着较短路径返回［图 5-4（c）］。在返回的途中，它又会释放信息素，下面那条线路的信息素浓度进一步增大。

如果巢穴中有其他蚂蚁再出发寻找食物，选择下面路径的蚂蚁占的比重更大，在“正反馈”规则的作用下，最终几乎所有的蚂蚁都会选择下面的那条最短的路径。蚂蚁在觅食活动中表现出来的个体蚂蚁只利用局部信息——信息素，而蚁群却自组织、自适应地找到食物源最短线路的这种智能突生行为引起了很多研究者的注意。特别是意大利学者 M. Dorigo、A. Colorni、V. Maniezzo 根据观察到的蚂蚁寻求最短线路行为，提出了蚁群优化算法（ACO）。该算法（用人工蚂蚁模仿真实蚂蚁的行为）已经成功地应用到很多组合优化难题上，如旅行商问题（TSP）、二次分配问题（QAP）以及动态路由问题、房地产投资组合优化问题等，都取得了优于或者不次于遗传算法的效果，因此本书提出尝试利用蚁群优化算法来解决最优合作伙伴选择的问题。

2. 伙伴选择的简化数学模型

假设地方高校 M 要选择战略联盟的最优伙伴，其数学模型的建立过程如下。

（1）分类。首先将联盟伙伴候选高校按不同类型进行分类，其中第 j 个类型中的第 i 个候选伙伴可以表示为 u_i^j，且 $i=1, 2, \cdots, I$，$j=1, 2, \cdots, J$。

（2）组合优化的多目标函数。为了保证伙伴选择的有效性，所有的组合必须根据定量化的定性准则和标准加以评价。为了简化模型，方便求解，本书省去了联盟风险等因素，将目标函数简化为三个，即组成的战略联盟需要满足以下目标函数。

1）目标函数 1 运行成本：战略联盟总的运行成本 C 最小。成本 C 包括两个部分：一是所选择的个体内在的成本，另一个是连接成本。一般地，该目标函数可以表示为

$$\text{Min } C = \min(C_{\text{in}} + C_{\text{link}})$$

2）目标函数 2 互补性：为了达到战略联盟的目标，潜在的伙伴和盟主高校的互补性程度 C_c 要高，其 $\text{Max } C_c = C_{ij}$，C_{ij} 表示第 j 类高校的第 i 个高校和高校 M 的互补程度。

3）目标函数 3 对等性：潜在的合作伙伴和盟主高校的综合实力要接近对等。$E=\text{Max}(E_{ij})$，E_{ij} 表示第 j 类高校的第 i 个高校和高校 M 的实力接近程度，越接近分数越高。

4）约束条件：每种类型高校要求至少选择 1 个，至多选择 N 个。

数据 C_{ij} 和数据 E_{ij} 的解释和取值如表 5-2 所示。

表 5-2　数据 C_{ij} 和数据 E_{ij} 的解释和取值

C_{ij} 值	解　释	E_{ij} 值	解　释
1	j 类 i 高校和高校 M 不互补	1	j 类 i 高校和高校 M 实力差距巨大
3	j 类 i 高校和高校 M 有些互补	3	j 类 i 高校和高校 M 实力差距较大
5	j 类 i 高校和高校 M 比较互补	5	j 类 i 高校和高校 M 实力有差距
7	j 类 i 高校和高校 M 相当互补	7	j 类 i 高校和高校 M 实力有些差距
9	j 类 i 高校和高校 M 非常互补	9	j 类 i 高校和高校 M 实力相近
2，4，6，8	介于两相邻的值之间	2，4，6，8	介于两相邻的值之间

3. 蚁群优化算法处理优化问题的主要步骤

从问题的定义上来看，伙伴选择问题本质上是一个离散组合优化问题，即在给定的候选伙伴集合中，选择一个或者一组战略联盟合作伙伴。蚁群优化算法特别适合于在离散优化问题的解空间进行多点非确定性搜索，因此运用蚁群算法来求解伙伴选择问题是合适的。应用蚁群优化算法处理优化问题包括如下几个主要步骤。

（1）问题解的表示和建立。设一组伙伴如下：$\{a_1, a_2, a_3, a_4, a_5, a_6, a_7, a_8\}$，它们分别属于两种类型，其中前面四种属于类型 1，后面四种

属于类型2，要分别从每个类型中选择1个伙伴，可以看成一种针对每个类型伙伴最优化划分问题。每一类型的伙伴有两种状态：一种是被选中的状态，另一种是没有被选中的状态。运用 R 只蚂蚁来建立问题的解，解中的每一个元素表示相应位置伙伴选择的情况。如果某个伙伴被选中，相应的解中该位置的元素便被标记为1，否则便标记为0，解的长度等于伙伴的个数。伙伴选择解的示意图如图5-5所示，1个字段代表1个候选伙伴的状态。例如，给定问题的一组解如下：{1，0，0，0，0，1，0，0}，表示类型Ⅰ的第1个高校被选中和类型Ⅱ的第2个高校被选中。

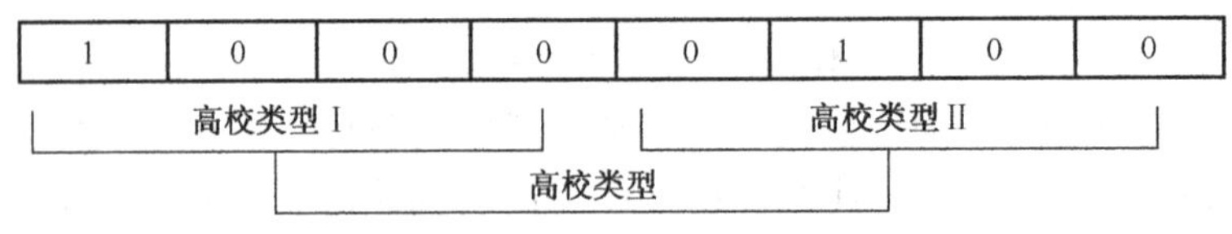

图5-5 伙伴选择解的示意图

为了建立一个解，蚂蚁运用信息素轨迹的信息给每个伙伴的状态进行标记。在算法的开始阶段，信息素矩阵 $\boldsymbol{r}$ 被初始化为一个很小的值 r_0。位置 (i, j) 上的 r_{ij} 表示伙伴 i 和状态类别 j 联系的信息素浓度。对于伙伴问题，每个伙伴有两种信息素浓度：被选中的和没有被选中的信息素浓度。对于 n 个伙伴，信息素矩阵大小为 $n\times2$，信息素轨迹矩阵随着迭代的进行而进化。在每次迭代中，蚁群并行的利用信息素轨迹值在解空间中搜索生成各自的解。然后根据蚂蚁生成的解质量的情况，进行全局信息素矩阵更新。借助信息素矩阵更新"反馈"的信息，蚁群进入下一次迭代，搜索更优的解。以上过程一直运行，直到满足一定的条件而终止。下面以2个类型，总共为8所高校伙伴 $\{n_1, n_2, n_3, \cdots, n_8\}$ 的选择来说明蚁群具体工作的过程。

初始时刻蚂蚁还没有开始搜索，信息素矩阵各元素值都相同（本书设为一个任意的大于零的数 r_0）。对于每个伙伴它总共有两种信息素 r_{ij}，i 代表伙伴，表示是第几个伙伴；j 取值为0和1，即标记选中或未选中；信息素矩阵大小为8×2。从第一个伙伴出发，蚂蚁顺序地漫游过所有的伙伴（依次对伙伴1，2，…，8进行标记）。通过如下规则，蚂蚁标记某个伙伴是否被选中。

1）根据概率阈值 q_0，信息素浓度最大的伙伴被选中（q_0是事先定义的一个参数，$0<q_0<1$，本书中 q_0 设定为0.2）。

2）运用轮盘赌法则决定该伙伴是否被选中。

参数 q_0的大小决定了利用先验知识和与探索新解之间的相对重要性，如果 q_0设定为较大值，则蚂蚁主要利用过去遗留下来的信息素直接标记伙伴，反之，蚂蚁在过去遗留下来的信息素的基础上进行新解的探索。为了解释以上步骤是如何同时工作的，以上面例子中的伙伴选择问题为例来说明蚂蚁是如何工作的。首先，生成服从均匀分布［0，1］范围内的随机数，随机数的个数等于解的长度。假设生成的随机数如下：{0.15，0.25，0.32，0.45，0.54，0.12，0.63，0.76}。这样根据第一条规则，可以对伙伴1和6进行适当的标记，因为它们对应的随机数小于90。对于剩下的没有标记的伙伴，运用信息素概率来标记，如式（5-1）所示。

$$P_{ij} = \frac{r_{ij}}{\sum_{k}^{K} r_{ik}},\ j = 0,\ 1 \tag{5-1}$$

式（5-1）中，P_{ij}是伙伴i是否被选取的信息素概率。假设上述解中第二个元素的信息素概率为$P_{20}=0.7$，$P_{21}=0.3$。相应地，它可以通过产生服从均匀分布的［0，1］之间的随机数来决定它是否会被选取。如果产生的随机数在［0，0.7］之间则该伙伴被标记为0（没有被选中），如果生成的随机数在［0.7，1］之间则它被选中。这样第2个伙伴就被标记了。相应地，按照上述方式，剩下的几个伙伴也可以被标记，其他的蚂蚁也以同样的方式并行地进行解的搜索。由于第一次循环中并没有先验知识可以利用（较优蚂蚁留下的信息素），因此在算法第一次迭代中，蚂蚁都采用第二条规则标记伙伴的选择状态，以后就根据q_0的值来决定使用第一条或者第二条规则。需要注意的是，如果蚂蚁已经将某一类型的其中一所高校标记为选中的伙伴，那么其他的高校都将直接置于状态0。

（2）适应度函数的定义。

$$\text{Fitness}(i) = \frac{\text{目标函数3} + \text{目标函数2}}{\text{目标函数1}} \tag{5-2}$$

式中，Fitness表示蚂蚁i生成解的适应度值，Fitness越大表明选择伙伴和自己联盟会获得比较好的收益。目标函数值可以根据高校M和潜在伙伴的各项指标的比值情况计算得到，显然互补性强，对等性好，联盟运行成本低的合作伙伴更具吸引力。值得说明的是，在这里目标函数还可以有其他的定义，高校要根据自身的实际情况来选择适合自己的目标函数。

（3）信息素更新。选取质量最好的10%的蚂蚁进行信息素更新的工作，即在这些蚂蚁经过的轨迹上进行信息素加强，反之则减弱。假设在第t次迭代完成以后，从蚁群中挑选出最好的10%的蚂蚁来进行信息素更新。这些蚂蚁模仿真实蚂蚁在路径上释放信息素，信息素按照式（5-3）的规则进行更新。

$$r_{ij}(t+1)=\rho r_{ij}(t)+\sum_{l=1}^{L}\Delta r_{ij}^{l},\ i=1,\ \cdots,\ N;\ j=0,\ 1 \tag{5-3}$$

这里ρ是信息素保留系数，范围是［0，1］，较大的ρ表示过去循环中得到的信息素挥发得比较慢。如果伙伴i被蚂蚁l选中，Δr_{ij}^{l}等于Fitness(l)，否则为0。最优的解就是使适应度函数值最大的解。本书使用最优解保留策略，即在循环过程中设立一个全局最优解并作为全局变量保存起来，如果本次循环得到的最优解比全局最优解更好（适应度值更大），则用本次最优解替代它，否则最优解保持不变。

（4）算法终止条件。终止条件可以是得到的最优解经过连续几次迭代没有进一步提高或者达到设定的最大运行次数。本书选择最大运行次数为终止条件。

整个算法的工作流程如图5-6所示。

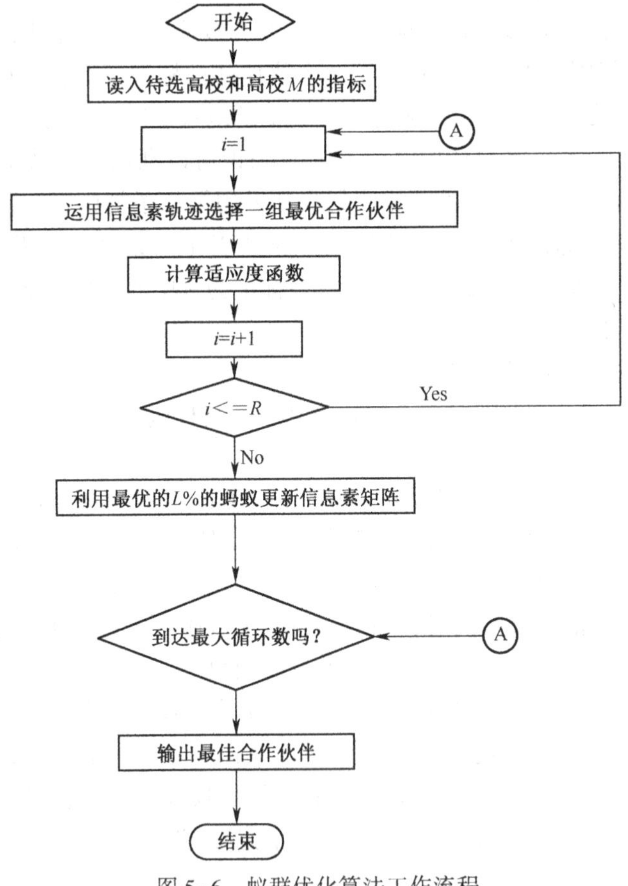

图5-6　蚁群优化算法工作流程

4. 蚁群优化算法最优伙伴选择算例

为了说明蚁群算法对最优合作伙伴选取方法性能的影响，本章采用蚁群算法和穷举法对如下虚拟算例进行求解。假设某高校 M 从综合、理工、师范、农林 4 类高校中各选择一个伙伴。经过第一阶段筛选后，有 16 所高校进入了第二阶段，其中每种类型的高校各有 4 所，分别编号为 $A_1 \sim A_4$，$B_1 \sim B_4$，$C_1 \sim C_4$，$D_1 \sim D_4$。经过对费用函数预处理和标准化折算以后，高校 M 和这 16 所高校相互连接的运行成本如表 5-3 所示。需要说明的是，这里采用的是简化处理模型，因此这里只将 16 所候选高校和高校 M 的互补性和对等性指标标准化后在表 5-4 和表 5-5 中列出，而它们相互之间的互补性和对等性标准化数值并没有给出。

表 5-3　各高校的连接运行成本

编号	M	A_1	A_2	A_3	A_4	B_1	B_2	B_3	B_4	C_1	C_2	C_3	C_4	D_1	D_2	D_3	D_4
M	0	5.3	1.7	2.5	5.8	5.7	2.7	3.2	5.7	2.3	3.9	3.2	3.8	4.2	3.9	3.7	4.5
A_1	5.3	0	2.1	1.6	5.9	4.2	4.1	2.3	4.8	3.6	5.9	2.1	1.2	4.1	3.4	2.9	3.8
A_2	1.7	2.1	0	4.1	2.3	1.4	4.1	5.0	1.6	5.9	3.5	5.9	2.1	1.2	4.1	3.5	4.6
A_3	2.5	1.6	4.1	0	1.1	0.6	1.3	2.0	1.0	4.7	1.1	3.7	1.6	5.5	3.4	4.2	2.9
A_4	5.8	5.9	2.3	1.1	0	3.6	0.8	0.9	4.5	4.3	1.4	4.8	0.6	5.5	6.7	7.5	5.9
B_1	5.7	4.2	1.4	0.6	3.6	0	0.9	5.5	4.5	0.7	4.9	5.1	5.7	4.5	3.4	6.7	5.3
B_2	2.7	4.1	4.1	1.3	0.8	0.9	0	2.6	5.0	1.5	1.1	3.2	3.6	3.5	2.4	4.3	1.9
B_3	3.2	2.3	2.3	2.0	0.9	5.5	2.6	0	5.5	4.5	3.1	0.6	4.8	5.8	4.9	6.2	5.4
B_4	5.7	4.8	4.8	1.0	4.5	4.5	5.0	5.5	0	3.2	3.3	5.7	0.9	0.7	1.1	2.6	3.3
C_1	2.3	3.6	3.6	4.7	4.3	0.7	1.5	4.5	3.2	0	0.9	5.2	0.6	3.5	1.4	1.9	1.1
C_2	3.9	5.9	5.9	1.1	1.4	4.9	1.1	3.1	3.3	0.9	0	1.3	5.6	4.3	2.5	2.1	3.4
C_3	3.2	2.1	2.1	3.7	4.8	5.1	3.2	0.6	5.7	5.2	1.3	0	4.9	5.0	3.2	5.6	4.4
C_4	3.8	1.2	1.2	1.6	0.6	5.7	3.6	4.8	0.9	0.6	5.6	4.9	0	3.6	4.1	3.8	2.6
D_1	4.2	4.1	4.1	5.5	5.5	4.5	3.5	5.8	0.7	3.5	4.3	5.0	3.6	0	3.4	2.3	2.8
D_2	3.9	2.4	2.4	6.7	6.7	3.4	2.4	4.9	1.1	1.4	2.5	3.2	4.1	3.4	0	3.4	2.2
D_3	3.7	2.9	2.9	7.5	7.5	6.7	4.3	6.2	2.6	1.9	2.1	5.6	3.8	2.3	3.4	0	3.4
D_4	4.5	3.8	3.8	5.9	5.9	5.3	1.9	5.4	3.3	1.1	3.4	4.4	2.6	2.8	2.2	3.4	0

表 5-4 候选高校和高校 M 的互补性标准化取值

编号	A_1	A_2	A_3	A_4	B_1	B_2	B_3	B_4	C_1	C_2	C_3	C_4	D_1	D_2	D_2	D_4
M	8.5	1.7	1.8	9.9	4.3	3.4	3.1	3.6	3.9	5.9	1.2	1.3	4.5	8.6	2.3	7.6

表 5-5 候选高校和高校 M 的对等性标准化取值

编号	A_1	A_2	A_3	A_4	B_1	B_2	B_3	B_4	C_1	C_2	C_3	C_4	D_1	D_2	D_2	D_4
M	9.3	2.6	1.9	8.7	2.3	6.4	3.6	6.3	8.7	1.6	1.3	8.1	7.8	8.9	5.6	4.3

试验所用参数如下：蚁群规模为 10，伪随机比例选择参数 $q_0=0.2$，信息素更新和局部搜索比例为 0.2，信息素保留率 $\rho=0.5$，最大迭代次数为 $G=10$，本书方法中最优合作伙伴组合尝试次数为 $N\times G=100$，而穷举法需要尝试次数为 $4\times4\times4\times4=256$。表 5-6 列出了穷举法所获得最优合作伙伴组合和蚁群算法迭代 10 次以后最好的 5 个解。

表 5-6 算例结果

方　　法	最优组合	组合尝试次数	目标函数值
穷举法	$A_1B_2C_1D_2$	256	3.771 2
蚁群优化算解 1	$A_1B_2C_1D_2$	100	3.771 2
蚁群优化算解 2	$A_1B_2C_1D_2$	100	3.771 2
蚁群优化算解 3	$A_1B_2C_1D_2$	100	3.771 2
蚁群优化算解 4	$A_1B_2C_1D_2$	100	3.771 2
蚁群优化算解 5	$A_1B_2C_1D_2$	100	3.771 2

由表 5-6 的算例结果可知，穷举法需要尝试 256 种方案组合才能获得最优的合作伙伴组合，而采用蚁群算法优化求解以后，只需要不到 100 次的尝试就能得到和穷举法一样的最优合作伙伴组合。和穷举法相比，求解效率最少提高 50%以上。因此运用 ACO 方法可以加快最优合作伙伴选择的搜索过程，使其执行效率得到较大的提高。需要说明的是，求解问题的规模越大，ACO 算法所能提高的执行效率越高。

5.2 地方高校战略联盟的组织模式选择

高校战略联盟作为一种松散灵活的合作，有许多方式，目前国外的高校战略联盟和国内的联合办学主要存在如下两种模式。

5.2.1　已有高校战略联盟和联合办学模式

联合办学不是纯粹意义上的高校战略联盟，但可能发展为高校战略联盟，在某种程度上可以视为高校战略联盟的启蒙阶段。研究现有的联合办学模式和高校战略联盟模式，对地方高校战略联盟组织模式选择可以提供参考。目前已有的高校联盟和联合办学主要有如下模式[16-22]。

1. 契约模式

所谓契约模式（contract model），就是指合作双方签订协议，根据协议向对方学生提供特定的课程。协约双方都有相应的权利和义务。一般在协议中规定了提供课程的内容，有时对专门的或规模较小的教育机构在何种范围内获取多学科教育机构的教育内容，也做出明确的规定。这种模式在英国、新西兰、澳大利亚等国家深受青睐。例如，英国的开放大学就与许多大学签订了合作协议。这些协议中包含许多跨部门的特权条款，规定在开放大学牵头下，由地方教育学院继续向其学生提供大学学位基础课程、“2+2”课程方案甚至整个本科阶段课程。在新西兰，梅西大学目前与一些地区技术学院的教育合作项目亦属此类。在这种模式下，学生第一学年的学籍既可在梅西大学注册，也可以在各地的技术学院学习。作为梅西大学远程学生，在各地的技术学院中获得由梅西大学提供的所有学习资料，同时接受同样学期评价，并同样获得相互承认的学分。这种契约模式除了跨部门进行合作外，还可以超越国界，成为不同国家间教育机构的联盟合作模式。

2. 资源共享模式

教育资源永远是稀缺的，办好一所高水平大学，需要巨大的资金投入，高校之间的资源共享可以在某种程度上缓和教育资源紧缺的状况，使教育资源能够发挥尽可能大的用途。在《中外大学校长论坛》一书中，亨利·莱文列举了关于校际合作的例子：斯坦福大学决定建设一所最好的图书馆，与此同时，伯克利分校也力图保留它的 5 万册藏书。两家都建图书馆就意味着重复建设，而这两个图书馆合并会使两所大学都更高效、更富有。因此，20 年前，斯坦福大学与加州大学伯克利分校决定合并它们的图书馆资源，向两所大学的学者开放。现在随着电子技术以及交通系统的发展，在两所大学间传递信息、资料、孤本、善本变得十分容易。同时，学生可以选修加州大学伯克利分校开设而在斯坦福大学未开设的课程，加州大学伯克利分校的学生也可以选修斯坦福大学未开设的课程。两校资源共享节约下来的资金，就能够在其他方面进行投入，实现资源的有效配置。

3. 学分互换模式

学分互换是适应高校间的交流与合作日益增加，为人才培养提供更便利的条件而采取的措施。世界上影响最大的是欧洲学分转换。欧洲学分转换，最早可追溯到1953年在巴黎召开的“关于进入别国大学学习时文凭等值的欧洲大会”。大会制定并通过了依照派出国家大学颁发的证书，接受（东道）国家大学可以根据合约吸纳学生入学的原则。参与国家有32个。欧洲学分转换系统（ECTS）隶属于欧洲委员会，创立于1988—1995年，后纳入高等教育“伊拉斯莫”计划。它通过采取灵活的学分制度来确保学分的可转让性和累积性，在本科和研究生教育的基础上，创立一种简化的、易读的、可比较的学位系统。从1987—1988学年截至1999—2000学年10年左右的时间里，大约有75万名大学生参加了“伊拉斯莫”国外学习计划，涉及的高等教育机构有1 800所。其规模之大，令人惊叹。

4. 共同开发项目模式

不同高校可以就某一项目签订合同或协议，这种模式往往是通过双边协议，围绕某一项目进行合作。而项目的内容则比较广泛，可以是一门课程，也可以是一项研究，甚至是联合成立一所网络大学。例如美国国家技术大学于1984年建于科罗拉多州，通过卫星向全美传送高等工程技术教育。它是由24所美国著名大学的工程技术和管理学院联合提供课程，该校第一名毕业生迈克尔·瑞斯获得了计算机工程硕士学位，这位俄亥俄州坎里奇城的计算机软件工程师没离开家门即完成了多所大学开设的课程，这些大学包括波士顿的东北大学、民尼阿波利斯的明尼苏达大学和阿默斯特的马萨诸塞大学等。瑞斯在毕业典礼上自豪地说：“我接受了高质量的教育。我有幸学到了选自美国的课程。”这是共同项目开发成功的典范。

在我国，南京大学与美国霍普金斯大学共同建立的中美文化研究中心也是一种项目开发模式。在资金方面双方共同投入，一方为主，尤以外方为主；教学管理方面双方共同管理，一方为主，尤以中方为主，共同进行。南京大学每年向该中心投资人民币500余万元，霍普金斯大学每年向该中心的投资达200余万美金。

5. 合作办学模式

合作办学模式往往是发达国家高校利用优质教育资源，通过与发展中国家的高校联合办学。我国在这方面也进行了有益的尝试。例如2000年，上海交通大学与密西根大学工学院签署合作协议，共建上海交通大学机械工程学院。双方就双语教学、原版课程与教材引进、密西根大学派教师来上海交通大学上课、师资培训、教学改革、合作科研等方面进行了全面合作，取得了令人振奋的进展。同济大学为利用德国高等工业学校汽车专业的优势，根据我国国情，参照德国汽车专业的教学计划，于 1991 年与德国高等工业学校签署了培养汽车专业工程硕士的合作办学协议，取得了人才培养、专业提升等良好效果。

6. 联邦模式

欧美国家高等学校出现了一种在联邦框架内的合并，不同属性独立的学校法人联合起来，被称作联邦模式。4.1.1 节介绍过的克莱蒙特学院就属于这种联合办学模式。

5.2.2 地方高校战略联盟可能的组织模式

地方高校战略联盟是一个以资源共享，知识交流、创新、增长的知识管理和知识创造过程为核心的组织系统。一个组织的协作体系能否存续主要取决于组织要素之间能否良性地、协调地相互作用，形成一个和谐发展的耦合系统，这是组织设计的依据和组织管理的目标。良好的战略联盟的组织模式能够推动联盟的进步发展，反之则会制约联盟的发展，甚至会造成联盟的失败或者终止。在分析和研究国内外成功组织模式的基础上[14,115-117]，下面给出可供参考的三种地方高校战略联盟基本组织模式：星型模式、平行模式和联邦模式，并对三种基本组织模式进行分析，指出它们的优缺点和各自的适用条件。

1. 星型模式

星型模式一般由一所或者几所综合实力较强的高校组成核心层，根据教学、科研创新的需求再选择合作成员组建战略联盟。盟主高校负责制定战略联盟的目标，并负责协调成员之间的关系。由于核心层在星型模式中占据主导地位，所以星型模式比较适合对科研创新复杂程度和跨学科知识要求不高的战略联盟采用。战略联盟的星型组织模式如图 5-7 所示。

星型模式具有以下优点：

（1）高效性。星型模式是一种以集中管理为特征的战略联盟组织模式，这种组织模式带有家长式的行政倾向，在一定程度上有利于核心能力统领整个战略联盟的权力结构，能够根据教学科研创新的需要迅速整合教学科研资源。星型模式是一种具有核心层的对等知识联网。

（2）高度协作性。以盟主高校和若干相对固定的成员为核心的星型组织模式统一对联盟的教学科研资源进行整合，核心层掌握所有成员的知识能力，可以根据科研目标统一协调成员之间的知识活动，优化配置科技资源。同时，联盟成员可以根据科研创新的要求，通过联盟的对等知识网进行知识的交流学习，实现自身知识存量的增长，实现联盟知识创造和知识创新。这种交互式的信息传递有利于发挥团队的整体优势。

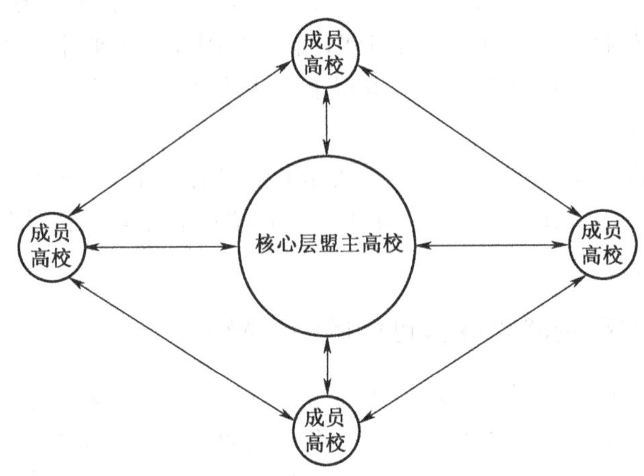

图 5-7　星型组织模式

（3）信息传递准确性。在联盟的星型组织模式下，由于强有力的核心层的存在，联盟成员的知识创造过程可以很便捷地被识别，联盟创新所需要的各类科技资源能够被迅速地整合优化。这些都来自联盟领导者能够直接获取成员的实时信息，做出各种有关合作创新的决策，并能准确及时地传递给联盟成员。

当然，事物通常有两面性，星型模式的某些优点有时也会成为缺点。星型模式的应用范围具有局限性，对于复杂程度较高，对跨部门、跨组织、跨学科知识有一定要求的科研创新活动，星型模式不太适用。星型模式一定程度上带有“家长式”的行政倾向，其行政权力强于学术权力，应用不当的话有可能导致创新能力不足，建议地方高校组建创新团队的时候可以采用此种组织模式。

2. 平行模式

平行模式即联盟中不存在绝对意义上的核心，所有的联盟高校是在平等的基础上相互合作。联盟成员在保持自身独立的同时，为联盟贡献自己的资源、知识能力。平行模式较适用于基于某一教学科研领域前瞻性方向共同认识基础上的自发合作研究，以及出于兴趣或学术目标的科研人员间的战略合作。在科学研究专业化、组织化程度较低的时代，科学家之间的这种自主合作较多。随着科学建制化的发展，复杂程度的不断加剧，绝对意义上的平行模式在实际中已很难找到。联盟的平行组织模式如图 5-8 所示。

平行组织模式的优点有以下两点：

（1）学术氛围浓厚。平行组织模式建立的基础主要是成员基于对某一研

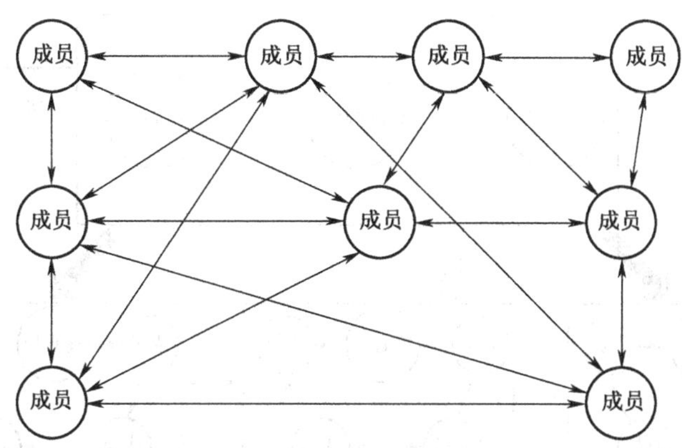

图 5-8 平行组织模式

究领域的共识和兴趣，这是一种自发性较强的组织形式。与星型组织模式相比，其行政力量较少或者基本不起作用。这种“学术式”的松散联盟能够为成员创造力的发挥提供广阔的空间，各种创新思想能够相互碰撞，有助于促进创新性成果的产生。

（2）成员深度合作。由于平行组织模式的建立基础是成员的共识和研究兴趣，而科学研究只有把它当成一种兴趣，才能激发人的求知欲和探索欲，才能产生团队成员之间为了共同目标的深度合作。

平行模式也有其自身的缺点和局限。由于这种组织模式的组建是建立在兴趣、共识等基础上的自主结合，缺乏强制力量的整合，有可能在管理上无法清晰地界定责、权、利关系，容易相互扯皮，尤其是在合作过程出现瓶颈时，较难有力地整合各类资源破解难题，很容易就崩溃解体。

3. 联邦模式

联邦模式是在星型模式和平行模式的基础上，建立一个共同点、类似协调指挥委员会形式的协调结构，对联盟的各种资源实行统一计划和管理，从而实现联盟资源的优化整合。联盟模式组织灵活，是一种介于行政组织和学术组织之间的管理模式，它不像星型模式一样核心层只有一个，而是由多个核心层组成协调指挥机构，这样有利于不同成员之间的指挥和协调，是一种比较理想的高校联盟组织模式，比较适用于跨组织、跨学科的战略联盟。联邦模式的组织结构如图 5-9 所示。

联邦组织模式具有下列优点：

（1）资源整合能力强。联邦模式中的协调指挥委员会是行政力量与学术力量的复合体。它在行政上负责联盟的发展方向和各类资源的整合优化，有权

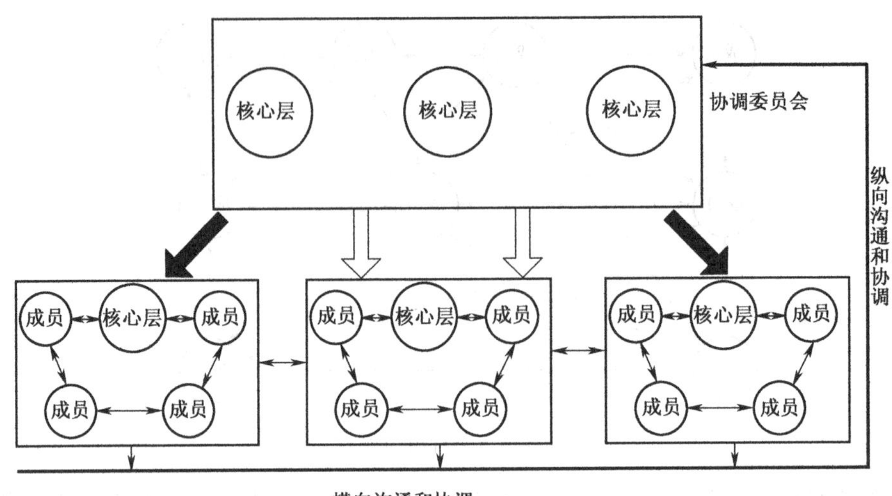

图 5-9 联邦模式的组织结构

根据教学、科研创新需要统一调度联盟内的各类科技资源，确定优先支持方向，在教学和科研上负责对联盟的学科与科研方向的把握。

（2）大团队的协作。联邦模式是一种大团队协作的战略联盟组织模式，不仅联盟成员之间存在着资源共享、知识合作，联盟内部的执行团队之间也存在着横向的信息沟通。联邦组织模式的最大特点在于它是一种分权型的组织形式，各执行团队享有充分的自主权，能够激发联盟成员深层次的活力，这对于大型项目的合作攻关具有重要作用。

上述联盟的三种组织模式各有自己的适用情形和优缺点，在实际运作中，具体采用何种联盟组织模式需要视具体情况而定。由于联盟组织的资源共享、知识创造、核心竞争力提升过程极具复杂性，而且有自己的生命周期，因此三种组织模式之间也存在着组织系统的权变演进以及嬗变，一种模式可能会嬗变成其他组织模式，同时也不排除联盟在不同层次上采用不同的组织模式，从而形成一种混合型组织模式。

5.3 地方高校战略联盟的支持体系

战略联盟是高校应对资源短缺、提高办学效益、增强核心竞争力的一种行之有效的战术策略。支持体系是高校战略联盟顺利实施的保障，在高校战略联盟的运行中，各种政策法规与激励机制发挥着十分重要的促进与引导作用。设置校内外相应的组织机构，可以更加专业化和高效率地处理相关事务，增强合作的各种能力。利用现代化手段，建立高校战略联盟管理信息系统，三者形成一个相对完善的支持体系，共同构建高校战略联盟良好的运行环境。

5.3.1　战略联盟运行的政府支持

实施战略联盟需要政策法规来引导、支持其正常运行，需要完善的制度和配套措施来进行管理，因此政府在高校战略联盟中具有十分重要的引导和扶持作用，主要表现在如下几个方面。

1. 政府宏观调控

政府是高等教育的立法者、赞助人和保护者，而高等教育对政府的政治、经济和文化起关键作用。高校接受政府的经费支持，培育人才作为经济增长点，为政府的经济发展提供孵化器式的研究和服务。因此，高校在联盟过程中，应借助政府职能，发挥政府在高校联盟中的作用，以促进联盟的健康和健全，实现联盟的优势发展。政府在高校联盟中的一个相当重要的职能就是制定合理的政策，创造一个良好的社会环境，协调各高校的政策与规定，及时解决高校联盟中的问题，发挥政府的管理职能，引导和服务于高校联盟。高校在某种程度上属于政府行政机关，在高校联盟中，政府作为行政管理机构行使着管理者的职能。政府可以对高校联盟进行计划、协调、服务和监督，表现为以下两点。

(1) 制定有关高校联盟的长远规则和短期实施计划，发挥政府的宏观调控功能，统筹决策，指导和安排高校联盟。根据国家产业结构调整、优化及发展目标，给出地方高校联盟的有效范围，使不同类型、不同规模的地方高校联盟享有不同的各种优惠政策，引导高校联盟朝着结构优化、办学效益和社会综合效益最大化的方向发展。

(2) 制定科学的宏观政策，对高校联盟所发生的各种问题进行调解和实施仲裁，对高校联盟各环节工作，提供拨款、规划、信息、政策指导等尽可能完善的服务，随时注意高校联盟的动向，运用必要的行政手段，协调控制高校的发展规划，保证联盟的可靠性、科学性和规范性。

2. 管理监督的专门机构或专职人员设置

从一些发达国家的经验来看，要推行一种较为全面和紧密的校际合作办学，采取这方面的措施很有必要。这种专门机构通常包括由各校领导人和专门机构负责人组成的董事会，下设由相关职能部门负责人和有关学科专业的教授组成的合作规划委员会，以及精简的办公室。董事会主要决定合作的目标和政策，审批合作的规划或计划；规划委员会的主要功能就是制定规划和策略；办公室具体负责协调各校的关系和落实合作事项，它要通过与有关学校职能部门和科系的紧密协调，来把合作落到实处，并对实际推进情况进行监督。校际合作办学的计划和项目，其实施一般持续相当的时间，涉及方方面面，如果缺乏具体而持续的管理，是难以保证其水平和质量的。

3. 稳健可靠的财政安排

合作办学的实施需要经费来推动和维持，对合作事务的管理和监督也需要一定物质条件的支撑。因此，在推进地方高校战略联盟合作办学时，很重要的一点，是要做好有关的财政安排。其中，最基本的就是努力使财政安排稳健可靠。一般来说，高校校际合作办学的经费，主要来自合作高校的会员费、基金会资助、政府拨款、学生缴费和个人捐助等来源稳定可靠的财政安排。一般表现为，会员费要占到整个财政预算的大部分，其他来源的经费占小部分，因为只有各合作高校愿意投入的经费才是最有保障的，其他来源的经费一般不大稳定。如果整个财政安排主要依靠外部捐助，其受外部因素的影响便增加，而外部因素是高校难以控制的。当然，要从整体上改善校际合作办学的财政状况，需要从多方面入手，尤其是要重视争取政府的持续资助，以及结合合作项目提供服务来创收，充实经费来源。此外，经费在合作项目及管理事务上的合理分配，也是维持财政稳健的重要方面。

4. 法律支持

促进高校战略联盟首先需要营造一个良好的政策法规环境，建立健全各项政策法规，通过制定高校发展规划、宏观的科技政策、法规、消除高校战略联盟的体制性障碍，逐步加强高校战略联盟法规的研究，建立和完善与其要求和发展相适应的法规政策体系。健全高校战略联盟政策法规确认了高校战略联盟的法律地位、发展规划和实现途径，使其制度化、规范化、程序化。高校战略联盟政策法规规范、组织和协调各种合作活动，为合作活动的主体提供活动规则和程序，为其运行提供可靠保障。战略联盟是一种有组织、有系统的活动，因而也需要一整套完善的规则、制度和程序。高校战略联盟政策法规规定合作教育管理机构设置和运作的规则与程序，明确合作各方的权利、义务和法律责任，规定合作各方享有的优惠条件和制度保证，规定合作活动应遵循的基本原则和标准，确定合作管理中的经费预算与合作方资格条件认定的审批、执行和监督的制度与程序，确认和保障合作各方的合法权益，从而在制度设置和程序操作上保证合作各方协调、有序、合乎理性地发展。高校战略联盟法规政策为高校战略联盟合作安全、积极、公平、合理地发展提供激励和保障，创造良好的社会和政治环境。这不仅意味着法规通过合理的分配权利义务、排解纠纷和冲突，而且意味着法规规定组织、制度的保障，设定权力行使的界限、程序以及规避义务或滥用权力的法律责任，排除一切不法侵害，提供一切必要保障。

5. 高校战略联盟激励机制

激励机制是通过一套理性化的政策和制度来反映激励主体与激励客体相互作用的方式。完善的激励机制能激发合作者内在的动力，发动、导向、规范和制约合作行为，显著提高联盟与合作的数量和水平，保证合作组织进行良性的运动状态。激励机制一旦形成，就会内在地作用于合作组织的生存和发展。在高校战略联盟中，必须建立健全促进其合作活动的各项激励机制，如建立财政刺激政策，设立高校战略联盟的专项资金，以财政投入的形式对联盟活动进行支持；制定相关金融风险投资、专利等引导保护配套政策；建立高校教学联盟与合作各项促进制度，制定有利于高校校内外人员交流的人事管理制度，将合作活动列为高校教师绩效考核、职称评定、职级晋升的重要依据等。只有这样，才能为高校战略联盟的有效实施提供必要条件，促进其健康发展[118,119]。

5.3.2 战略联盟运行的技术支持

作为一种新的管理模式，高校战略联盟模式的运行需要涉及众多门类的技术体系的支撑，传统的手工管理方式已不能满足战略联盟动态管理的需要，而现代技术的发展和应用可以高校战略联盟的实施提供强有力的支持。本节讨论支撑高校联盟运作的技术基础主要是信息技术和管理技术。信息技术主要是指以计算机技术、通信技术、网络技术等为代表的现代信息技术体系。这一先进的技术体系使人类对信息资源的开发利用摆脱了迟缓、分散的传统方式，代之以高效率、专业化、多样化的现代方式。信息成为生产力的重要因素和社会发展的战略资源。

1. 信息技术

随着高校战略联盟的发展与深入，合作间互动将由就近、短期、非正式交易向制度化、长期及正式合作关系发展转变，战略联盟的业务量、信息量会越来越大，实时性要求更高，其中信息传递的时效性与业务效率的高低，将会直接影响战略联盟的顺利实施。借助于现代化管理手段，帮助并实施合作组织间的联盟合作事宜，提供与发布相关信息，等等，就需要构建高校战略联盟管理信息系统，建立高校战略联盟基础数据平台，为高校及其合作组织提供便捷的信息和相关服务。

（1）高校战略联盟信息管理系统的基本功能和作用。首先，信息收集与研究，发布相关资讯，为联盟各方提供合作项目的技术性、先进性、科学性、经济性、适应性和价格等综合服务。其次，把信息化建设作为联盟管理的平台。最后，确保信息获得的及时性和组织内的每个成员都能共享。此外，通过联盟管理信息系统，学生跨校选课，教师跨校授课，设备资源共享的实现也会方便很多。

（2）高校战略联盟信息管理系统建设的基本原则。战略联盟管理信息系统的建设包括数据库建设、网络设计和系统维护等多项工作，是一项工程量大、复杂的信息系统工程，需要综合考虑各方面因素，审慎处理先进与实用、规范与灵活的关系问题，在设计时应遵循规范性原则、实用性原则、先进性原则、可靠性原则、可扩展性与开放性原则。

（3）系统体系结构选型。现在计算机系统软件体系结构主要有两层系统体系结构（C/S）和三层（多层）系统体系结构（B/S），它们各有优缺点。根据高校战略联盟信息管理的特点，建议采用三层体系结构，即用户界面表示层、业务逻辑层和数据存储层。三层客户/服务器模式（以下简称三层模式）在两层模式的基础上，增加了新的一级。这种模式在逻辑上将应用功能分为三层：客户显示层、业务逻辑层和数据层。客户显示层是为客户提供应用服务的图形界面，有助于用户理解和高效的定位应用服务。业务逻辑层位于客户显示层和数据层之间，专门为实现高校的业务逻辑提供了一个明确的层次，在这个层次上封装了与系统关联的应用模型，并把客户显示层和数据库代码分开。这个层次提供客户应用程序和数据服务之间的联系，主要功能是执行应用策略和封装应用模式，并将封装的模式呈现给客户应用程序。数据层是三层模式中最底层，用来定义、维护、访问和更新数据并管理和满足应用服务对数据的请求。联盟管理系统的体系结构如图 5-10 所示。

1）数据层：主要是对原始数据（数据库或者文本文件等存放数据的形式）的操作层，而不是指原始数据，也就是说，是对数据的操作，而不是数据库，具体为业务逻辑层或表示层提供数据服务。

2）业务逻辑层：主要是针对具体问题的操作，也可以理解成对数据层的操作，对数据业务逻辑处理。如果说数据层是积木，那业务逻辑层就是对这些积木的搭建。

3）客户显示层：主要表示 WEB（全球广域网）方式，也可以表示成 WinForm 方式，WEB 方式也可以表现成 aspx。如果业务逻辑层相当强大和完善，无论客户显示层如何定义和更改，业务逻辑层都能完善地提供服务。

（4）系统功能设计和管理。根据高校战略联盟的性质和管理事务的范畴，联盟联系越紧密，合作越密切时，联盟 MIS（管理信息系统）处理的信息也就越来越大，需要开发一个大规模的信息系统才能处理联盟内的事务。然而，在开发大规模复杂系统时，其复杂程度也将大大增加，它不但需要开发人员能够理解一套更复杂的流程，并且需要管理更多的资源，为此需要负担额外的开

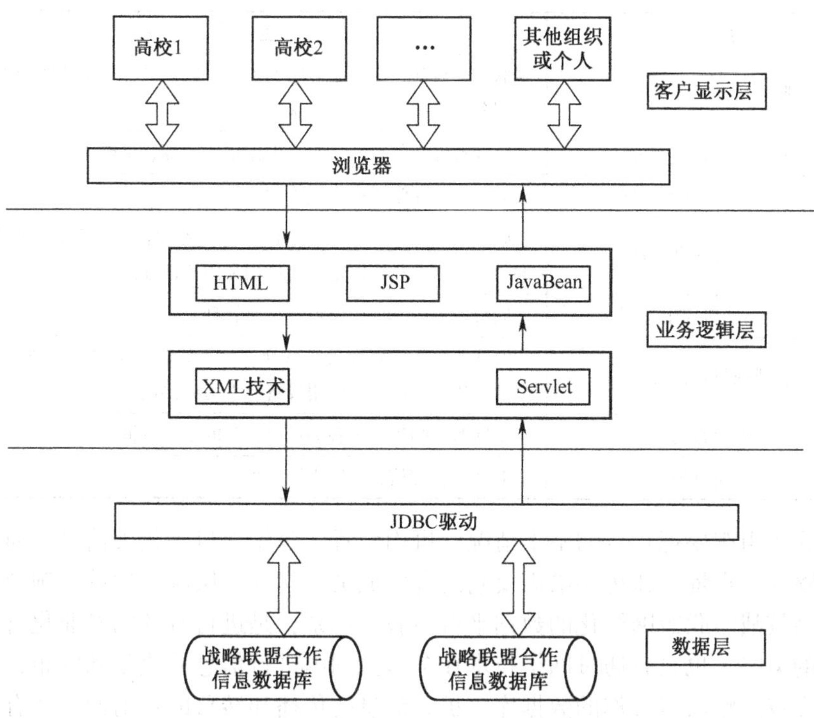

图 5-10　联盟管理系统的体系结构

销。可以将高校 MIS 系统进行分解，将其分解成子系统，进行独立开发，先开发核心功能模块，然后加入其他的联盟复杂处理模块，这样更经济，更节约资源。按照现阶段联盟普遍的合作方式，建议将联盟 MIS 分解成核心功能模块，各个子系统的功能和处理的事务如图 5-11 和表 5-7 所示。

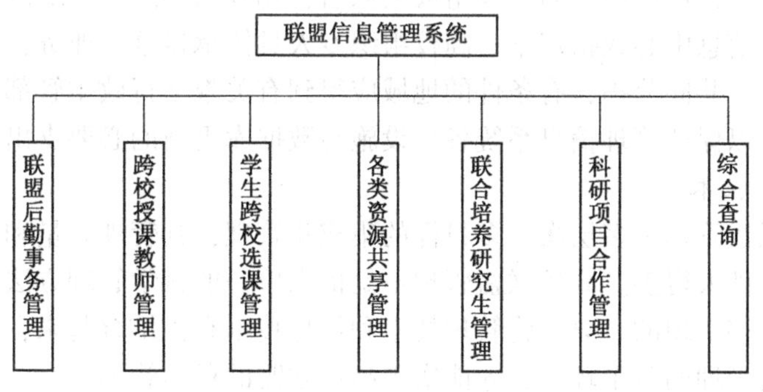

图 5-11　联盟系统分解图

表 5-7 联盟管理子系统及其功能

子系统	功 能 描 述
联盟后勤事务管理	联盟高校间往返校车时间的发布，联盟高校电子地图的查询，联盟各类设备的共同招标采购
跨校授课教师管理	跨校授课教师授课安排，工作量的计算、考核等
学生跨校选课管理	对跨校选课学生的成绩管理
各类资源共享管理	联盟高校的各类电子资源的共享，就业信息，专家讲座信息的公示，联盟高校固定设备使用和闲置情况的公示
联合培养研究生管理	联合培养研究生的学习和科研管理
科研项目合作管理	对联盟合作科研项目进行处理，比如联合申报科研项目，联合课题攻关中所需要使用设备、人力的协调
综合查询	给联盟内师生提供各类可以公开的信息查询服务
系统维护	对联盟管理信息系统进行维护

联盟组织要把自身的基本情况、机构设置、合作项目等相关信息，通过归类、整理、提炼迅速传递给需要它的合作成员。建立分层次、地域、领域的多层次高校战略联盟网络化的数据平台与服务体系，是进行有效的专业化管理应对用的策略。也只有通过网络技术在全国范围内进行信息的收集和发布，不断充实高校战略联盟合作的数据库，扩大信息的传播和转移的辐射面，才有可能提高合作的质量与成功率，通过网络系统为相关高校与其联盟组织共享，为联盟合作体所有成员提供及时便捷的服务，实现高校、企业、研究部门、金融、法律等各方的利益，并使高校能更加集中精力从事知识与科技创新。要充分利用合作信息联网、检索工具、文献数据库整合资源，创造高水平的检索环境，开通联盟与合作信息高速公路，为高校联盟提供支撑。关于信息管理系统的日常管理与维护，可以由参与高校组成的联合体组织（或中介组织）负责管理，成立数据与信息中心或指定某一高校组织专人具体承接这一业务，相关经费可以由合作各方共同分担，有条件的地域应得到有关教学行政主管部门的帮助与财政支持，以保证管理信息系统各项设施与数据库更新的必要支出。

2. 管理技术

高校联盟管理是多层次、多目标的集成化管理，其管理容量和复杂程度比传统高校管理大得多。高校联盟管理不是依靠单一的科学管理方法或纯粹的技术手段就能够实现的。只有将管理技术和信息技术有机结合起来，并贯穿应用于高校联盟管理的各个环节，才能实现高校联盟的科学管理。

（1）系统管理技术。所谓系统管理技术，是指用于设计、管理、控制、评价、改善高校从教学、科研等方面和其他组织进行交流合作一系列活动的管理思想、方法和技术的总和。系统管理技术从管理信息系统、决策支持系统、信息接口技术等多方面为高校提供了开发、利用信息资源和智力资源的方法，从而为高校战略联盟中各盟员高校资源的总体优化配置提供了技术和方法上的支持。另外，对于盟主高校来说，如何选择盟员高校、寻求和评估市场机遇、对市场变化做出迅捷反应，都是非常关键的决策，而系统管理技术提供了对这种决策的方法支持。

（2）运筹学。运筹学作为定义问题、分析问题和解决问题的一种集成化方法，是在模型、数据和算法的基础上对联盟的计划与运作进行优化的一种有效途径。在联盟管理中，联盟高校的各种教学、科研等资源组合的问题可以用运筹学方法加以解决。

5.3.3　战略联盟运行的契约支持

战略联盟是通过大量间续式的双边规制形成的一种组织系统。大量间续式双边规制的实际形态就是契约。地方高校战略中的盟员高校都具有独立的法人地位，彼此之间不存在任何行政上的隶属关系，联盟体内没有真正完整的组织机构和严格的等级制度，传统高校内部管理职能无法在联盟管理中实施。因此，加强契约管理是高校联盟的实施基础，契约是高校联盟模式运行的平台。

1. 契约是地方高校战略联盟运行的基础

高校战略联盟是一个松散的组织系统，它由一个个具有独立法人地位的高校所组成。如果没有契约，各盟员高校就会处于分散、独立的状态，各个高校之间无法在核心能力结构上互相补充。首先，契约的存在在于对盟员高校的确认——就是对具有资源和能力互补关系高校的确认，在双边磋商的基础上形成契约关系。在大量工作的基础上，形成地方高校契约平台。其次，契约的存在在于对盟员高校建立在双边规制基础上的合作关系的确认。高校战略中各盟员高校之间以契约为纽带进行合作，法律是保证契约得以遵守的保障。契约只保证盟员高校间的合作，对盟员高校没有实际意义，只有以法律来保证契约的效力。在设计联盟管理的治理结构时，必须明确界定联盟各方的合作内容，并通过保护性协议使合作伙伴的其他利益不受侵犯和损害，这有利于促进联盟伙伴关系的稳定发展。

2. 完善的契约设计是联盟顺利运行的保证

战略联盟契约设计的思路：通过精心构造契约的形式来尽量寻求盟员高校的个体利益与整个战略联盟整体利益的统一。一般来说，战略联盟契约的设计应该满足以下两个条件。

（1）激励相容约束，即战略联盟中盟员高校接受契约所获得效益不少于其独立运行时不接受这些契约所获得效益。因为盟员高校拥有自身资源的处置权，参与或退出联盟完全可以由自己来确定。参与联盟的基本条件是加入联盟以后办学效益会提高，自身竞争力会加强，因此只有满足这项约束条件，高校联盟才能存在。

（2）个体理性约束。根据博弈论的观点，可以认为所有参与战略联盟的高校都是理性的，它们在一定条件下都会追求最大化自身的利益。要求盟员高校只讲奉献是行不通的，因此在设计盟员高校激励机制的时候，要满足这一约束条件。

本 章 小 结

本章主要就高校战略联盟系统的构成、地方高校战略联盟的模式、战略联盟支持系统进行了讨论。特别是针对高校联盟建构的问题，给出了构建地方高校战略联盟的步骤，就地方高校战略联盟构建应该注意的问题给出了建议。就地方高校战略联盟构建伙伴选择的问题，以提高地方高校核心竞争力、创造竞争优势为原则，给出了地方高校构建战略联盟时伙伴选择的模型和方法，并且以一个简化的高校系统模型为例，说明了如何运用群集智能技术——蚁群优化算法来解决最优的战略联盟伙伴选择问题。然后针对战略联盟复杂信息处理问题，给出了高校战略联盟管理系统的框架。

第6章

地方高校战略联盟的运行管理

战略联盟不仅是高校间具有战略合作的静态表现形式，也是实现高校竞争力提升的动态过程。不能简单地认为联盟的形式或者契约本身可以自然而然地提升盟员高校的竞争力。事实上，竞争力的提升是在联盟运行过程中逐步实现的。在合作过程中处理好联盟关系通常比最初精心设计联盟的形式更重要。能否成功主要取决于对变化的适应能力，而不是最初的协议。联盟可以创造出竞争优势，也可能成为管理时间和资源的黑洞。对于地方高校联盟而言，联盟的绩效具有非常明显的滞后性的特点，而且地方高校联盟具有多种战略联盟的特点，如资源互补性联盟、知识联盟、学习型联盟、动态联盟等，这就进一步增加了高校联盟管理的难点。本章从联盟关系管理、联盟的界面管理、联盟的激励管理以及联盟的风险管理等角度出发，对地方高校联盟运作中可能出现的治理问题进行探讨。

6.1 地方高校战略联盟组织关系管理

研究认为，战略联盟的成功主要受结构和社会心理两大因素的影响[120,121]。其中，联盟结构管理主要是合作事前安排，也就是根据高校战略联盟的目标、高校自身的组织形式、联盟的内容、联盟伙伴的性质与特征等因素，确定具体的联盟治理结构。治理结构一经确定就变动不大，且是联盟高校各方合作的基础。现有的战略联盟管理研究主要集中在这一方面，其重点是选择合适的合作伙伴和设计恰当的合作机制。但是，由于合约的不完全性和环境的不确定性，联盟高校的很多活动无法靠联盟治理结构和正式合约进行规制，联盟的大量活动需要通过联盟高校之间的关系来协调。

联盟关系管理旨在通过增强联盟伙伴之间的沟通、协调、了解与信任，促进关系资本的形成、维持和增值，产生关系性租金，最终增强联盟绩效。关系管理的核心是关系资本的形成[122]。关系资本不仅包括物质投入资本，也包括情感投入资本，需要耗费时间、物力、人力、财力等资源。合作行为的选择是盟员校注重联盟预期收益及社会制度约束的结果，是盟员高校集体理性的表现。然而由于盟员高校间合作行为受多种不确定性因素的影响，盟员间合作关系的管理显得非常重要。由于环境不断变化，联盟各方的资源和竞争力情况也不断变化，联盟各方的冲突不可避免，因此，联盟关系资本建立后，需要不断进行维护，否则就会随着时间的推移而逐渐退化。促进联盟合作的机制研究学者们在考察联盟不稳定形成原因和主要影响因素的同时也在致力于研究如何保证联盟和谐稳定的运作[123]。总结这方面的研究可以发现，促进联盟合作的机制主要包括硬性机制和软性机制两方面的内容。

6.1.1 联盟关系管理的硬性方法

从硬性机制来讲，主要是强调契约和市场机制在促进合作中的作用[124]。Inkpen 认为通过建立完备的契约能够降低合作双方进行机会主义行为的可能性。Parkhe 进一步指出在契约中制定相应的惩罚措施、保障措施可以改变联盟各方博弈中的支付函数，最终影响联盟双方的决策来实现联盟的稳定。一些学者用博弈的方法证明了在有限博弈和无限博弈的条件下，都存在促进合作的机制，使机制化后博弈的 Nash 均衡满足原博弈的 Pareto 最优组合，这些机制包括相对公平的利益分配、集体理性和个人理性的相对统一以及联盟过程中的充分沟通（保证完全信息）。

梅小安和罗丽[125]认为战略联盟伙伴关系管理的难点在于伙伴选择的双边博弈、伙伴信任关系的建立和维持伙伴关系的利益分配管理。目前企业战略联盟伙伴关系可以采用契约、股权、关系型专用性资产、相互依存等方法进行管理。根据高校的特点，可以采用契约和关系型专用性资产进行管理。

1. 契约

如图 6-1 所示，战略联盟的伙伴关系管理主要依靠契约来维系。契约中明确规定了各个高校的权利、义务以及合作的范围。这一管理方法的特点是：①契约是维系战略联盟伙伴关系的主要纽带，法律、规范、合同等是管理伙伴关系的重要手段。②管理阻力较大。由于合作契约的约束不完全性，联盟内约束力不强，相互信任程度也不高，使协调管理的难度加大。③这是一种初级形式的战略联盟伙伴关系管理方法。契约的不完全性决定了联盟伙伴关系具有不稳定性，能否发展成为更加稳定的关系，还有待双方在合作中不断建立相互信任关系，建立更具约束力的关系。④管理的范围有限。由于合作的范围在契约中已经明确地给出，伙伴关系的管理也应遵守协定。⑤管理成本因谈判成本的增加而增加。这一管理方法一般在高校相互间了解不够充分的情况下采用。当各个高校相互间存在越来越多的共同利益，而相互信任度不断增加时，其联盟关系将进一步深化，维系联盟关系的纽带将更加丰富，管理方法也会随之变化。

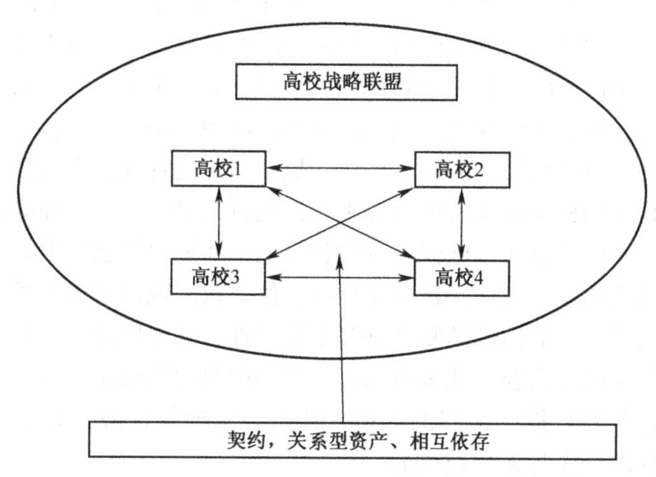

图 6-1　契约型伙伴关系管理图

2. 关系型专用性资产

关系型专用性资产是联盟各成员共同投资的对联盟发展具有重要意义的专用性资产。关系型专用性资产的投入实质上是高校相互间的“承诺行动”。通过关系型专用性资产进行伙伴关系管理有以下特点：①管理更具战略性。专用性资产使高校间承诺了合作的长期性、专一性，这种长期性也使伙伴关系的管理具有长期性和更具战略性。②管理阻力较小。高校进行关系型专用性资产的投资是一项重大举措，只有在相互信任程度很高的情况下才会进行。高信任度使伙伴关系管理阻力减小、效率提高。③管理的专业性强。各成员在关键技术领域进行深入合作，必将对管理人员提出更高的专业技术要求。④管理成本较高。关系型专用性资产的投资论证，投入后利用等各方面的沟通都会使伙伴关系管理成本增加。上述伙伴关系管理的方法并不是相互独立的，由于战略联盟的复杂性和形式的多样性，伙伴关系管理的方法也趋于多样化。通常情况下，以一种管理方法为主。但在某些情况下，也可能要运用几种方法进行交叉管理。

6.1.2　联盟关系管理的柔性方法

对于联盟这种复杂的合作形式，仅依靠硬性机制还不能达到促进合作的目的，必须结合柔性机制的共同作用。战略联盟的成功既需要“硬管理”，如生产运作、财务、人事等职能方面的管理，也需要“软管理”[126-129]，即关系资本的培育和发展。战略联盟的关系资本指的是对联盟有益的积极性的社会心理因素，包含信任和承诺两个重要内容。

信任[130]本质上讲是在一个动态博弈中参与人通过许下一个按照某种方式行动的承诺而增加其获利，因此对于长期契约的稳定履行具有重要意义。由于战略联盟的脆弱性，联盟伙伴之间的相互信任就显得至关重要。信任能降低可觉察到的损失，减弱或消除机会主义的行为，从而使盟员高校能更好地共享整合优势。此外，与科层组织的管理相比，战略联盟的管理存在着控制鸿沟。也就是说单一高校的科层组织有可能在本高校实行完全控制，而在联盟中只能实行部分控制。所以只有通过联盟各方的相互信任才能填补这样的控制鸿沟。总之，加强联盟内的相互信任，比事先预测、依靠权威或进行谈判等手段能够更快、更经济地减少联盟内部的复杂性和不确定性，并能因此改善联盟的绩效。

承诺与信任同样重要，缺少承诺将在很短的时间内扼杀联盟。如果结盟各方都没有向合作项目提供最好的人员、技术、管理等资源，只是希望从中收益，那么这样的合作是无法长久的。

1. 联盟信任机制的构建[131,132]

伙伴间信任关系的产生有四种原因：一是由于各高校间有共同的目标和共同的价值趋向而产生的信任，二是由于伙伴间相互了解而产生的信任，三是基于威慑、害怕被惩罚而产生的信任，四是为迎合某一市场机遇而在较短时期内建立起的信任关系。建立信任机制要求联盟内部一方面建立信任评价体系，即建立合作伙伴的信誉、风险偏好、联盟的性质及行为机制评价体系；另一方面要建立一套约束机制，用于防止欺骗和机会主义行为的产生。

信任是合作的基础，也是合作的前提，更是能否成功的关键所在。各种合作在其形成过程中所有成员都面临着许多不确定性因素，总体上可以分为两类：一是合作体面对未来将发生事件的不确定性，二是合作伙伴对未来事件反应的不确定性。在这样双重不确定性环境下，依靠正式合同的约束或相互间进行对等利益的博弈，难以推进合作各方彼此的充分协作，并且要付出相当的代价。卢曼曾说过：信任能减少社会交往的复杂性，而简化复杂是人类从生存中进化出的重要战略。

信任与不信任关系之间真正的差别在于彼此是否相信对方能够真正关心自己的利益，并且相信对方不会在没有考虑对对方影响之前单独采取行动。相互信任既是联盟成员间互利互惠的需要，更是联盟健康成长必不可少的行为路径。高校战略联盟信任机制主要从以下几个途径构建[133~136]。

（1）声誉途径。为了建立可靠的相互信任机制，Kumar 提出，选择合适的合作伙伴是建立战略联盟的首要任务。择优选择合作伙伴是战略联盟信任机制构建的基础。要对合作伙伴的过去、现在和将来的一系列要素进行综合评估与全面考查，对其是否具备履行承诺的能力、技能和资源以及其建立信任关系的动机等进行分析与评估。加强联盟内组织信誉机制的建设是高校战略联盟构建信任机制的重要内容。其包括对联盟初期合作伙伴的信誉评估以及联盟合作运行过程中持续的、经常性的内部评估与分析，通常是由联盟组织内设立的专门协调机构来组织实施并完成的。例如美国东南部大学工程教育联合体，为了实现改革工程课程的创新目的，在联合体中心组设有教学评估评价小组，对参与合作高校的课程从设置开始，进行全面的评估认定，确保在各校课程改革的推广质量。外部则可以由专业性团体、中介组织来实施，如国际性大学组织评估机构、全国性大学指导委员会、专业与学科组织协会、社会教育评估中介组织等，从不同角度的评估结果来确定高校的办学实力、相关专业与学科办学水平、社会认可程度以及联盟体内组织信誉等。

（2）制度途径。对于战略联盟内的任何一所高校来说，如果它确信联盟内其他成员会信守诺言，那么它也会必然地，同时也是必要地表现出很强的可信度。而要使每个成员的行为理性化，尤其要抵抗住外部的巨大诱惑，就需要在联盟内建立一套阻止相互欺骗和防止机会主义行为的规范机制。

这套机制的重点是：第一，提高欺骗的成本；第二，增加合作的收益。要提高欺骗的成本，首先适当提高退出壁垒，即如果高校放弃结盟关系，那么它的某些资产将受到一定的损失。换句话说，使这些资产绝大部分具有沉没成本，一旦高校发生机会主义行为，它将不能逃脱联盟其他成员对它的惩罚。此外，还可通过保护性合同，或合法的契约来阻止机会主义行为，即对于不合作的行为或违约行为进行惩治，这样的合约条款可使盟员高校清楚行为预期，根除投机心理，同时可提高对其他成员的行为信任度。增加合作收益性的重要内容之一就是联盟为成员提供隐性担保。参与战略联盟的盟员高校由于联盟本身所具有的声誉和影响力，可在消费者心目中轻而易举地树立起良好的声誉和品牌形象。因此，结盟一定比单干更有效，联盟为盟员高校所提供的担保是吸引合作、稳固联盟的重要基础。

高校教学联盟合作中的学分互换是高校战略联盟的重要制度之一。学分互换是为了促进高校间优质教学资源的共享而提出的一项合作教学制度，意味着参与联盟或合作的高校对其他参与合作的高校开设课程的认可。因为开设课程的高校其教学水平通常是达到了系统的统一质量标准后才被系统所认可，选修了被系统认定的课程后，其所学的学分在合作高校范围有效。例如美国加州公立大学系统的学分互换内容是：共同开发与实施通识教育类课程（简称IGETC项目），学生可在加州境内任何被认可的高校中学习IGETC项目目录内课程，所修学分在加州大学分校、加州州立大学系统、社区大学系统内都能得到认可。这是一种建立在学分互换制度基础上的信任，若没有这样的制度，要实行高校的课程教学资源共享是困难的，也没有教学质量的保障，合作难以持久。此外，建立专业资格认证、学历互认等制度，无疑都能促进高等教育更加广泛的联盟与合作的信任机制形成。加强合作体内外的制度建设对于构建高校战略联盟的信任机制具有十分积极和重要的意义。

（3）文化途径。社会文化可以从三个方面加强对联盟内部组织间的信任：一是通过社会文化形成期望聚合，使联盟与合作体内部组织之间的合作具有可预期性，特别是在意外情况下，共同的文化可以为联盟内部组织制定基本的共同行为规则。只要对方行为是可以预测的，就有可能建立起信任关系。二是共同的文化促进联盟成员充分、及时地进行信息沟通，使合作各方了解相互的策略行为，降低对对方行为的不理解程度，促进组织之间的信任和理解。三是形成联盟与合作内部的统一文化。联盟文化是各成员都能接受的，既融合各组织文化特色，又有鲜明特征的处事原则和方法，是联盟各成员的共同价值观。要形成联盟文化，就必须促进伙伴之间组织文化的融合，创造和谐的文化氛围，通过跨文化的管理培训，鼓励非正式接触，提高行为和策略的透明度等来努力消除彼此的隔阂与陌生，使各种组织文化在联盟内部相互渗透，相互交融，最终通过相互学习，取长补短，形成统一的联盟文化，从而确保合作成员具有相互信任的文化基础。

（4）依赖途径。联盟内部组织及其所从事的活动并不是孤立的，而是与其他组织相互依赖的，组织间相互依赖的网络可以导致其相互作用的约束，从而产生长期的相互依赖关系。Powen（1995）强调，信任形成于相互依赖。随着时间的推移，最优的信任水平就是信任与相互依赖性适当地匹配。这里的相互依赖包括知识与技术、资源或者能力等。组织之间的依赖性越高，彼此之间的信任度就越高。而导致组织相互依赖程度提高的原因有：一是外部社会环境变化。例如竞争者增多或替代品出现，致使社会中竞争加剧、环境变化加快等，联盟内部组织间相互依合并加快了步伐。我国台湾地区四所高校成立台湾高校联盟；大陆地区高校进行了大学的合作与整合，长三角地区正酝酿“长三角名校联盟”；香港地区对本地区高校的合并进行了专题研讨。这些高校正在实施和思考通过加强相互依赖性来应对环境的挑战。二是合作中的相互专用性。在业务上的专一性、关系性方面，联盟体内部组织之间若属于知识链上下游关系，则其建立信任要容易得多，也更容易形成长久的生命力。

（5）加强战略联盟内部成员之间的信息共享和沟通交流。信任关系不是自然而然发生的，它是通过双方的投入和培养发展起来的，交流是培养信任的一个重要手段。如果能通过交流让对方了解自己公平、守信，没有机会主义行为的原则，交流就能增加信任。组织行为研究清楚地阐明了有效的交流机制对群体的内聚力具有十分重要的意义。处于交流边缘的人员对他们的同事有更多的猜疑，对工作更不满意。而处于交流网络中新的成员则彼此更信任，对工作更满意。

1）共享信息。在物质、能源和信息三大资源中，唯有信息在被共享之后，原来信息拥有者并不因此而减少信息的拥有量。对于高校来说，信息是高校做出各种决策的基础，获取足够的信息对于高校的发展至关重要。高校战略联盟中的信息共享必须坚持两个原则才能使各方建立稳定而高效的信息共享关系。第一个原则是互惠原则。在高校拥有的信息中，一些信息可能对自己无用或价值不大，而对联盟伙伴却至关重要，这些信息与联盟伙伴共享不会对自己产生不利的影响。即使是那些对自己比较重要的信息，只要给自己共享带来的损失远小于给对方带来的价值，拿出来与伙伴共享也是完全必要的。第二个原则是信息共享必须着眼于未来。解决高校现存的问题是信息共享可以发挥的最直接、最基本的作用。但要想从信息共享中获得最大的贡献，还必须探讨如何通过信息共享来发掘未来的潜力与机会，如联盟各方共享有关学科发展方向、技术发展态势方面的重要信息。

2）频繁交流。如何才能使联盟各方建立并维护牢固的互信关系？怎样才能让联盟各方保持广泛而稳定的信息共享以使信息在联盟各方之间自由地流动？答案是通过频繁的交流。联盟各方频繁而广泛的交流是增加联盟各方密切度的基础和发掘更多合作机会的前提。联盟各方的交流不能只局限于高层主管之间，应当尽可能地让更多的人参与。特别是中层管理人员，由于联盟各方的合作关系可能对他们构成威胁，其常常会产生抵触心理和行为。只有把他们纳入合作关系之中成为信息共享的组成部分，使他们觉得他们是各方合作所不可缺少的一部分，才能消除他们这种抵触心理。为增加联盟各方交流的强度，除各方必要的正常交流之外，还可建立各方人员定期聚会制度并尽可能让更多的人参与进来。这样做有利于各方之间建立相互信任的关系，有利于信息在各方之间的交流，更为重要的是它有利于各方人员共同探讨并发掘进一步合作的机会。

2. 联盟沟通协调机制的构建

沟通包含两层含义：第一层是信息在战略联盟伙伴间能够顺利地通达；第二层是信息不仅能顺利通达，而且能被合作伙伴完整地理解。

构建有效的冲突协调机制在战略联盟关系资本管理过程中具有非常重要的作用。由于联盟各方内在的独立性，任何联盟关系中存在冲突都是不可避免的。如何处理这些冲突是很重要的，因为冲突处理对于联盟关系的影响可能是积极的，也可能是毁灭性的，因此需要设立一套有效的冲突协调机制，以调节联盟各方在合约规制之外的行为。有效的冲突协调机制首先需要清晰而全面地解决文化差异所带来的问题，并通过发展跨文化的培训项目，避免冲突和误解，并带来合作伙伴之间更多的信任与承诺，从而增强战略联盟成功的可能性。其次，加强联盟各方的双向沟通与交流。双向沟通与交流是正确处理冲突的重要方面，为联盟高校之间的学习和传递重要信息与技术提供了一条潜在的有效渠道。有效地处理冲突是建立和维护战略联盟关系资本的一种重要的催化剂。如果冲突处理得当，那么联盟高校间的关系资本越深厚、学习的效果越好。高校战略联盟沟通机制的构建包括如下几个步骤[137-140]：

（1）建立共同愿景是战略联盟合作伙伴沟通的前提。美国学者尼尔·瑞克曼教授认为贡献、亲密和愿景这三个要素是成功联盟伙伴关系必备的要素。在一个理想的战略联盟结构中，由于成员对联盟有独特的“贡献”而形成联盟，通过彼此“亲密”的合作而形成长期信任关系，由于联盟所形成的优势互补和共同发展使得双方建立了竞争优势，以此为基础，联盟成员在更高层次上建立一致的“愿景”并会由此可能激发联盟双方的合作热情。有了共同的愿景，伙伴之间才会相互努力学习、追求卓越，激励联盟合作中成员主动而真诚的奉献与投入。一个缺少共同目标与使命的联盟合作，很难有所作为。愿景的设定不是简单的想象力发挥，而是对联盟合作各方可能达到目标的一番强制而且实际的描述。成功的联盟合作应当总是有一份共享的指引图，帮助组织成员为合作的贡献设定期望，衡量、评估联盟合作的成效，并让组织成员的价值发挥到极致。共同愿景的形成不能仅限于合作组织的领导人层面，而应成为成员组织内部各级人员间的共识。这就需要组织内部采取适当的教育与培训方式，加强相互的沟通与学习，提高全体人员的整体素质。通过沟通与学习，建立组织之间的共同语言，提供一个开放坦诚的交流环境。只有这样才能促进不同组织文化的相融，才有可能协调不同组织内部的不同标准，形成进一步合作的意识，为组织全面、持续开展合作打下坚实的基础。

（2）畅通的沟通渠道是联盟合作伙伴间进行沟通的基础。联盟合作的系统构建中，应该设计健全各个盟员高校间的沟通渠道。结合组织正式沟通渠道和非正式沟通渠道的优缺点，设计一套包含正式和非正式的沟通渠道，使组织内各种需求的沟通都能够准确及时而有效地实施。沟通理论通常认为沟通的模式决定组织的结构，沟通的手段决定组织结构的变化，设计沟通渠道也就是设计组织自身。因此，联盟合作组织中沟通渠道的设计要与合作组织结构设计相结合，与人力资源配置相结合，与相关岗位设置及所赋予的职能相结合。在高校联盟合作的不同系统中，成立的各种跨组织合作委员会、联盟合作办公室等组织机构，实际上也是联盟合作组织各种正式沟通渠道的组成部分，例如要构建一个以共同实施教学创新并将其制度化的高校联盟合作组织。联合体可以成立跨校的联合体中心组织、联合体服务组织及由各校区工作组组成的联合体组织结构，这就可以给该联合体组织间沟通提供渠道。在联盟体内，设定各种定期的会议、论坛、专题研讨会、联合制定规划等特定的工作程序，作为联盟合作组织设计的正式与非正式的沟通渠道，对于促进存在沟通障碍的部门之间实施对话、加强交流、消除彼此间存在的障碍将会发挥非常积极的作用。形式多样的组织与团队个人之间的相互沟通渠道，会使联盟体内各组织对相互之间的工作进展情况、发展方向、工作中的阻力和困难有所了解，可以随时提出意见、提供相关信息、调整工作偏差。例如举办经常性的组织内外部的小型学术研讨会，对联盟与合作发展过程中遇到的各种问题进行研讨，整合各类信息，共同寻求解决办法。需要注意的是，在联盟合作系统的沟通渠道设计的同时，要重视沟通中的反馈作用，加强组织沟通中反馈机制的建立。没有反馈的沟通不是一个完整的沟通，完整的沟通必然具备完善的反馈机制。否则，沟通的效果会大打折扣。

（3）各种合作计划和项目是合作伙伴间沟通的内容。资源是相互间沟通与联结的纽带，联盟合作成员组织拥有的资源（人才资本、知识与技术等）是合作组织成员凝聚的前提。合作项目、计划作为一种特殊的资源投入，它涉及资源的投入及关系的密切，也包括对共同面临的一些问题采取有目的的行动。它既包括合作成员在相互依赖背景下的资源流动，也包括实质性资源的保证与合作。高校多采用项目与计划设立的形式来实现高校组织间、非高校组织间的合作。美国著名的大学合作组织CIC联盟，它汇集了世界顶尖级的研究型大学，通过关键项目、计划的设立来提高各校学术水平，促进各校的资源共享，实现各自追求卓越的目的。CIC联盟合作的关键计划与项目有：学者交流计划（traveling scholar）（学生与教师）；课程共享计划；加强外语学习计划；暑期研究机会计划，等等。其中学者交流计划是指CIC联盟成员大学的博士生可以利用联盟内其他学校的教育资源（特殊的课程、独一无二的图书收集、实验室等）与机会进行学习研究，无须改变注册和增加学费的一个项目。英国政府为克服高校与企业界对社会、经济与技术发展趋势认识与观点上差异引起的障碍，促进产学研合作的沟通，通过政策与资助引导高校关注其需要的研究项目。其中较著名的计划与项目有：技术前瞻计划、院校公司计划（TCS）、联系计划（link）、大学挑战基金和小高校研究与技术奖励计划等。其中 link 计划要求大学公共部门在与企业界结成战略伙伴关系的前提下，对英国经济发展具有战略意义的技术领域开展研究。TCS 计划是使教学建立在产学研合作基础之上的一项合作计划，要求企业和高校共同参与研究生教育与培养，针对企业关注的项目开展研究，项目结束后有 70%以上研究生前往合作企业就业工作，研究经费由政府资助。此项目不仅实现了产学研合作中的共赢，也促进了技术与人才在厂校间的流动，被誉为英国最成功的产学合作计划之一。美国有关部门及地方团体参与并支持大学的产学研合作也是通过项目形式介入产学合作的。例如美国科学基金会（NSF）就有四个大型计划项目支持大学与企业开展合作研究。项目成为高校联盟合作中沟通的联结剂，不仅是联盟合作沟通的中心内容，而且是联盟重要资源，也是高校联盟合作中沟通的实质内容。

（4）第三方介入是协调沟通冲突与障碍的重要手段。联盟合作中，由于合作各方存在种种差异，合作中冲突与障碍的产生是不可避免的。化解合作中的冲突，消除合作中的障碍，是沟通中必须面对和解决的问题。第三方介入是协调沟通冲突与障碍的重要手段，它不仅能提供更加开阔的视野和更加专业化的支持，同时能在联盟合作各方起到缓冲与桥梁的作用，有助于信息的沟通，也有利于冲突的缓解和障碍的排除。第三方可以是组织，也可以是个人，如设立的各类协调组织与中介组织，政府教育主管部门。它们以中介人的身份调解各方分歧，同时可以潜意识地降低供需双方的风险程度，促进合作成功。

6.2 地方高校战略联盟的激励管理

从心理学的角度看，激励是指激发人的动机，鼓励人充分发挥内在潜力，朝着所期望的目标采取行动的心理过程。管理学中，激励是指主管人员诱导下级产生一种需要，形成动机并引导行为指向目标的活动过程。对于战略联盟而言，激励就是组织通过设计适当的外部奖酬形式和工作环境，以一定的行为规范和惩罚性措施，借助信息沟通来激发、引导、保持和规划组织成员的行为，以有效地实施组织及其成员个人目标的系统活动。

对于企业而言，战略联盟是企业间“合作—竞争”的一种组织创新。在企业战略联盟的组建和运行过程中，结盟后形成的利益公平分配是激励机制设计的关键问题，即要保证联盟主体和联盟成员得到满意的分配结果。这方面的研究比较成熟，目前有多种关于这种合作现金收益分配问题。高校战略联盟中如果双方合作产学研项目产生了利润和效益，可以参照企业合作利益分配的方式按以下原则执行[141-143]：

（1）互惠互利原则。盟主企业设计合同时，必须考虑盟员企业的创新性努力，合同设计应该随着盟员企业的创新性努力重要程度的增加而相应地增加盟员企业的利润分配比例，使每个盟员企业的利益得到充分保证。否则，会影响盟员企业的积极性，容易导致合作的失败或破裂。

（2）风险与利益平衡原则。盟员企业的利润比例越高，对应着所承担的风险就越高。在合同设计时应充分考虑各盟员企业所承担风险的大小，对承担风险大的盟员企业给予适当的补偿，以增强合作的积极性。

（3）个体合理原则。如果盟员企业不仅付出可观测的生产性成本，而且付出了对企业动态联盟的整体利润产生实质性作用的创新性努力，则盟员企业所得到的利益应该大于自己的保留收入，否则会出现机会主义现象。

（4）结构利益最优化原则。系统考虑影响企业动态联盟的各种因素，合理确定利益分配的最优结构，促使盟员企业实现最佳合作、协同发展。

根据系统学的观点，机制是指系统内子系统、各要素之间的相互作用、相互联系、相互制约的形式及其运动原理和内在的本质的工作方式。激励是以人本理论为基础，要求管理活动人性化。从构建高校战略联盟的目的和高校本身的特点出发，本书对高校战略联盟的激励机制进行一些尝试性的探索，将激励机制分成三个层次进行讨论，如图 6-2 所示。

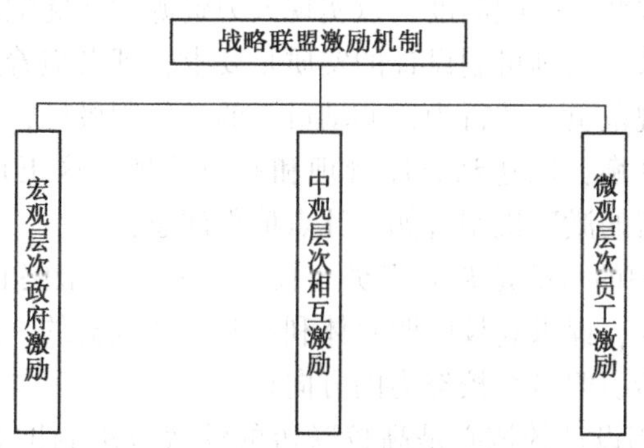

图 6-2　高校战略联盟管理激励的层次

第一个层次是宏观层面，即政府对高校战略联盟给予各类支持。在这个层面上，激励的主体是政府，激励的客体是组建战略联盟的高校，即为了高等教育持续健康地和谐发展，高校能为社会和国家输送合格的人才，政府对组建战略联盟的高校给予一定程度的优惠措施和政策。

第二个层次是高校战略联盟组织对联盟体内高校的激励。这里的主体是高校联盟，客体是联盟内高校。本质上，激励的内容和形式是由联盟体内各高校在激励机制设计上互相博弈决定的[144,145]。这里联盟内高校具有激励的主体和客体的双重身份。假设当盟员高校甲需要借助盟员高校乙的资源和能力时，它需要一系列激励措施使得高校乙愿意将自己的资源和能力奉献出来给高校甲使用，此时高校甲是激励主体，高校乙是客体，反之亦然，这里的联盟中有资源需求的高校是激励主体，而能够提供相应资源的高校是激励的客体。参加战略联盟的高校都有自己能够提供的核心资源和核心能力，联盟内高校要成为互通有无，互为激励的主体和客体，因此具体的激励机制是联盟内高校互相讨价还价、互相协商决定的过程。

第三个层次是为了提高联盟的运行效率，达到战略联盟的目标。联盟内各高校采取对本校师生员工的激励措施，这里激励的主体是联盟内各高校，激励的客体是高校的各个职能部门和教职员工。

这里高校战略联盟管理的激励机制可以定义为：在高校战略联盟系统中，高校战略联盟激励机制的设计是各高校为了实现战略联盟目标，根据盟员内高校以及高校教职工个体需要，制定适当的行为规范和分配制度，以实现盟员高校资源的最优配置，达到高校联盟组织利益和盟员高校个体利益的一致。高校联盟激励机制设计的实质是政府和高校通过理性化的制度来规范高校的行为，调动其积极性以达到对高校联盟组织有序和有效管理。

所谓激励机制的设计，是指组织为实现其目标，根据其成员的个人需要，制定适当的行为规范和分配制度，以实现人力资源的最优配置，达到组织利益和个人利益的一致。激励机制设计的实质是要求管理者抱着人性的观念，通过理性化的制度来规范员工的行为，调动员工的工作积极性，谋求管理的人性化和制度化之间的平衡，以达到有序管理和有效管理。这正是管理者孜孜以求的。高校战略联盟的激励机制有如下几点值得注意：

（1）激励机制的目的是调动盟员高校的积极性，最终目的是实现高校战略联盟的组织目标，谋求高校联盟整体利益和个体利益的一致，因此要有一个组织目标体系来指引盟员高校努力的方向。

（2）激励机制设计的核心是高校联盟的绩效分配制度和行为规范。绩效分配制度将诱导因素集合与高校战略联盟的目标体系联系起来，即达到高校战略联盟所规定绩效标准所能分享的联盟发展的成果。行为规范将盟员高校的个体因素与联盟目标连接起来。行为规范规定了盟员高校个体以一定的路径来达到联盟的目标。

（3）激励机制运行的最佳效果是在较低成本的条件下达到激励相容，也就是同时实现盟员高校个体目标与联盟整体目标，使个体利益和高校联盟整体利益达到一致。

（4）对于高校教职工的激励，激励机制设计的出发点是满足员工个人需要。设计各种各样的外在性奖酬形式，并设计具有激励特性的工作，从而形成一个诱导因素集合，以满足员工个人的外在性需要和内在性需要。

（5）激励机制设计的效率标准是使激励机制的运行富有效率。效率准则要求在费用相同的两个备选方案当中，选择目标实现程度较好的一个方案；在目标实现程度相同的两个方案中，选用费用较低的一个方案。而决定机制运行成本的是机制运行所需的信息。信息沟通贯穿于激励机制运行的始末，特别是组织在构造诱导因素集合时，对员工个人真实需要的了解，必须充分进行信息沟通。通过信息沟通，将个人需要与诱导因素连接起来。随着信息技术的广泛运用，可以大大降低激励机制运行过程中很多环节的信息处理成本。但是，连接诱导因素集合与个人需要之间的信息沟通是无法省略的。下面从宏观、中观、微观三个层面对高校战略联盟的激励问题分别进行探讨。

6.2.1　联盟宏观激励机制

由于高校与其他社会组织在组织形式、工作目的、体制以及价值观等各方面存在差异，联盟合作中往往会产生一些冲突与障碍。为使高校战略联盟取得成效，必须有适当的政策引导、相应的法律保障、必要的激励机制等。值得注意的是，高校战略联盟合作不仅需要宏观的政策与法规，更需要各级政策与法规间的目标一致和相互协调，真正形成具有激励作用的政策体系，否则会影响政策与法规实施的效果。

1. 加强高校战略联盟法规政策体系建设

高校联盟的特点是高校与其他合作组织通过不同形式的合作，发挥各自的优势和实力，按照资源共享、互利互惠的原则，形成合作各方共同受益的综合效益。然而，由于管理体制、利益关系、隶属关系等因素的制约和影响，实施联盟和合作存在不少问题与矛盾。在合作各方自愿、平等、互利处理合作关系的同时，国家和政府必须充分体现国家和地方政府的作用，以教育立法的方式，制定系统性和指导性的法规条文，以政策法规等手段进行调控，制定和实施鼓励高校参与联盟与合作的法规，调整其合作组织之间的各种关系，为其提供法律上的保障。相关的法规还应使合作各方建立较完善的联盟运行机制，保证其运作通畅，管理体制和运行机制健全并有效地实施。例如，以法规的形式确立高校战略联盟的地位及其必要性和重要性，鼓励高等学校之间为资源共享、技术开发和推广等方面进行多层次的合作，扩大高等学校办学的自主权，使得高等学校具有主动适应经济和社会发展需要的积极性与能力；在财政制度和财政支持以及拨款制度方面制定明确的法律条款和基本要求，建立激励组织参与联盟与合作的倾斜法规，对参与者实行适度减免税收和其他公益性的收费，以法规的形式建立政府专项基金与合作项目研发、培训补助经费，资助实施合作的高校及其他相关的合作单位，等等。

2. 建立财政支持保护配套政策

由于完整成熟的高校战略联盟法规还未建立，所以高校战略联盟在很大程度上依赖于政策的执行。例如对联盟合作组织重点给予政策倾斜和财力、物力扶持，以各类研究计划和项目的方式建立激励机制与资助体系，促进高校之间共同开展多种形式的合作研究。对联盟活动过程中签订的项目，通过课题拨款、贷款贴息等方式给予一定的经费支持是促进高校战略联盟合作的有效手段之一。创新投入机制，整合政府资金，加大投入力度，设立专门的发展促进基金、信用担保基金。导向性投资引导促进高校战略联盟与合作方向，包括对有一定市场前景的科研合作项目，实行贴息贷款、税收减免、财政补贴、立项优先等支持。对关键性技术领域的研究开发、风险投资等实行特殊税制，完善高校战略联盟的利益保障机制。鼓励科技人员参与合作，分类界定科技成果的知识产权归属，完善利益分配机制。对政府资助项目形成的知识产权，原则上由承担单位所有，其发明权、发现权等精神权利属于科技人员，并享有不低于一定比例的收益分配。对利用高校条件形成的知识产权，学校与发明人或设计人按合同约定确定知识产权的归属和利益分配。此外，健全知识产权保护激励机制。认真贯彻落实专利保护政策，对具有自主知识产权的项目要给予重点支持，对发明专利申请给予适当补贴，对职务发明创造的发明人或者设计人给予相应的奖励和报酬。

3. 创造有利于高校校内外人员交流的人事环境

交流是合作的基础，人是知识与技术最重要的载体。制定有利于联盟组织之间人员交流的人事管理制度，不仅能实现各方信息的沟通，更有利于各种知识与技术的快速转移，对高校战略联盟具有重要的促进作用。推动高校战略联盟政策法规建设，在政府层面上，要消除或放宽高校学术人员到其他合作组织兼职的各种限制，破除相关的法律屏障，利用政策吸引与鼓励等方式，促进组织之间人员的沟通、交流与互换。

6.2.2 联盟中观激励机制

1. 高校战略联盟激励机制模型的建立

图 6-3 所示的模型中，高校联盟的组织目标、激励诱导因素集合、盟员个体因素集合构成了高校联盟激励机制的三个基点。这三个基点通过信息共享、成果共享合同、联盟体行为规范三条路径连接在一起，构成了一个完整的

高校联盟激励机制模型[110]。

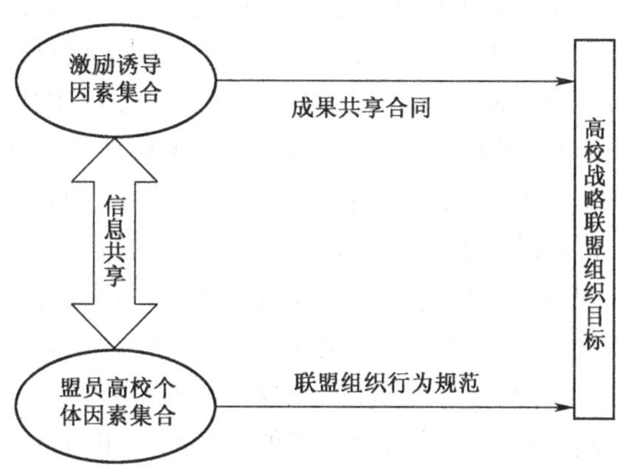

图 6-3　高校战略联盟激励机制的模型

（1）联盟组织目标。西蒙认为“组织目标是所有参与者的间接的个人目标，它是组织参加者们一起参加组织活动、以满足各种不同动机的手段。”对于高校战略联盟组织，各个高校将联盟的组织目标作为达到个体目标的手段和途径。也就是说，如果联盟目标的确定对盟员高校具有极大的效用，盟员高校就会通过自身的努力为实现整体目标而工作。这样，组织目标的实现会带来个体利益的实现。联盟的组织目标必须与盟员高校的发展目标相适应。对于高校而言，它的三大职能是教学、科研和社会服务。所有的高校都是围绕这三大职能展开日常工作的，因此从总体目标上来说，地方高校之间不会有太大区别。但是从实现战略联盟提高核心竞争力的总体目标来讲，这个比较宏观的目标设置应该细化，能通过一些参考指标反映战略联盟高校资源利用和核心竞争力增长的情况。设定目标时要注意如下几点：目标要清楚、明确；目标能用量化指标表示；盟员高校的目标要服从于高校战略联盟组织的整体目标，并形成一个目标体系；目标具有挑战性，能激发盟员高校的积极性。

（2）激励诱导因素集合。高校加入联盟中来，是因为联盟能提供高校所需要的各种资源和核心能力，以及这些资源能力所能创造的价值。这些就成为产生某种行为的刺激因素，而联盟将这些刺激因素作为引发盟员高校符合期望行为的诱导因素。联盟组织对盟员高校最核心的刺激因素就是资源和核心能力，协同发展成果的共享。除此以外，联盟的前景、先进的管理方法、市场机遇等都可以成为有吸引力的诱导因素。

（3）盟员高校个体因素集合。个体因素包括个体需要、盟员高校文化等个体加入联盟组织的动机的一些因素和盟员高校的核心能力，资源、潜力等是决定盟员高校对高校联盟组织贡献大小的因素。盟员高校核心资源和能力的发展在一定程度上取决于高校办学历史和办学特色。因此，联盟组织要善于发现盟员高校的核心资源、能力发展潜力，而且先进校园文化对核心能力的运用起着促进作用。联盟组织机制的设计需要充分考虑盟员高校的核心资源、核心能力以及盟员高校个体发展的愿望，将目标设置、工作绩效与这些因素相匹配。

（4）资源、核心能力，发展成果共享合同。资源、核心能力，发展成果合同是联盟中激励机制的核心问题。高校组建战略的目标就是在目前面临资源不足的生存发展的困境下，通过组建高校战略联盟，达到资源互补，提高资源利用效率，互补高校核心竞争力。因此这是高校联盟的核心发展问题。

（5）信息共享。联盟激励机制设计中涉及信息共享，一方面使联盟组织能及时、有效、准确地把握盟员高校的各种动机和工作动机，从而确定相应的分配形式；另一方面通过信息共享，盟员高校可以了解组织有哪些分配资源，以及怎样才能获得自己所需要的分配资源。因此，信息共享是联结个体需要动机和诱导因素的路径。

（6）联盟组织的行为规范。高校联盟中一定的行为规范是使盟员高校的核心能力在联盟的环境中发挥作用，以及盟员高校加入联盟组织的一个重要前提。正如巴纳德所说的协作意愿，一个组织也只有通过一定的行为规范，才能将不同的个体努力引向组织目标。行为规范是建立在对盟员高校个体业务素质和核心能力基础上的，个体通过遵守行为规范可以实现一定的组织目标，进而得到自己所需要的利益。同时，行为规范也作为控制和监督盟员高校工作的依据。因此，行为规范成为个体能力和素质与组织目标之间的一条途径。

2. 高校联盟激励机制的运行模式

根据高校联盟激励机制的定义，激励机制运行过程就是联盟组织盟员高校之间的互动过程，也就是激励工作的过程。本书给出基于信息交流的激励机制运行模式，如图 6-4 所示。

（1）联盟组织与盟员高校之间的信息交流。联盟组织机构深入了解盟员高校的核心资源、能力、个体需要等，同时将联盟的目标更加细化地向联盟组织内高校进行阐述，并且向联盟内各高校说明组织的绩效考核标准、资源和成功共享的方案与行为规范等。盟员高校作为个体，把自己的核心资源和能力以及个体要求表达出来。

（2）联盟组织与盟员高校的行为选择。通过信息共享，联盟组织根据盟员高校的具体情况进行工作协调，提出努力的目标，采用适当的管理方法，盟员高校采取适当的工作态度和努力程度进行工作。

（3）绩效评价。对联盟所取得阶段性的成绩进行评价，使联盟组织根据

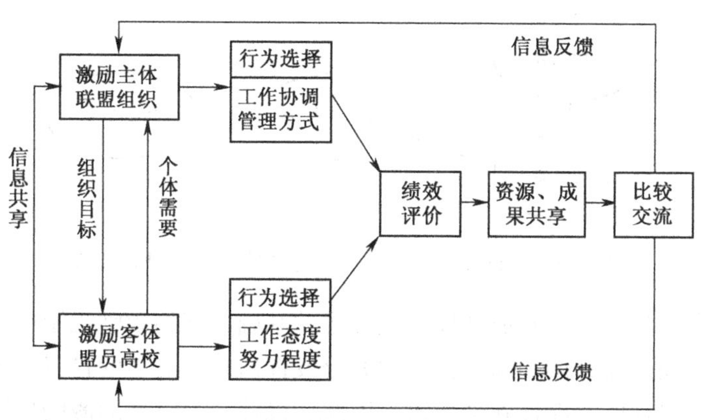

图 6-4　高校联盟激励机制的模式

当前工作的利弊和盟员高校的实际情况再进行适当的调整。

（4）资源和成果共享方案。这是激励机制的核心，盟员高校配合联盟组织对自己的工作绩效进行评价并作为联盟内资源共享以及联盟发展成果分配的依据。

（5）比较和交流。盟员高校将自己所付出的资源以及自己所获得成果分配与其他盟员高校进行比较，衡量投入产出比，通过战略联盟，自身的资源和核心能力有无提高，如果自身的资源情况没有改善，而盟员其他的高校情况都有所改善，和联盟组织进行协商，找出原因以求改进。

6.2.3　联盟微观激励机制

1. 高校激励机制设计基本原则

对于高校战略联盟而言，真正能够推动联盟前进发展的是人的因素，即联盟体内各高校的教职员工，如何调动他们的积极性为高校联盟的发展服务，是每所高校面临的头等大事[146,147]。这里激励的主体是联盟内各高校，激励的客体是各高校教职员工，组织目标是提高本校和联盟的办学绩效。

高校是以知识为主要的投资主体，以知识的投入、知识传播、知识的创新为目的的社会组织。高校绩效是由多种因素共同作用的结果，高校文化和激励机制对高校绩效有着重要的影响，有效的激励机制和良好的文化会调动教师的积极性和创造性，从而改变高校员工行为。高校文化、激励机制与高校绩效之间的关系如图 6-5 所示[148]。

高校文化是经过学校长时间发展历程中形成的办学沉淀，而高校文化的形成过程就是一个不断受激励机制影响的过程，在高校发展中二者互相影响，相

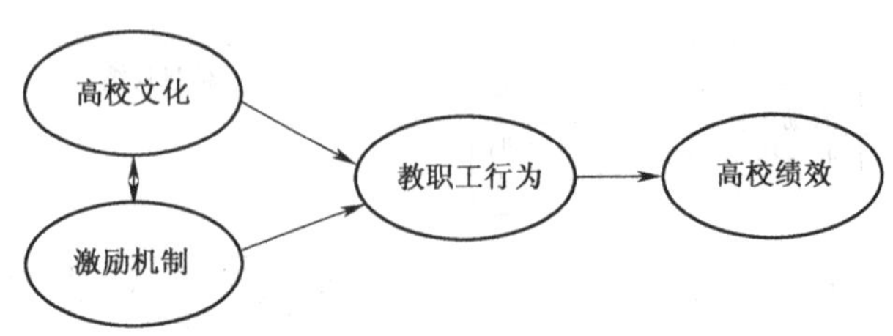

图 6-5　高校文化、激励机制与高校绩效之间的关系

互渗透。激励机制可以看成高校文化形成的基础，好的激励机制能够把员工的积极性和主动性充分调动起来，潜力充分发挥出来，员工的自我意识就会逐渐增强，完成目标的可能性就会变大。因此，设计一个合理的激励机制是确保员工绩效和学校绩效的关键。

高校是一个非营利机构，大部分教师具有较高的学历，其需求跟一般组织的员工的需求有很大的不同。正是由于高校自身的特性，其激励系统跟一般组织的激励系统有很大的不同，高校激励系统既是由高校内在本质所决定的并受高校支配的各项激励制度的总和，又是受外部环境刺激所做出的各种对策反应。因此，对高校员工的激励不能只注重于有限的物质激励，应该采取物质和精神相结合的激励机制。有学者针对高校教职员工的特点提出了一些高校机制设计的原则，如系统原则、基础原则、公平合理原则、竞争性原则、互补性原则、重点化原则、绩效原则、公平性原则等。本书从联盟高校激励本校教职员工参与联盟工作的角度出发，建议采用如下两条原则[149]。

（1）因地制宜，有的放矢原则。由于激励的对象是若干相互独立的个体，他们之间在需要、个体特征、能力素质等方面都存在着不同程度的差异。同一激励诱因或方式作用于不同的人，都将会引起不同的反应与效果。因此，高校在制定激励政策时，一定要具体情况具体分析，有针对性地采取激励措施。对于联盟初建的阶段，在校内政策制定中，改进对高校学术人员的考核与评价标准，适当鼓励教师参加联盟与合作，横向课题的研究等相关考评的工作内容，引导学术人员参加联盟合作工作。可以通过双向定期租用、借调、互换专业技术人员，实现高校与联盟合作组织间的人员、信息、资源的相互流动。总之，加强高校各项政策和制度的梳理与调整，改革学术人员人事管理、考核、评比、分配制度，制定协调一致的有利于高校校内外人员不断流动的人事管理制度，是促进高校战略联盟政策体系建设的重要内容之一。

（2）持续改进原则。持续改进原则即随着时间的推移和环境的改变，战略联盟的发展日渐稳定和成熟，越来越被教职员工认同。这时教职员工个体的主导需求可能会变化，应该根据联盟发展的变化阶段不断改进和完善激励机制。因为在一定的时间和环境条件下，任何学校所设计的教职工激励体系都必定有其相对的局限性，都会存在诸多不足和缺陷。因此，高校必须根据激励机制的实施所暴露出的各种问题以及新的现实，不断纠正、调整和创新激励机制，以便使激励机制越来越成熟和有效。

根据上述激励机制设计的原则，目前高校主要采取的激励措施有文化激励、目标激励、声誉激励、自我激励、信任激励等。本书从组织承诺理论出发，提出基于组织承诺的高校员工有效激励机制。

2. 基于组织承诺理论的高校有效激励途径[150]

（1）组织承诺的影响因素。在 20 世纪以前，西方学者关于组织承诺的研究主要集中在组织承诺的因果变量上，并认为影响组织承诺的变量主要有如下 3 类：一是组织因素，主要包括组织支持、组织可依赖性、公平性、管理层对新观点及新思想的接纳程度等。二是工作因素，包括工作的挑战性、职位的明确度、目标的明确度和目标难度等。三是员工个人因素，包括年龄、工龄、婚姻状况、受教育程度、专业知识以及工作经历等。随着对组织承诺研究的逐步展开，一些研究结果发现：组织因素方面，员工感知到来自组织的支持越大，则员工对组织的承诺越高，组织支持与组织承诺的相关性很高。分配公平性也影响情感承诺和规范承诺，组织气氛、管理行为、组织经历和任务明确性对组织承诺都有很好的预测效果。工作因素方面，组织承诺与工作自发性及更高质量的工作的关系呈正相关，与工作地点大小、工作、家庭冲突的发生频率呈负相关。MEYER 和 ALLEN 等的研究发现，满意感、工作的挑战性等也会影响组织承诺。

（2）有效激励的基本措施。基于组织承诺理论，员工对组织的承诺心理是一个过程，可以对组织进行组织承诺分析，探讨有效激励的途径，提高员工对组织的承诺水平。基于组织承诺理论的有效激励途径分析如图 6-6 所示。

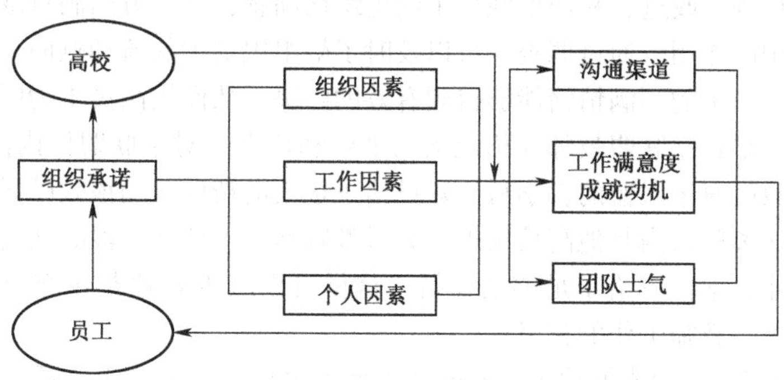

图 6-6　基于组织承诺理论的有效激励途径分析

1）建立畅通的沟通渠道。沟通是密切领导与员工关系的纽带，是增进团结、融洽内部关系的润滑剂，对于增强高校内部凝聚力具有十分重要的意义。有效的沟通，能有效调动员工的工作热情和参与管理的积极性、能提高员工的工作信心、能增强主人翁责任感、能增强成员之间以及上下级之间相互信任、减少地位障碍和谣言的传播。因此，建立畅通的沟通渠道，以便组织采取更为人性化、个性化的方式来满足员工需求。对于参与联盟内跨校任教的教师，应该采取制度化定期沟通。例如要求定期召开一定范围的座谈会，因员工有要求管理者提供沟通机会的权利等。其次，拓展沟通渠道。除了建立在工作基础上的正式沟通网络，还需要建立如组织内部的 BBS（网络论坛）、领导人留言箱等。当然不能忽视非正式、开放式的沟通渠道的作用。另外，领导人必须以身作则，经常深入基层，解决教职员工参与联盟建设的实际问题。

2）提高员工的工作满意度。员工的工作满意度是指员工对他所从事的工作的一般态度，也就是通过完成工作能够获得多大程度的满意感，是员工的一种主观评价。社会心理学认为，态度不能决定行为，但在很大程度上影响行为。员工能否带有激情地投入工作，是否对组织忠诚、是否有责任感以及能否在工作中获得满意感，很大程度上取决于员工对组织承诺的认同感。当员工的期望和需要没有满足时，就会产生不满、怨愤情绪，从而降低对组织的承诺。有关专家研究成果表明，工作满意度与组织承诺存在较大的关联度。成员的组织承诺与工作满意度之间具有正相关的关系，成员的工作满意度越高，对组织的认同感越高，越愿意留在组织中为组织奉献才智，当然其组织承诺也越高。成员的工作满意度越高，则组织承诺也越高。因此，对员工工作满意度的调查有利于改善组织管理计划、控制和提高组织承诺。了解员工的工作满意度，一方面可以明确组织管理中存在的问题，了解员工的看法，了解员工的士气，根据存在的问题和了解的情况，系统地去解决问题，并通过再次的满意度评价，观测是否得到了改进，从而增强员工的组织认同感；另一方面满意度调查结果可以起到预防作用，通过调查，可以及时了解组织员工的流动意向、组织通过及时改进，员工的不满情绪能够得到有效的解决，从而提高员工为联盟工作的积极性。例如建立联盟教师互相流动的平台和体系。对于联盟体内高校教师，如果某位教师对于联盟的教学科研建设给予很大的帮助，而该教师居住地离本校很远，而离联盟内其他高校很近，如果教师本人申请在一段时间内在离家近的高校工作，学校应给予足够的支持。这样可以减少教师花在交通方面的时间，从而提高教师工作的积极性。

3）培养员工的成就动机。成就动机是指驱动一个人在生活活动的特定领域力求获得成功或取得成就的内部力量。在行为上，它表现为一个人对自己认为有价值的、重要的社会或生活目标的刻意追求。它与个人对自己的高要求、高标准有关，与个人的抱负水平有关。高成就动机者对于自己感到成败机会各半的工作，表现得最为出色。他们不喜欢成功的可能性非常小的工作，这种带有偶然性的成功机会无法满足他们的成功需要；同样，他们也不喜欢成功的可能性很大的工作，因为这种轻而易举就取得的成功对于他们的自身能力不具有挑战性。他们喜欢设定通过自身努力才能达到的奋斗目标，这才是一种能从自身的奋斗中体验成功的喜悦与满足的最佳机会。一个具有高成就动机的人在工作中如果不能满足他的成就需要，他就会对这份工作感到不满。有关研究证明，成就动机越高者，在工作本身满足、升迁满足及整体满足程度也越高，其留职倾向与为组织努力的意愿也越大，离职意愿则越低。组织成员的成就动机越高，则其组织承诺也越高。具有高成就动机者，为组织奉献心力的意愿就高，而且竭尽所能地工作，相对地从工作的成就中获取较高的工作满足感，因而愿意继续留在组织中力求发展，所以成就动机与组织承诺之间有正向的关系存在。因此，在工作中，应该尽可能地满足员工的成就需要。首先，对人员的选拔，领导者要充分测量和评价一个人动机体系的特征来分派工作与安排职位，同时给予适度放权，充分显示员工的工作能力；其次，对有领导才华的员工，要进行内部提升，满足他们地位和声誉的需求，增强员工的自尊心；另外，定期对工作出色的员工进行表扬，增强员工的工作积极性；最后，动机是可以训练和激发的，因此可以训练和提高员工的成就动机，以提高生产率，增强员工对组织的认同感。如果教师有更多的机会教育更多优秀的学生，能为国家培养更多的优秀人才，教师自己的成就感也会提高。

4）增强组织的团队士气。组织要保证员工能长期有效地为组织的发展服务，而不至于随着组织的变动成长而发生人心涣散、员工懈怠和离职等情形，组织这一形式，既是构建员工与组织共同成长的目标，也是组织承诺的载体。员工对组织的承诺本质是一种情感契约，是形成组织凝聚力和团队氛围的一种无形的手段。每个人都是在寻求自我发展、自我价值的实践中进入组织，组织对于大家来说应该是一个用来交流思想、充满人情味的大家庭，在这样的氛围中，那种潜藏在内心深处的主人翁责任感与精神才会无止境地喷发出来。主人翁精神，是建立在员工切实的积极主动的基础上，只有在员工对“当家做主人”有了切实的体会，懂得“为自己而做”时，才能发挥出超强的干劲和热情。组织承诺与团队士气有密切的关联存在，组织承诺若高，则其团队士气亦相对高。一些研究结果显示：员工的组织承诺越高，则对组织或团队的认同感也越高，也就越愿意为达成组织或团队目标而努力，团队士气必然相对地提高。团队士气越高，团队成员对团队就有强烈的归属感与一体感，成员间的相互协作更加和谐，团队成员对团队事务会更加尽心尽力和负责，从而加强员工对组织的认同感。因此，组织在发展的过程中，应大力宣扬组织的团队精神，努力争取对成员的全方位投入，培养成员的责任感，让成员参与管理，以充分调动其积极性、主动性。

当今的社会是一个充满竞争的社会，具有强烈的紧迫感和学习的自发愿望，要使人们长期在组织里工作，就要尽力满足他们这种健康向上的需求。员工长时间从事同一份工作，特别是中青年人，会对工作产生厌倦，容易产生怠工、迟到、离职的倾向。对于积极参加联盟建设的教师，可以通过培训、借调的形式为联盟其他高校服务。或者为这些教师提供学术年假，到其他高校进行学术进修。

6.3 地方高校战略联盟的界面管理

界面首先出现在工程技术领域，是一个工程技术名词，作为一个技术术语，界面的概念由来已久。它主要是用来描述各种仪器、设备、部件及其他组件之间的接口，也就是说当各类组件结合在一起时它们之间的结合部分就称为界面。因为界面的概念较好地反映了两种物体之间的结合状态，能够用于说明要素与要素之间的连接关系，因此人们将其引入了管理活动当中[151-154]。从管理的角度来理解，界面的内涵和外延都得到了拓展：它不仅指不同职能部门之间的联系状况，也可以反映不同工序、流程之间的衔接状态，甚至可以描述人与物之间的关系，如人机交互界面等。从内涵来看，管理界面已经超出了工程领域所指的物体结合部位的意义。尽管它仍是一种接口的描述，但已脱离了具体的、有形的物质表征的束缚，其本质属性已抽象到包容社会和物质双重属性的范畴。具体而言，界面已被定义为一种表述事物相互联结、相互作用状态的概念，这也是一个属性概念，包括人、资源、物等。这种联结可以是有形的，也可以是无形的，只要两者之间发生作用和联结，就可将它们的交接状态称为界面。从外延来看，界面所包含的内容大大拓宽，它所涉及的范围种类也远较工程领域中为多，不仅有实物与实物之间的，也有虚体与虚体之间的，还有实物与虚体之间的。

界面可以表现为有形体，但在管理界面中大多数均是无形的。也就是说，管理活动中所涉及的界面问题，大多是看不见摸不着的。例如，人机界面表示人与计算机之间的交互关系，它只是一种相互作用的状态关系。界面的这种无形性给人们的管理工作带来了相当大的困难，人们往往难以认识和把握界面的根源及实质，从而为解决界面中存在的问题造成了障碍。

一般而言，高校联盟要成功地实现资源共享，知识创新等活动，联盟组织结构必须具有下述功能：①联盟组织结构中各单元能有效地进行信息传递；②组织结构能协调各个职能部门的活动资源共享和知识创新涉及多个职能部门的活动，因而这种协调是至关重要的；③组织结构必须能有效地激发员工的工作和创新积极性。然而在战略联盟的管理过程中，将会遇到大量的界面问题。这是因为战略联盟管理要将大量的要素连接在一起实现聚合，这就必然会导致要素连接界面的出现，因此，处理界面连接问题占据着极其重要的地位，界面管理也因而成为联盟管理的一项主要内容，是协调联盟内各利益主体的重要手段，是保证联盟内高校有效发挥其作用的有力保障。在高校联盟管理中，界面的含义极为广泛。在高校联盟中各盟员高校不同性质种类的资源要素联合在一起，产生了大量集成问题，这是高校战略联盟中提出界面管理的重要原因。各盟员高校核心资源和能力的协同耦合，都会涉及界面问题，在一定程度上认为，界面管理的实施效果决定着高校战略联盟运作的效果。

综上所述，本书将高校战略联盟的界面定义为：为提高联盟体内高校资源利用率和核心竞争力，所涉及的各高校之间的人员、教学、教学设备、图书资料、经费等教育教学资源配置上的交流、联系方面的交互作用和协调等方面的状况。

6.3.1 界面管理的动因

在系统论的框架下，界面具有以下功能：①传递和转换功能。系统中各要素在系统的进化过程中，直接接触或通过另外要素间接接触，但又因为要素之间的异质性和分离性，在彼此进行物质、信息、能量的交换过程中必须通过界面的传递和转换来实现。②缓冲和诱导功能。界面在系统各要素进行物质、能量、信息的交换时，还以一定的方式阻挡、吸收、过滤一部分不利于交换的物质、能量、信息，使各要素之间的反应不发生或不立即反应或减弱它们之间的反应强度。同时，界面也会诱导各要素之间进行物质、能量、信息的交换，使各要素之间的反应提前或反应强度加大或反应进行得更顺利。界面功能的实现质量决定了系统各要素之间的耦合程度，进一步决定了系统各要素之间的组织程度，最后主导着系统整体功能的效率。要素之间的耦合程度，分为内耗、协调和协同三个等级。当界面的各项功能实现不充分时，系统各要素之间的连接和交互不紧密，各要素的总体成效少于各要素的总和，即“1+1<2”；即系统各要素在相互连接和作用时，彼此抑制和抵消，削弱了各要素原有成效，束缚了要素发展，降低了系统物质和能量转化的效率，结果导致整体小于各部分之

和；如果界面实现了传导和转换的功能，系统各要素之间的连接和交互就较协调，各要素的效应发挥较好，系统的整体功能基本实现，即产生“1+1=2”的效应。当界面不仅实现了传递和转换功能，还实现了缓冲和诱导功能，那么系统的整体功能就大于各要素之间的加总，即“1+1>2”的协同效应，此时各要素连接紧密，交互和谐频繁，系统整体功能较强。

组建高校战略联盟的目的是在目前地方高校资源和核心能力不足的情况下，提升地方高校的资源利用效率和核心竞争力，使得联盟内高校能够互相实现资源能力互补，实现“1+1>2”的协同发展效应。事实上，就单个高校管理活动而言，就经常会发生不同职能部门不同教学单位之间的不协调，并且常常为不同职能部门之间的矛盾和冲突而感到无奈。例如一所高校在管理运作过程中，会因组织效果、工作效率、功能发挥、运行效率等方面不合理、不协调而引起缺失现象。例如教务处和教学单位之间常常在排课、选课、教室分配上存在分歧。又如由于采购人员学科专业水平低，而将一些劣质无用的教学设备采购到高校里，造成不能正常教学，甚至出现教学事故。有的高校各个部门各唱各的调，各吹各的号，部门之间关系冷漠，互相猜疑，彼此轻视，相互拆台，工作难以协同，如此等等。对于高校战略联盟来讲，因为其结构的松散性，在联盟之间协调沟通的时候，各高校职能部门之间不存在互相隶属的关系，双方的交往纯属业务上的合作，双方发生冲突的可能性更大，出现上述问题的情况在联盟的开始合作阶段可能更严重。所有这些现象，都可归结为界面失调的问题，在管理行为中，界面问题的表现多种多样，不仅有部门之间的，也有流程之间的，因而其产生的缘由也颇为复杂。总的来看，主要有以下一些共同原因[111,148-149]：

1. 核心资源和核心能力的差异

专业化是导致核心能力差异的根源，虽然专业化能提高效率，但是也带来了大量的界面问题。高校战略联盟中各盟员高校以自己的核心资源和核心能力加入联盟，不同核心能力之间的交接、协调及组合活动会产生大量的界面问题。决定战略绩效的关键在于各盟员高校核心资源和能力的协调与整合。因此，由核心能力导致的界面问题，是影响高校战略联盟运行效益的难点。

2. 信息“黏滞”和延迟

信息“黏滞”是指在信息的传递过程中，因为偶然的遗忘或信息过载，信息在某一环节滞留，没有传递到需要信息的决策节点。信息“黏滞”造成的结果是信息被浪费，造成决策者的信息缺失。根据不完整的信息做出的决策和采取的行动，可能就会影响界面双方的关系，造成界面矛盾。信息系统的各种阻隔造成信息的延迟送达，造成了所谓的“牛鞭效应”。在高校战略联盟日常运行中，各种不同的信息流穿梭其中，联盟体内涉及的信息更加浩繁庞杂，各个高校、各个部门、各项职能以及各项工作流程之间都会产生和涉及大量不同的信息，由于解决问题所需的信息分布在相关的不同的高校、部门、职能或工作流程之中，同时由于不同的高校和职能部门一般对自身领域的信息较为了解与关注，缺乏对其他领域信息的了解愿望和冲动，加之办公信息化建设的滞后，这就势必导致信息传输中出现不畅的现象，即各种不同的信息常常滞留于其自身的信息源周围，严重的甚至引起信息传输通道受阻。例如，高校存在因信息传递不畅而存在误课、实验室、图书馆、课室无法按时开放等现象，所以，信息延迟会导致信息失效，失效的信息与错误的信息性质相同，都会造成非常严重的界面矛盾，高校战略联盟的协同和整合问题也随之出现。

3. 组织文化差异

联盟中每个盟员高校都有各自的历史、经历、观点与信仰，有其独特的管理传统和实践，独特的行政系统和管理风格。组织文化的差异引起的界面问题使得联盟兼容较为困难。高校组织文化的差异主要来源于社会环境、国家政策、组织性质以及个人本身等诸方面的综合作用。具体来说，社会环境中的伦理规范道德约束、国家政策法规对于高校及个人行为规范的制约，高校及员工的自身追求和整体素质等，最终影响高校员工的目标追求并导致高校及个人价值观念、事业取向的多元化。因此，这使得高校极易产生文化方面的差异和冲突。联盟中盟员高校内部的文化基调和外部环境的文化准则相抵触而产生的摩擦与矛盾，会影响联盟运行的顺利进行。因此，文化差异已成为各盟员高校联盟时产生界面协调问题的一个重要来源，处理文化摩擦也成为联盟管理中的一项日益重要的任务。

4. 目标差异

不同的高校之间的目标追求方面的差异也是导致界面问题的一个重要原因。当联盟一项总体任务被分解到各个高校不同的职能部门之后，这些任务在完成时间、运作方式、资源分配等方面均会对不同的职能部门产生不同的要求。这就使得各个职能部门倾向于从自己的角度来考虑并处理问题，忽略了与其他职能部门配合，因而相互之间的冲突时有发生。界面衔接不顺畅，如在一所高校的管理构架中，会存在着部门多且分散、管理不统一、多头领导、条块分割、无力宏观控制等问题。在部门之间则存在纵向与横向联系很少、各种教学科研资源配置不合理等问题。

界面问题大量地存在于高校联盟管理之中。从界面的产生结构来看，主要可以分为两类：一类是由于纵向联系而导致的界面，称为纵向界面；另一类是因为横向联系而产生的界面，称为横向界面。由于管理的本质在于协调、整合，于是导致界面泛化的出现，即界面越来越趋于宽泛、淡化和与结合部融为一体。表现在纵向界面上，是指结合的要素呈一体化发展。表现在横向界面上，是指结合的要素交融更紧密，界面渐趋模糊。显然，战略联盟在处理管理中的界面问题时，必须从上述两类界面出发，以相应地寻找各自的管理准则和方法。下面从联盟内各高校横向联系的角度出发提出基于现代信息技术的界面管理模型。

6.3.2 基于信息技术和模糊论的界面管理

1. 基于信息技术的高校联盟界面管理思想[108,155]

高校联盟运行过程中涉及许多盟员高校核心资源和能力的界面问题，利用信息技术方法研究联盟系统运动或控制的过程，把不同核心能力要素所外化的信息流作为考察对象。这种信息技术方法既不割裂联盟系统的内在联系，也不是机械地简单综合，而是从联盟整体出发用联系的、转化的观点综合联盟系统的过程。信息技术通过减少处理和交流信息的时间与成本影响着组织中人们完成工作的方式。这种减少反过来对组织的协调结构产生深远的影响。因此，在高校联盟中信息技术是通过改变联盟体的协调机制来影响联盟运作流程的，需要联盟体从信息流协调上考虑联盟的协调机制、解决界面问题（见图 6-7）。

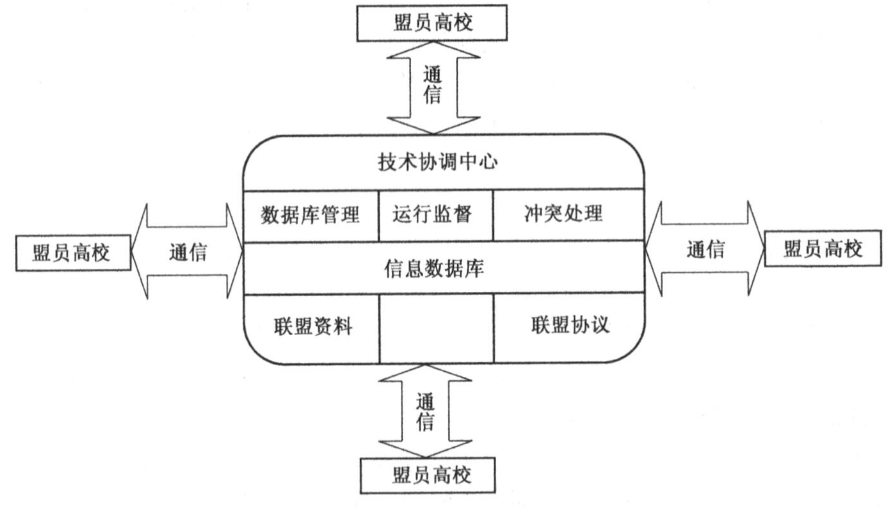

图 6-7 界面管理模型

在图 6-7 中，高校联盟的协调中心和信息数据库是联盟界面管理的核心。协调中心的主要功能是数据库管理、联盟信息传送、运行协调、界面问题分析、动态评估。协调中心在联盟协议的规则下，无条件支持盟员高校之间、盟员高校与协调中心之间的实时对话，保证信息资源共享。信息技术在这里提供的是一个信息支撑平台，以其特有的方式在盟员高校之间交流传递有关信息，以引导盟员高校的个体行为与联盟的整体目标保持协调一致。同时，盟员高校是一个具有学习能力和个体动机的独立自治个体，当然还有法制、经济、文化、道德等形成的环境制约因素对联盟体产生影响。在以上各要素和界面信息流的传递和相互作用下，形成我们所期望的基于信息技术的界面管理模型。

2. 高校战略联盟界面模糊控制

横向界面来源于并行的职能部门、流程之间的联系和相互作用。由于这些职能、部门、流程处于同等重要的位置，也没有严格的时间、空间的前后顺序，因而它们的联系主要表现为横向的平行作用关系，形成水平方向上的接口。在现代高校中，管理视野大大拓宽，资源要素的配置范畴急剧扩大。因此现代高校管理不可避免地会涉及许多横向界面问题。模糊处理拓展了界面问题决策中的内涵和外延，并能将各方面的专家如技术专家和管理专家的思维相互综合补充，很容易发生思维激发，提出巧妙的解决方案。

高校战略联盟打破了高校原有系统的界限，从而使高校联盟系统的边界难以确定，联盟中的很多问题已经由传统的“非此即彼”关系转化为“亦此亦彼”的综合体，联盟中盟员高校之间联系接口逐渐趋于模糊，难以分清明确的界限，很难通过常规刚性控制方法来处理这类模糊的问题，应该通过模糊控制来解决联盟的界面模糊化问题。模糊论[156]的思想为解决高校联盟的核心能力融合问题提供了有利指导。联盟体中盟员高校连接而形成的界面，正越来越多地相互渗透，以致难以确定界面的属性。应用模糊论的思想，根据界面的隶属度进行分类、判断和控制是有效的方法。

在传统的控制领域里，控制系统动态模式的精确与否是影响控制优劣的最主要因素，系统动态的信息越详细，则越能达到精确控制的目的。然而，对于复杂的系统，由于变量太多，往往难以正确地描述系统的动态，于是工程师便利用各种方法来简化系统动态，以达成控制的目的，但不尽理想。换言之，传统的控制理论对于明确系统有强而有力的控制能力，但对于过于复杂或难以精确描述的系统，则显得无能为力了。因此便尝试着以模糊数学来处理这些控制问题。1965 年，美国控制论专家、数学家 Zadeh 发表了论文《模糊集合》，标志着模糊数学这门学科的诞生，对于不明确系统的控制有极大的贡献。自 20 世纪 70 年代以后，便有一些实用的模糊控制器相继完成，在控制领域中又向前迈进了一大步。在此对模糊控制理论做一些简介。

自 1965 年 Zadeh 提出模糊集概念以来，关于模糊系统的研究得到了迅猛的发展，模糊系统辨识、聚类分析、模糊逻辑、模糊控制等研究在理论与应用两方面都取得了丰硕的成果。实际上，模糊控制技术的理论基础的核心内容是模糊推理理论。根据保存的规则（rule）和给予的事实推导出新的结论，模糊推论不只可以处理明确命题，也可以处理模糊命题。模糊推论是根据近似推理（approximate reasoning）的概念发展出来的，较传统推论的精确推理（exact reasoning）更合理也更具弹性。

（1）模糊推理体系结构。模糊推理体系如图 6-8 所示。

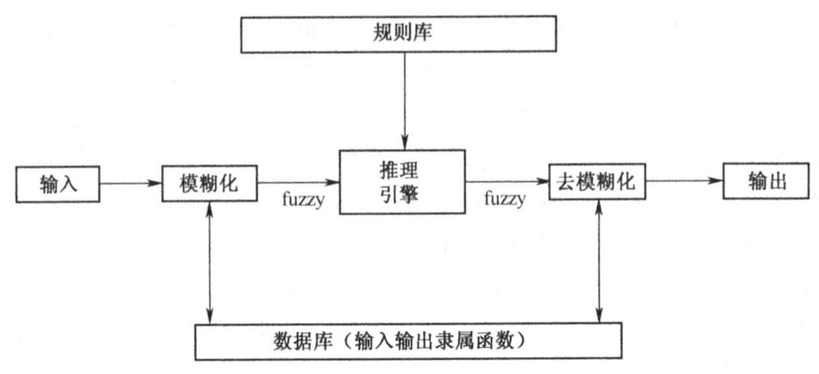

图 6-8 模糊推理体系

（2）模糊推理基本步骤。模糊系统使用的规则符合人们的思维习惯，因此模糊系统的模型能快速而方便地实现系统的预测和控制。模糊推理是采用模糊逻辑由给定的输入映射到输出的过程，它一般包括以下几个步骤：

1）输入变量的模糊化，即将确定的输入转化为隶属度函数描述的模糊集。

2）应用模糊算子（与、或、非）。

3）根据模糊蕴含运算推断结论。

4）合成每一个规则的结论部分，得出总结论。

5）去模糊化，即把输出的模糊量转变成确定的输出。

（3）模糊推理规则。模糊推理引擎为体系架构的核心，为模拟人类决策的概念与模糊逻辑及近似推理的架构。前向式推论方法是近似推理的一种重要方法。只要有输入数据就能照着规则推理出结论，因此得到广泛的应用。一条简单的规则示例如下：

规则：IF A is B THEN M is N

事实：A is B

结论：M is N

多规则近似推理时，每个规则的 Fuzzy 蕴含以 else 相连接。

对于一个控制系统而言，控制的核心部分是控制规则，它是由状态方程和传递函数表述的。对于一般的控制理论，需要明确控制对象的输入量和输出量之间的函数关系，要建立一个控制对象内部结构的数学模型，才能精确地实现系统控制。状态方程经常采用的形式是代数方程组、积分方程组或它们的各种混合。这些方程又可分为线性与非线性的两种类型。搞清一个控制问题的结构，寻找一个误差较小的方程或函数作为其数学表述往往是比较困难的事，特别是对于非线性形式，有时甚至是无能为力的。而模糊控制避开状态方程与传递函数，不需要知道被控对象的数学模型（内部精确结构），而是对某个控制问题的成功与失败的经验进行加工，总结出结论，进而从中提炼出规则，运用模拟条件语句构成模糊模型，并将联盟运作中得到的有关界面的数据资料加工成模糊指令，从而实施对联盟界面的控制与管理。

模糊控制的优点在于它允许对过程对象描述的模糊性，事实上是模拟了人脑对于现实世界的认识方式和控制方法，这样它可以很方便地利用管理专家的方法进行控制，对于组合参数不确定的联盟界面问题具有极强的控制性能，不受参数是否连续的影响，便于解决控制对象的非线性、滞后、时变、耦合等难以控制的因素，从而达到对复杂结构过程的控制。由模糊控制的运作可知模糊控制的特点。

1）当控制指令趋于相反的两个极端时，模糊控制就蜕变为常规控制，因此，模糊控制不仅可以处理［0，1］区间泛界面化问题，还可以处理传统意义上的0与1类型的问题。控制不是对精确的摒弃，而是在更深层次上对精确的刻画。

2）由于模糊控制利用模糊控制规则，在此过程中不仅可以充分利用人类的常识性经验、智慧和创造性思维，而且能将各方面的专家（技术专家、管理专家）的思维互相综合补充、相互影响、相互促进，模糊控制与专家系统一起形成知识工程。

虽然模糊控制对横向界面管理能带来很多优点，但是在实施模糊处理时要注意如下问题。

a. 跨职能整合。横向界面的产生常常源于多种不同职能之间的交互作用，为了最大限度地减少或消除横向联系中的摩擦损耗，只有采取跨职能整合的方式进行界面控制。具体地说，其包含两方面的内容：一是要淡化传统意义中的严格的岗位职责划分，二是要将领导由过去的精通某一职能的专门人才转为适应形势需要具有多职能的管理人才。

b. 充分沟通。横向界面的阻隔大多是因为交流沟通困难所致。因此加强沟通、增进了解，使各职能部门充分掌握相互的信息变化动态，了解相互间的性质要点，可以使双方融合更加紧密，降低横向界面的摩擦度，实现“管大家与大家管”的融合。

c. 协商合作。不管是跨职能整合还是充分沟通，最终消除横向界面存在的问题，都必须发挥协商合作精神。这是因为任何人都无法将所有高校涉及的职能集于一身，任何形式的交流都不可避免地会存留一些信息死角。因此，只有当具有不同专业职能的人员、所有不同的职能部门和所有集成要素通力合作，才能突破横向界面的阻隔，保证各集成要素协调匹配，发挥最佳的整体功效。

6.4 地方高校战略联盟的风险管理

6.4.1 风险管理概述

1. 风险的特点

机遇与风险并存，这是一种普遍的经济规律。在战略联盟带来光明前景的背后，也往往伴随着风险。所谓战略联盟风险，是指由于战略联盟系统内、外部环境的不确定性、复杂性而导致合作联盟的盟员高校发生损失的可能性，如失去竞争优势、被合并及联盟失败可能性[16,157-158]。其风险特点一般表现为：①主客观交互性；②不确定性；③消极性和危害性[19,159]。

2. 处理风险的常用方法

随着社会的发展和科技的进步，现实生活中的风险因素越来越多，无论组织还是家庭，都日益认识到进行风险管理的必要性和迫切性。人们想出种种办法来对付风险，但无论采用何种方法，风险管理的一条基本原则是：以最小的成本获得最大的保障。对风险的处理有回避风险、预防风险、自留风险和转移风险四种方法。

3. 风险管理过程

作为一种管理活动，高校战略联盟的风险管理是由一系列行为构成的。如图 6-9 所示描述了风险管理过程，分为风险识别、分析与度量、风险控制、风险管理效果评价四个阶段[160]。

(1) 风险识别。风险识别是整个联盟风险管理工作的基础，不经过识别应用语言符号表达的，风险无法度量和管理。联盟的风险识别，是指联盟的管理组织通过大量的资料进行系统了解和分析，弄清楚联盟存在的各种风险因素，进而确定联盟所面临的风险及其性质，掌握其发展规律。风险识别阶段通常包括：一是全面分析高校联盟的盟员构成及业务活动；二是分析高校联盟业

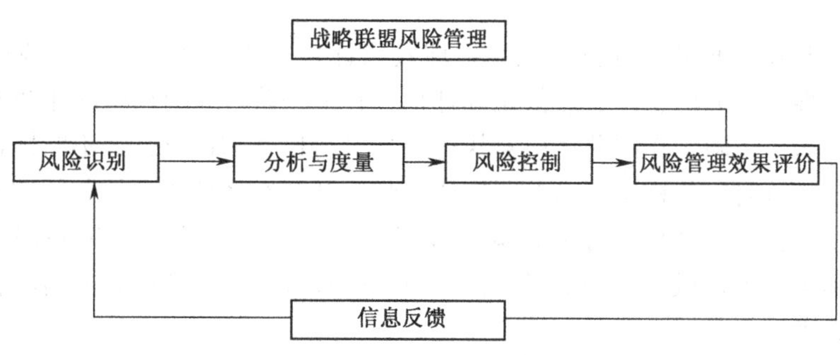

图6-9 风险管理基本流程

务活动中的各种风险因素，判断风险发生的可能性；三是分析高校联盟所面临的风险可能造成的损失及其形态；四是鉴定风险的性质，以便采取合理有效的处理措施。

（2）分析与度量。风险度量是对高校联盟某种特定的风险，测定其风险事故发生的概率及其损失程度。风险度量是在风险识别的基础上进行的。通过风险识别，发现联盟面临的风险，弄清存在的风险因素，确认风险性质，并获得有关数据。风险度量主要是通过对这些资料和数据的处理，得到关于损失发生的概率及其程度的有关的信息，为选择风险处理方法，进行正确的风险管理决策提供决策依据。风险度量以损失概率和损失程度为主要测算指标，并据以确定风险的大小或高低。风险度量主要包括以下工作：收集有助于估计未来风险的资料；整理、分析损失资料；运用概率统计工具进行分析、预测；减少估算方法的局限性来避免失误。

风险的评估，是指采用各种技术，并采用定性和定量相结合的方式，最终估计风险的大小，找出主要风险并评价可能的影响，以便采取相应对策。常用方法有八种，其中调查和专家打分法、层次分析法侧重于定性分析；模糊数学法、统计和概率法、敏感性分析侧重于定量分析；蒙特卡罗模拟、CIM（城市信息模型）和影响图法侧重于综合分析。

（3）风险控制。风险控制是指针对经过风险识别、衡量和评价之后的风险问题采取控制行动，它是风险管理过程的一个关键性阶段。风险控制性手段主要是风险形成前预防和减轻风险损失的技术性措施，它通过避免、消除和减少损失概率、降低损失程度，使风险损失达到最小之目的。这种手段的重点在于改变引起风险事故和扩大损失的条件。风险控制手段通常有避免（avoidance）、防范与抑制（loss prevention and reduction）、控制型非保险转移（non-insurance transfer-control type）等。在应用控制手段时，往往需要大量的专业技术知识。

(4) 风险管理效果评价。风险管理效果评价是指对风险处理手段的适用性和效益性进行分析、检查、修正和评估。在前一阶段，对风险应用防范和控制手段之后，风险工作团队还应对执行效果进行检查和评价，并不断修正和调整计划。随着时间的推移，高校联盟所面临的社会经济环境及业务活动条件都会发生变化，这些会导致原有风险因素的变化，也会产生新的风险因素。因此，必须定期评价风险处理效果，修正风险处理方案，以适应新的情况，达到最佳的管理效果。

4. 高校战略联盟风险管理范围

对于地方高校战略联盟而言，其风险控制的目标为维持战略联盟的正常运行。通过风险控制，避免巨大财产损失或责任索赔对战略联盟的毁灭性打击，确保战略联盟有效运行。战略联盟风险控制的范围包括以下内容：

(1) 辨认和识别各类风险，这是实施风险控制的前提。

(2) 衡量各类风险大小。战略联盟在运行过程中始终面临着各种各样的风险，风险是客观存在的，但各类风险的大小是不同的。同一风险，不同时期，其风险度也不同。这就要求我们对可能出现的风险进行识别和衡量，根据风险的大小及其损失率进行规避和控制，它涉及风险评价指标体系、模型和方法。

(3) 对各类风险采取不同的对策。一般包括：①规避，不从事可能产生某种风险的活动，或放弃可能产生某种风险的活动；②预防、缩小损失发生的概率，安排在损失降低前降低损失，降低损失发生的幅度，应用在损失发生前或损失发生后；③风险细分，减少高校战略联盟的某一资源的特别依赖，从而使风险单位细分，加强风险预测和控制；④风险转移，如通过适当参加保险将战略联盟的风险转移等。

6.4.2 地方高校战略联盟的风险内涵与外延

高校战略联盟主要包括图 6-10 所示的两种比较主要的风险[161-162]。联盟战略的实施，使得高校在面临联盟前的各种风险之外还得承受来自联盟伙伴之间的博弈风险。本书将前者称为联盟高校的运行风险，将后者称为联盟高校的关系风险。关系风险与合作高校不以约定方式履行联盟承诺所带来的结果相关。换句话说，关系风险是指那些合作高校不以期望方式履行联盟时的承诺，从而导致联盟目标不能实现的因素，它包含那些阻止联盟目标实现的关系问题，如联盟成员的机会主义行为等。而运行风险指的是那些威胁到战略目标实现的因素，运行风险又可以分为联盟内部风险和联盟外部风险。外部风险包括自然风险、市场风险、政策风险、金融风险等；内部风险包括能力风险、协作风险、操作风险等。由上可见，战略联盟风险的外延包含关系风险和运行风险两种不同的风险类型。关系风险与合作者之间的关系相关，因而是内在的，而运行风险则针对合作者与周围环境的关系，因而更具外向性。运行风险普遍存在于战略决策中，但关系风险是战略联盟独有的特征。一个联盟中的所有风险均由相互独立的关系风险和运行风险组成。

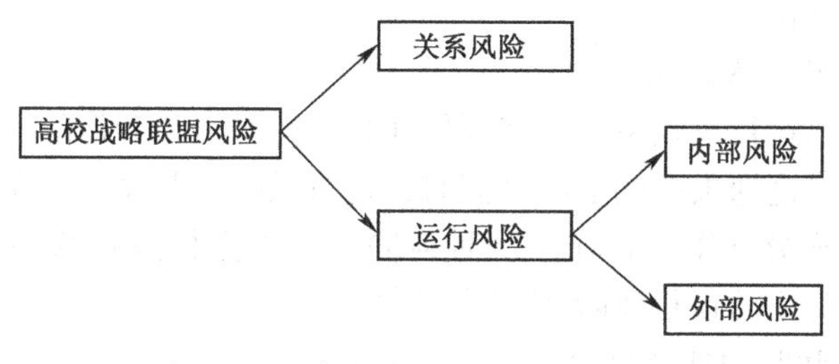

图 6-10　高校战略联盟的风险总览

6.4.3　地方高校战略联盟风险的诱因识别与分析

1. 关系风险诱因识别

（1）参加联盟的高校中机会主义行为的存在。经济学家威廉姆森把“机会主义”定义为：经济中的人不但自利，而且只要能利己，就不惜去损害别人的行为。在联盟中机会主义行为表现为高校隐瞒和歪曲信息、躲避或不能履行承诺或义务，窃取合作高校的技术和挖走关键人物、拖延付款和提供不合格产品。在国际联盟中，机会主义意识被归属于对文化缺乏理解和反应，即业务伙伴的文化差异有时候被理解为机会主义行为。

（2）高校文化的差异化。当两个或两个以上具有不同文化背景的高校进行联盟时，便会产生一定程度的文化交汇，如果彼此之间文化差异较大，便容易在日常沟通过程中，产生文化摩擦现象。这种文化摩擦常常表现为高校组织和员工行为相互之间的冲突，而当这种文化冲突无法协调时，一些高校很有可能不得不退出联盟，使得联盟破裂并导致联盟高校蒙受损失。

（3）利益分配的不公平。合作的前提条件是公平的分配机制，而联盟中的合作者在评估他们的关系时，更多地看重公平而不是效率，于是公平的需要对合作者之间的关系产生重大的影响。根据公平动机理论：感觉遇到不公平待遇的人将会设法恢复公平。同理，当联盟中的高校遭遇了不公平利益分配时，极有可能希望他或者他的合作伙伴在将来表现出不协调的行为。如果一个合作者感觉其他的合作者从联盟中获取了比自己多得多的利益，他就可能减少对自己的约束，甚至不顾自己的利益。此外，由于双方投入资源比例的不平衡，造成了收益分配的难度。

(4) 联盟高校间缺乏信任。联盟伙伴之间相互信任是战略联盟的关键，因为战略联盟的合作关系实际上是合作伙伴之间达成的一种承诺。这种承诺一般以书面形式表达出来，也可以是一种默契。若高校之间缺乏信任感，则容易产生机会主义动机及中途叛离现象，而且由于彼此之间缺乏信任，高校也不会全身心地投入合作。

2. 运行风险诱因识别

在联盟里，运行风险特指那些即使在合作者努力和合作的情况下联盟在运行过程中也可能遭遇失败的危险。同时，运行风险是假设不存在关系风险的情况下（伙伴间充分合作）存在的一种风险。根据高校战略联盟的特点，主要存在如下几种类型的运行风险[147-148,153,155]：

(1) 战略联盟的外部风险。

1) 自然风险。事物的发展要受自然界的影响，同样地方战略联盟的发展也面临自然风险，如自然环境恶化、地震、洪水、火灾、雷电、重大断电事故、地质变动等造成损失。例如2006年华中农业大学突然断电，导致一项持续两个多月的生物试验半途而废，间接损失上百万元。

2) 债务风险。债务风险是指高校向银行等金融机构进行过度举债或不良举债后产生的严重影响教学科研和人才稳定等不良后果的可能性，这是目前国内高校普遍面临的问题。

3) 财务风险。财务风险是指由于利率、汇率、投资报酬率的变动、不能实现预期收益和效果、不能按期收回投资和偿还银行借款等给高等学校造成的可能损失。它由投资风险和筹资风险构成。①投资风险。高等学校的投资主要是项目投资，也包括校属投资公司、产业管理单位、产业单位的股票投资和债券投资，这三者都存在风险。②筹资风险。筹资风险是指高等学校不能按期偿还银行贷款或其他筹资而产生的丧失担保资产所有权、社会信誉下降等可能的损失。例如2000年9月至2001年8月，天津大学原校长擅自与深圳某公司签订《委托资金管理协议》，将学校1亿元资金投资股票市场，造成至少3 758万元的损失。

4) 政策风险。政策风险是指因政府法律、法规和政策管理体制、规划的变动，可能对高等学校的办学、产业单位和二级学院经营产生某些负面影响的可能性。

5) 学位点建设和新专业设置风险。在高等学校办学竞争日益激烈的今天，学位点建设尤其是博士点和博士后流动站建设、师范类高校的非师范类特色专业的设置等，已成为高等学校保持竞争优势的重要手段，因而各学校用于该方面的投入不断增加，也使得该项风险不断增大。

6）学术风险。学术风险主要表现在科研经费滥用和科研成果弄虚作假，盟员高校学术风险不仅恶化学术风气、损害本校形象，而且对联盟声誉也有较大的影响。面对近年来的“学术不端”事件，2018年8月，人力资源社会保障部就《职称评审管理暂行规定》，在中国政府法制信息网上向社会征求意见。该规定提出职称评审应以德为先，对学术造假“一票否决”，且纳入信用“黑名单”。与此同时，社会大众对“学术不端”事件越发关注，因此，学术风险对各个高校的影响越来越大。

7）社会风险。社会风险是不可预见的社会反常行为，如盗窃、抢劫、破坏等。

（2）战略联盟的内部风险。

1）能力风险。能力风险主要是指由于联盟教职员工、管理人员的知识积累、实践经验、协调管理能力不足，或由联盟所需能力不能互补所造成的不确定性。

2）操作风险。操作风险是指因人员操作不当等原因可能会引起一些风险，造成财务损失，甚至是人员伤亡。2018年12月，北京交通大学东校区土建学院市政与环境工程实验室内进行垃圾渗滤液污水处理科研实验时发生爆炸，三名参与实验的研究生不幸遇难。高校战略联盟中存在双方或多方的磨合与交流，可能会出现操作性问题（不仅是实验的操作，还有各项事务的操作）。操作风险是可以降低甚至是避免的，高校应对此类风险加强关注。

3）合作关系风险。合作关系风险主要包括如下几个方面：

a. 信任问题：信任是战略联盟合作关系的基础。联盟高校、高校决策人员与教职员工之间不能相互信任会导致高校之间的合作交易成本增大，对市场反应能力降低，影响合作运行甚至是合作关系破裂等风险。

b. 信用风险：高校由于交易对方不能如期或如约履行契约而产生的风险。

c. 激励问题：联盟高校承担的风险与获得的利益不匹配带来的消极影响。

d. 沟通风险：联盟高校之间联络渠道的阻塞以及联盟高校主动沟通的积极性不高带来的风险。

e. 组织和管理风险：由于联盟中各高校之间在技术水平、管理水平、组织结构、员工素质、高校文化、信息基础等方面存在的差异所引发的协调和控制风险。在联盟体高层管理中，管理权力与管理素质有时反差很大，协调管理能力低，高校间、干群间、管理人员与教职人员之间关系不协调，或联盟运行中出现重大决策失误，使联盟体元气大伤，等等。

f. 成果分享问题：战略联盟中各高校已形成一个利益共同体，单个高校都是具有独立法人地位的利益个体。各高校之间没有行政隶属关系，因此在合作过程中，联盟成果分享机制的合理与否反馈于高校参加合作的积极性，进而影响整体绩效的进一步提升，增加战略联盟的运行风险。

g. 道德风险问题：在战略联盟中，由于信息不对称，联盟高校会有机会主义倾向，因此常常会产生“偷懒”或虚报信息等败德行为的出现。

h. 信息传递风险：战略联盟规模越大，结构越复杂时，高校战略联盟中发生信息错误的机会也随之增多，因此信息传递延迟会增加战略联盟的风险。

3. 风险的度量和分析

风险的度量和分析是风险规避与控制的基础，前面已经列出了地方高校战略联盟的主要风险因素。下面参照文献［118］给出风险因素量化的评估模型。各高校可以根据联盟风险综合衡量指标，对各类风险进行规避和控制。

根据风险的含义，可以用如下的模型表示风险函数：

$$R=f(P, C) \tag{6-1}$$

式中，R 表示风险；P 表示风险发生的概率；C 表示风险因素所产生的后果。式（6-1）表示风险 R 是风险因素发生的概率和风险因素所产生的后果 C 的函数。

用 P_f 表示风险因素不发生的概率；P_s 表示风险因素发生的概率，对风险因素发生的后果也用概率测度来表示，用 C_f 表示风险因素对联盟失败影响程度的大小，C_s 表示风险因素对联盟成功影响程度的大小。有 $P_f=1-P_s$，$C_f=1-C_s$，因此以概率测度为变量的风险函数可以表示为：

$$\begin{aligned} R_f &= 1 - \text{风险事件未发生的概率} \times \text{其产生后果的概率测度} \\ &= 1 - P_sC_s = P_f + C_f - P_fC_f \end{aligned} \tag{6-2}$$

这里的风险函数 R_f 是概率测度表示的，即风险事件发生和其产生后果的似然估计，称为风险因子。这里关键问题是 P_f 和 C_f 的估计。由于这种估计的不确定因素很大，具有模糊性，建议采用模糊综合评价法对 P_f 和 C_f 进行估计。下面以某一联盟的 P_f 估算来示例说明。

第一步，建立风险因素集 $U=\{u_1, u_2, \cdots, u_n\}$，高校战略联盟中主要的风险影响因素有债务风险、财务风险、政策风险、能力风险和合作关系风险。将这些因素对联盟的影响通过合理的算法综合于联盟的风险度指标中，可以直观地了解相关的风险的大小。

第二步，建立风险因素的评价集 $v=\{v_1, v_2, v_3, v_4, v_5\}$ =（低，较低，中等，较高，高）。

第三步，估计风险因素发生的可能性。由专业人员估计各等级风险因素发生的可能性，得到各等级风险因素的隶属度矩阵。

$$R = \begin{vmatrix} r_{11} & r_{12} & r_{13} & r_{14} & r_{15} \\ r_{21} & r_{22} & r_{23} & r_{24} & r_{25} \\ \vdots & \vdots & \vdots & \vdots & \vdots \\ r_{n1} & r_{n2} & r_{n3} & r_{n4} & r_{n5} \end{vmatrix}$$

有两种方法可以得到 R_{ij} 的值，一种方法是请专业人员在表 6-1 的相应格中画圈，每一行只能画一个。将表格收集起来，统计第 i 行第 j 列的圈数为 K_{ij}，则

$$r_{ij} = K_{ij}/N \tag{6-3}$$

式中，N 是参加测评专业人员的总数。

表 6-1　风险因素发生的可能性估计表

项目	V_1	V_2	V_3	V_4	V_5
U_1					
U_2					
U_3					
⋮					
U_n					

第二种方法是请专业人员直接给出各种因素等级可能的离散概率 P_{ij}。P_{ij} 满足如下约束条件：

$$\sum_{j=1}^{5} P_{ij} = 1 \tag{6-4}$$

假设这里只考虑 5 个主要的风险因素，风险因素等级概率矩阵如下：

$$R = \begin{vmatrix} 0.1 & 0.6 & 0.2 & 0.1 & 0.0 \\ 0.0 & 0.2 & 0.2 & 0.5 & 0.1 \\ 0.0 & 0.2 & 0.6 & 0.1 & 0.1 \\ 0.2 & 0.3 & 0.4 & 0.1 & 0.0 \\ 0.3 & 0.4 & 0.2 & 0.1 & 0.0 \end{vmatrix}$$

第四步，计算风险因素的可能发生水平。

$$U^{T} = R \cdot V^{T} \tag{6-5}$$

第五步，确定风险因素与目标风险之间的模糊关系矩阵。综合专业人员的意见，确定式中的各参数的值。

$$F = [f_1, f_2, f_3, f_4, f_5] \tag{6-6}$$

式中，$0 \leqslant f_i \leqslant 1$，表示风险因素 U_i 与目标风险之间的关联程度。设 $F = [1.0,$

0.7，0.8，0.9，0.4］。

第六步，计算风险因子：

$$\boldsymbol{P}_f = \boldsymbol{F} \cdot \boldsymbol{U}^{\mathrm{T}} \tag{6-7}$$

计算中可以用一般的代数方法，也可以选用其他的模糊算子进行计算。这里采用代数计算方法，设 $\boldsymbol{V} = [0.01,\ 0.02,\ 0.03,\ 0.04,\ 0.05]$。

$$\boldsymbol{U}^{\mathrm{T}} = \boldsymbol{R} \cdot \boldsymbol{V}^{\mathrm{T}} \begin{vmatrix} 0.1 & 0.6 & 0.2 & 0.1 & 0.0 \\ 0.0 & 0.2 & 0.2 & 0.5 & 0.1 \\ 0.0 & 0.2 & 0.6 & 0.1 & 0.1 \\ 0.2 & 0.3 & 0.4 & 0.1 & 0.0 \\ 0.3 & 0.4 & 0.2 & 0.1 & 0.0 \end{vmatrix}$$

$$\cdot [0.01,\ 0.02,\ 0.03,\ 0.04,\ 0.05] = \begin{bmatrix} 0.023 \\ 0.035 \\ 0.031 \\ 0.025 \\ 0.021 \end{bmatrix} \tag{6-8}$$

$$\boldsymbol{P}_f = \boldsymbol{F} \cdot \boldsymbol{U}^{\mathrm{T}} = [1.0 \quad 0.7 \quad 0.8 \quad 0.9 \quad 0.4] \cdot \begin{bmatrix} 0.023 \\ 0.035 \\ 0.031 \\ 0.025 \\ 0.021 \end{bmatrix} = 0.103 \tag{6-9}$$

以上对风险的估计是各种风险因素共同作用下相互叠加的结果，如果假定各种风险要素不同时发生，采用扎德算子计算，则

$$\boldsymbol{P}_f = \boldsymbol{F} \cdot \boldsymbol{U}^{\mathrm{T}} = \max(f_1 u_1,\ f_2 u_2,\ f_3 u_3,\ f_4 u_4,\ f_5 u_5) = 0.025 \tag{6-10}$$

上述过程同样可以用于估计 C_f。在得到 C_f 和 P_f 的值以后，则风险因子 R_f 可以按照式（6-11）计算。

$$R_f = P_f + C_f - P_f C_f \tag{6-11}$$

一般认为 $R_f > 0.7$ 为高风险，$R_f < 0.3$ 为低风险，介于二者之间为中等风险。以上所述模型是对联盟中各种风险因素进行衡量、评价，作为联盟高校决策的依据。

6.4.4 地方高校战略联盟的风险规避与控制

由于战略联盟中关系风险和运行风险的存在，高校战略联盟的不确定性是客观存在的，但“凡事预则立”，只要我们能有足够的风险意识，在联盟前后

积极采取措施进行规避，联盟风险在一定程度上是可以控制的。

1. 风险控制模型

地方高校战略联盟风险优化控制的基本思路是：在联盟总风险一定的条件下，如何实现联盟绩效最大化，或者是在联盟绩效一定的条件下，如何使总风险最小化。为了描述优化控制模型，本书假设如下：

假设对应于联盟风险等级 $V_i(i=1, 2, 3, 4, 5)$ 的预期绩效 $R_i(i=1, 2, 3, 4, 5)$ 是可以观测的，这里的 R_i 为外生变量，可以通过其他预测方法或可行性分析预先测定，N 表示需要考虑到风险指标数，h_{ij} 表示指标 i 处于风险 V_i 的等级的概率，a_i 表示各风险因素的权向量。可以建立如下两个风险控制优化模型：

模型 1：

$$\max \sum_{i=1}^{N} \sum_{j=1}^{5} R_i h_{ij} X_{ij} \tag{6-12}$$

$$\text{s.t.} \sum_{i=1}^{N} \sum_{j=1}^{5} a_i h_{ij} X_{ij} \leqslant M \tag{6-13}$$

$$\sum_{j=1}^{5} X_{ij} = 1, \ i = 1, 2, \cdots, N \tag{6-14}$$

$$X_{ij} = \begin{cases} 1, & \text{第 } i \text{ 项指标处于 } V_j \text{ 风险等级} \\ 0, & \text{其他} \end{cases} \tag{6-15}$$

模型 1 解释为：在联盟总风险控制在某一损失 M 的情形下，如何配置各指标在五个风险档次的组合选择，使得联盟的预期绩效最大。

模型 2：

$$\min \sum_{i=1}^{N} \sum_{j=1}^{5} a_i h_{ij} X_{ij} \tag{6-16}$$

$$\text{s.t.} \sum_{i=1}^{N} \sum_{j=1}^{5} R_i h_{ij} X_{ij} \geqslant W \tag{6-17}$$

$$\sum_{j=1}^{5} X_{ij} = 1, \ i = 1, 2, \cdots, N \tag{6-18}$$

$$X_{ij} = \begin{cases} 1, & \text{第 } i \text{ 项指标处于 } V_j \text{ 风险等级} \\ 0, & \text{其他} \end{cases} \tag{6-19}$$

模型 2 解释为：在联盟的预期总绩效不低于某一个期望值 W 的条件下，如何配置各指标在五个风险档次的组合选择，使得联盟的总风险最小。

上述模型的最优解将所示哪些指标可以冒高风险，哪些指标不能冒高风险，并以此作为最优控制条件。下面给出联盟关系风险和运行风险的控制对策。

2. 关系风险的规避与控制

(1) 挑选合适的联盟伙伴。能否找到理想的联盟伙伴是决定联盟成败的关键，而理想的联盟伙伴通常需要满足下面的标准：①互补性，是指联盟伙伴可以带来互补性的资源。②兼容性，是指联盟伙伴高校文化的相容性及领导人之间沟通的有效性。③双赢性，是指联盟后各个伙伴都能得到期望的利益。④对等性，一般为了避免被联盟中实力强大的盟员高校收购的风险，高校大多会选择综合实力相当的潜在合作伙伴。本书第 5 章已针对伙伴选择理论和方法进行了详细探讨，在此不再赘述。

(2) 完善契约，健全联盟的治理结构。对可能出现的被动情形要提前在合同中加以防范，合同条款要尽量细化。联盟中要有能保证机会主义行为降低的制度基础，对其进行监督与控制。为预防控制风险，高校在签订联盟协议时可对协议的范围进行限制，比如涉及单一或部分技术而不包含技术的整个领域。契约可以是机动性的而非静态的，特别是对于不可交易性资源缺乏有效的法律保护这一点，要在合同中增加一些防范风险外漏的机动性条款，如通过建立具体的分阶段绩效要求来激励对方不断为联盟做出努力。又如摩托罗拉公司在和东芝合作的过程中，对技术转移采用了渐进激励的方法。摩托罗拉公司获取越多的市场份额，东芝公司则可以获取摩托罗拉公司越多的技术。

(3) 建立合理的利益分配机制。战略联盟组建和运作过程中，利益分配是一个关键而又矛盾多的问题。战略联盟也常因利益分配问题而破裂。战略联盟其实是一种“竞争合作”关系，战略联盟的盟员高校之间的利益分配是一种合作博弈关系。所以，在实行战略联盟的利益分配时，应该遵循以下几个原则：①互惠互利原则，每个盟员高校的根本利益必须得到保障，这样才不会影响盟员高校投入联盟合作的积极性。②结构利益最大化原则，综合考虑各种因素，合理确定利益分配的结构，促使联盟盟员高校能够实现最佳合作和协同发展。③风险利益匹配原则，对联盟中承担风险较多的高校分配较多的利益。④个体合理原则，每个联盟盟员高校的利益不低于不参与战略联盟情况下的收益。

(4) 建立战略联盟的信任机制。联盟伙伴之间的信任是联盟成功的关键因素。战略联盟内的相互信任之所以重要，首先是因为战略联盟所面对的双重不确定性环境，即未来事件和盟员高校对这些事件的反应的不确定性，这种不确定性越大就越是需要相互之间的信任，从而确保盟员高校以共同都能接受的行为对这些未知环境做出相应的反应。其次，由于战略联盟的脆弱性，联盟潜在损失的可能性越大，就越是需要相互信任。伙伴彼此之间信任的建立可以采取以下措施：建立联盟内部信任评审体系，建立相互信任的产生机制，建立用于防止欺骗和机会主义行为产生的约束机制，降低联盟退出成本。

（5）切实做好联盟运行中的协调工作。联盟失败的原因众多，其中有许多失败原因是协调管理工作没做好。主要表现为：缺乏全心投入的精神，彼此间并未尽心尽力维持长期合作关系；文化差异使联盟终止；协调管理不当，人际关系不协调，导致联盟内部矛盾、问题不能及时化解；沟通工作未做好，破坏联盟体的违约行为得不到及时纠正和严肃处理，守约高校和个人不服，联盟体内耗增大。可见，提高联盟体内高级管理层的协调管理能力，加强协调管理工作，及时化解联盟运行过程中处于萌芽阶段的矛盾和问题，对降低联盟运行风险有着特别重要的意义。

因此在联盟风险控制中可考虑以下对策：①为了维持长期合作关系，联盟成员应抱着全心投入的态度，避免“一劳永逸”的思想；②联盟成员之间应相互信任、相互尊重，遇到问题时应以诚相待；③任何一方都应设法去了解另一方的文化，只有这样做才能减少彼此之间的误解，增强联盟的一致性；④营造良好的合作环境，加强沟通。

3. 运行风险的规避与控制

通过对高校战略联盟的风险识别和分析可知，联盟体运行风险很多，规避防范风险的要求和方法各不相同，通过风险细分，进而对高校战略联盟风险进行分类预控，这将有助于降低高校战略联盟运行失败的可能性，减少联盟风险损失。具体做法如下：

（1）列出战略联盟运行过程中的各种可能的风险，分析各种风险的来源及风险大小。

（2）根据战略联盟内部和外部以及项目本身的实际情况，去掉一些不重要的风险。

（3）利用专家评估法，估计每个风险出现的概率 x_i 。

（4）估计每个风险出现以后的可能后果 d_i 。

（5）估计每个风险的不可控程度 c_i 。

（6）利用上述指标：$S_i = c_i x_i$，$d_i = 1$，2，3，…，n 对风险进行排序，将值越大的风险越排在前面。最后，排在最前面的风险即为战略联盟的运行过程中需要重点防范和处理的风险。

（7）针对重点风险，设计防范对策与处理措施。

本 章 小 结

本章主要就高校战略联盟组建以后，借鉴成功企业战略联盟管理经验，从高校本身的组织特点出发，对高校战略联盟治理中可能出现的问题进行了深入分析和研究。特别是对战略联盟的伙伴关系维护的问题进行了深入讨论，从硬性和柔性的两个角度出发，提出了一系列确实可行的联盟伙伴关系维护方法。对于联盟运行中的激励问题，本章从宏观、中观、微观三个角度出发，提出了促进联盟稳定发展的激励机制。然后就联盟运行中可能出现的界面问题进行了分析和讨论，提出了借助信息技术和模糊控制的方法来积极应对联盟管理中出现的界面问题，使得联盟高校能够深入合作，发挥“1+1>2”的协同发展效应。最后针对联盟运行中可能出现的风险问题进行了讨论和分析，并给出风险控制模型和相应的联盟风险的规避与控制措施。

第 7 章

地方高校联盟的绩效评价

地方高校结成战略联盟的目的在于弥补资源与能力缺口、提升在高等教育大众化和市场化时代背景下的竞争力。在联盟过程中，资源与能力缺口是否得到弥补、弥补程度如何，高校的竞争力是否得到提升、提升效果如何，都有赖于对战略联盟绩效科学而系统的评价。由于战略联盟涉及联盟各方的利益，联盟各方的多维性会使得绩效的度量更为复杂，有时联盟绩效是不对称的，联盟内有的高校达到了自己的目标，而另外高校可能未必如此。因此，如何确定该联盟绩效的高低是一个很困难的问题。尽管联盟绩效评价存在着众多困难，但是联盟绩效问题一直是战略联盟研究领域中的焦点之一。本章根据地方高校战略联盟自身的特点，就地方高校战略联盟的定义，地方高校战略联盟绩效的影响因素、如何评价地方高校战略联盟绩效给出独立的分析与思考。

7.1 战略联盟绩效评价综述

7.1.1 战略联盟评价指标综述

从概念性定义上说，联盟绩效就是联盟所取得的收益。但是如果进一步操作化，我们会发现很大的问题。事实上，联盟绩效的度量目前来看是个非常困难的问题，比如联盟的绩效究竟是指联盟本身所创造的绩效还是联盟带给母体组织的利益与帮助？所谓联盟的提前结束真的是意味着联盟的失败吗？围绕这些问题，究竟用什么指标才能最准确地度量联盟的绩效？很多学者进行了尝试，也提出了很多指标与方法[163-165]，并将它们付诸对各种类型战略联盟的实证研究。

在对战略联盟的理论研究中，不同的研究方向对联盟绩效的评价建立了不同的指标体系。总的来看，绩效的评价指标体系可分为主观评价指标（组织转化过程及品质、股东满意度等）和客观评价指标（利润率、成长率等）两大类[166~168]。

（1）主观评价指标：因为研究方式、目的不同，文献对主观评价指标的设计也各有不同，综合来看包括联盟的满意程度、联盟目标的完成程度、对企业绩效的促进程度、对企业各项经营指标的改进程度的评价。

（2）客观评价指标：主要包括绩效衡量中传统的利润率与成长率等财务指标。还有一类就是某些学者提出联盟存续时间也属于联盟绩效的评价指标。

鉴于此，学者们在建立战略联盟的绩效评价体系时，多采用主观指标或主客观指标相结合的观点来描述联盟绩效，如表 7-1 所示。

表 7-1 常用战略联盟绩效的指标体系

学者	评价指标	评价方式
Chakravathy（1986）	获利能力 公司转化品质 股东满意度	主观评价
Harrigan（1988）	联盟存活率 联盟存续时间 联盟成功的主观评价	主/客观评价
Anderson（1990）	联盟组织的状态 学习能力 市场绩效 财务绩效	主/客观评价
Geringer Hebert （1991）	联盟运作的满意度 联盟的存活率 联盟的稳定性 联盟的存续时间	主/客观评价
吴青松（1991）	联盟目标的完成程度 对联盟运作的满意程度	主观评价
林玲君（1991）	联盟运用的满意程度 公司目标完成程度	主观评价
Marjorie（1994）	绩效的完成率 主要伙伴期望满意度百分比 外国伙伴期望满意度百分比 整体满意度	主/客观评价
尤克熙（1995）	对联盟管理制度的满意程度 联盟目标完成程度 联盟运作满意程度 联盟获利能力满意程度	主观评价

7.1.2 战略联盟绩效一般评价方法述评

目前，在研究联盟绩效方面主要有两大流派：一个是使用定性的方法来评价联盟的效用，如通过调研、案例研究和使用变量参数来评价绩效；另一个是通过对联盟绩效提出一些客观指标进行评价[169,170]。比较有代表意义的是有学者将联盟绩效分为财务绩效、运营绩效以及组织绩效三个维度。财务绩效是衡量联盟组织是否获取了预期的财务收益，主要是使用收益率、销售增长率等客观标准来评价联盟绩效；运营绩效可以用联盟稳定性以及联盟持续程度来加以评价；组织绩效可以用联盟满意程度、联盟溢出效应（spillover effect）以及联盟企业战略目标的实现程度来加以衡量。相应地，目前，主要存在着三种基本的战略联盟绩效评价方法，分别是战略联盟投资收益评价法、战略联盟时间持续评价法和母体企业联盟目标实现程度评价法。

1. 战略联盟投资收益评价法

战略联盟投资收益评价法的理论基础：战略联盟的绩效就是联盟项目的直接投资收益或者全部投资收益。母体企业通过计算战略联盟的投资收益或者投资收益率来衡量战略联盟的绩效。例如，母体企业可以将社会平均投资收益率或者产业平均投资收益率作为战略联盟绩效的衡量标准。如果战略联盟的投资效果超过社会或者产业平均水平，则认为战略联盟绩效较好。超过得越多，战略联盟绩效越好。否则，则认为战略联盟绩效平平或者绩效较差。

这一方法的主要优点是：将战略联盟绩效评价简化，便于操作；将战略联盟的绩效数量化，一目了然，有利于比较分析。但是，随着研究的进行，人们逐渐发现，考虑到联盟的多目的性，绩效很难完全以财务指标来衡量，而且数据的收集以及根据这些数据进行推理的难度非常大，许多绩效指标难以度量。联盟双方的二维性使得绩效的度量更为复杂，有时联盟绩效是不对称的。一家公司达到了自己的目标，而另外一家公司未必如此。例如，很多案例表明，一个联盟参与者学到了另一个合作伙伴的技能，而其合作伙伴没有实现自己的目标。可见，这种方法最大的缺陷就是无法全面评价高校在发展战略联盟关系中的全部所得。而且容易使评价完全退化为一种财务收益评价，使联盟的“战略性”在评价过程中难以充分而有效地体现出来。鉴于地方高校战略联盟的性质和特征，该方法对于地方高校战略联盟的绩效评价并不完全合适。

2. 战略联盟时间持续评价法

战略联盟时间持续法评价的理论基础是联盟的绩效与联盟的存续时间成正相关关系。这一观点认为，战略联盟是一种长期协定，各方追求长期稳定的合作。绩效较好的联盟，能够长时间存在；绩效较差的联盟，必然持续时间很短。因此，存续时间较长的战略联盟，必然是绩效较好的联盟。存续时间较短的战略联盟，显然是因绩效较差而遭到了淘汰。因此，这一方法被许多学者用来衡量战略联盟的绩效和成败。不过，战略联盟寿命评价法，实际上存在很大的缺陷。①不同类型、不同合作内容的战略联盟，所需要的合作时间不同，以寿命来衡量绩效，难以找到统一的标准。例如，共同建立一家相对独立经营的合资企业，即使发展了10~20年，存续时间并不算长。共同研制、开发、生产新一代飞机的联盟合作，可能需数十年的时间。而有些保证供应、委托生产的战略联盟，可能只需要3~5年或者更短的时间就能取得很大的成效。如果一定以时间长短衡量，很多被普遍认为是成功的战略联盟，很可能被归入不成功战略联盟之列。②母体企业在发展战略联盟中的所得，与联盟存续的时间并非呈现正相关关系。有些战略联盟存续的时间并不是很长，但是，母体企业可能通过合作获得巨大的收益；有些战略联盟虽然存续时间很长，可是母体企业的收获可能很小；有些战略联盟出现存续时间越长、母体企业的损失越大的局面；有些战略联盟在合作早期收获较大，但后期没有收获，甚至出现净损失。微软公司早期与苹果公司的合作时间并不长，但在此过程中掌握了苹果公司的图形界面技术，为其后在较短的时间内推出视窗操作系统奠定了基础。美国在线与联想公司共同建立的翱龙公司，连年出现巨额亏损，继续维持双方的这一合作关系，结果只能是更大的损失。因此，这一方法同样不能很好地评价战略联盟的绩效。因此，Parkhe（1998）提出：联盟的长时间的生存和较高的绩效水平并没有关系，而是和管理者高的承诺和高的退出成本有关。可见时间持续评价法并不那么完善和科学。由于地方高校战略联盟的绩效的时滞性，战略联盟的时间持续长短从一个侧面上也能在一定程度上反映联盟绩效的好坏。

3. 母体企业联盟目标实现程度评价法

母体企业联盟目标实现程度评价法的理论基础是：战略联盟的建立，总是被赋予一项或者多项战略目标。如果母体企业建立战略联盟的初始目标得到了实现，则可以认为战略联盟的绩效较好，反之，则认为战略联盟的绩效较差。战略联盟初始目标的实现程度越高，战略联盟的绩效越好。

有学者指出这一方法仍然有如下不完善的地方：①这一方法没有充分考虑目标要求之外的企业所得。在发展战略联盟过程中，企业可以在多个方面获得资源和能力，但是，建立联盟时确定的目标往往突出在一个或者数个方面有所收获。按照这一方法进行评价，目标要求以外的所得并不是评价联盟绩效过程中应该重点考虑的问题。在如下两种情形下，目标要求以外的所得具有特别重要的价值：一是目标得到实现，而其他所得同样有力地推动了企业发展；二是虽然目标没有得到实现，但其他所得有效地弥补了这一不足，母体企业还是因这一战略联盟伙伴关系获得了成长。在第一种情形下，战略联盟的绩效应该得到更大的肯定。在第二种情形下，战略联盟的绩效也应该是肯定的。②这一方法没有考虑计划安排之外的损失。在进行战略联盟过程中，母体企业必须提供一定的资源与能力。另外，伙伴企业共同参与合作活动，知识技术的流失在发展战略联盟关系过程中常常是不可避免的。在此情形下，企业在组建战略联盟之初往往明确规划本企业准备提供的资源和能力，制订相应的资源与能力共享计划。但是，在联盟过程中，企业很可能会出现额外付出或者损失，并因此影响战略联盟的绩效评价。联盟目标虽然实现，但企业可能为此付出不菲的代价。

7.2　地方高校战略联盟绩效评价

7.2.1　地方高校战略联盟绩效的定义

如本章 7.1 节所述，战略联盟的绩效是一个很难定义的问题。对于地方高校战略而言，存在着同样的问题。从构建地方高校战略联盟的目的出发，本书认为地方高校战略联盟的绩效可以定义为组成高校战略联盟的各个高校预期战略目标的实现程度，本质上是联盟的高校借助联盟伙伴关系获得的资源与能力对高校竞争力提升的推动效应。对地方高校战略联盟绩效的这一认识，建立在如下理由之上。

本书认为，盟员高校在战略联盟过程中所获得的收益，是战略联盟绩效的本质所在。首先，战略联盟在本质上是盟员高校提升竞争力的一种手段，战略联盟的行为活动直接受制于参与联盟的盟员高校的总体战略。联盟伙伴关系，始终服务于盟员高校的长远发展目标。其次，地方高校战略联盟并不具有相对独立的利益边界，因为地方高校战略的组建主要是通过资源共享的渠道构成的契约式联盟。在这种情况下，将战略联盟的绩效统一归纳为联盟实体的业绩，或者分成两个不同层次来衡量联盟的绩效，都不能代表高校战略联盟绩效的特质。因此，战略联盟的绩效，必须立足联盟盟员高校的利益。对于高校战略联盟而言，高校之所以进入战略联盟，必然是为了实现一定的战略动机和目标。因此，联盟的绩效应该能够反映这些目标的实现状况，并且良好的绩效应该是“双赢”或者“多赢”，而不应是“一赢一输”。高校战略联盟内存在两个方面的利益：单个高校的利益和联盟整体的利益。参与战略联盟应该能够给单个高校带来更大的利益，以及促进联盟整体稳步发展。联盟内单个高校的评价与高校战略联盟整体的评价指标体系应该是相近的。因此，战略联盟的绩效评价方法应该遵循如下准则：

（1）重视联盟目标的实现，同时综合考虑目标实现之外的得失。

（2）既考虑盟员具体的得失，也考虑对高校整体发展的贡献。建立高校办学绩效评价体系要以投入产出原理为指导，从高校自身实际出发，结合可持续发展的管理思路，用定量指标或定性描述指标反映高校办学的各种效益。在该体系的构建过程中，应该遵循以下几个原则[171]。

1）导向性原则。评价体系要有利于提高高校加入联盟的积极性，努力提升自身的资源吸纳能力，优化资源配置，提高资源使用效率。

2）可比性原则。评价体系中的相关指标以相对数比较为主、绝对数比较为辅，使各高校之间横向可比，以促进高校发现自身不足，扬长避短。

3）科学性原则。评价指标要完整科学、客观实用、便于操作，评价要符合相关学科的理论基础和方法论基础。

4）量化原则。在分析评价办学效益时应尽可能地使用定量指标，对定性指标可通过换算系数使定性指标转化为定量指标。

5）重点分析指标和一般分析指标相结合原则。高校办学绩效是与教育投入、学校管理、学校规模与结构等因素相关的复杂而庞大的系统，但是由于高校教育资源紧缺和有限，因而在构建高校评价体系时不可能全面出击，而应该突出重点，在对办学绩效进行全面考核的基础上，对高校办学绩效有密切联系的最基本指标进行重点考核，在办学绩效评价过程中也充分贯彻效益性原则。

如上所述，联盟内单个高校的评价与高校战略联盟整体的评价指标体系是相近的，只是需要分别针对不同的对象进行评价。可以将评价指标体系分为投入指标和产出指标两大类。

1. 投入指标

一个或者多个盟员高校得到资源与能力的同时不付出任何资源与能力的战略联盟，在现实中几乎是不存在的。为了保证战略联盟能够有效运作，为了确保自身能够借助战略联盟伙伴合作关系获得需要的资源与能力，高校必须付出一定的资源与能力。投入资源和能力是高校及其联盟增强竞争力，协同创新的基础。投入指标间接反映了联盟的能力。战略联盟建立以后，投入资源的数量越来越多，质量越来越好，间接表明联盟能力逐步增强。投入数量指标包括人力资本投入数量指标、资金投入数量指标和技术资源投入数量指标。它反映了高校战略联盟投入资源的多少，从量上反映了投入资源的状况。投入结构指标包括人力资本投入结构指标、资金投入结构指标和技术资源投入结构指标。它反映了高校战略联盟内投入资源的质量，从质上反映了投入资源的状况。

2. 产出指标

产出指标是高校或者其战略联盟的产出，它直接反映了高校战略联盟的能力。产出越多，产出的效益越高，说明高校战略联盟的能力越强，建立联盟是有益的。从地方高校联盟的目标是提高资源使用率和核心竞争力的提升角度出发，提出如下高校战略联盟绩效的考核方案，即通过加入战略联盟以后学校增加的投入与核心竞争力的提升情况来考核战略联盟的绩效。高校战略联盟的产出状况可以用高校声誉、通过结盟开拓新的市场、通过结盟增强核心竞争力等反映出来。

7.2.2　高校资源与能力投入和核心竞争力提升情况综合评价

盟员高校可以将资源与能力的付出同核心竞争力的提升进行对比分析，对战略联盟的绩效给出初步评价。设 A_1 表示高校加入联盟前的运行绩效，A_2 表示高校加入联盟后的运行绩效，A_3 表示加入联盟后高校的绩效增加。C_1 表示高校加入联盟前运行所得绩效与投入之比，C_2 表示高校加入联盟后运行额外增加投入以后的所得绩效与额外增加投入产出比，GB 表示高校加入战略联盟前资源和能力获取能力，PB 表示加入战略联盟的资源与能力付出，GA 表示高校加入战略联盟后的资源和能力的获取能力，PA 表示加入战略联盟后的资源与能力付出，则有如下的基本关系式：

$$A_1 = \mathrm{GB} - \mathrm{PB} \tag{7-1}$$

$$A_2 = \mathrm{GA} - \mathrm{PA} \tag{7-2}$$

$$A_3 = A_2 - A_1 = (\mathrm{GA} - \mathrm{GB}) - (\mathrm{PA} - \mathrm{PB}) \tag{7-3}$$

$$C_1 = (\mathrm{GB} - \mathrm{PB})/\mathrm{PB} \tag{7-4}$$

$$C_2 = ((\mathrm{GA} - \mathrm{GB}) - (\mathrm{PA} - \mathrm{PB}))/(\mathrm{GA} - \mathrm{GB}) \tag{7-5}$$

且有如下基本命题。

命题一：战略联盟的绩效由盟员高校因为发展战略联盟关系所获得的全部资源与能力同所付出的全部资源与能力之差决定。全部资源与能力获取同全部资源与能力付出的差值为正，战略联盟的绩效为正，正的差值越大，绩效越好；差值为零，战略联盟的绩效为零；差值为负，战略联盟的绩效为负，负的差值的绝对值越大，绩效越差。

命题二：加入战略联盟后所得绩效 A_2 与联盟之前绩效 A_1 差值为正，表示通过战略联盟能够获取正的绩效，差值越大，绩效越好；差值为负，战略联盟的绩效为负，负的差值的绝对值越大，绩效越差。

命题三：加入战略后额外增强的投入产出比与高校基本的投入产出比

C_2/C_1大于 1 表示加入联盟以后能获得预期的绩效，比值越大说明获得绩效越好，比值越小，说明加入联盟获得绩效越差，比值小于 1 说明加入联盟以后没有获得预期的绩效。

以上只是对高校战略联盟的绩效的一个理想情况下的分析和推导，事实上，高校绩效的评价包含很多的主客观指标。并分为不同的层次，常规方法难以直接进行评价。因此高校战略联盟绩效评价较适宜采用模糊综合评价法，而且需要建立多层次模糊综合评价模型。这里提出一个简化的基于高校办学运行经费投入和高校核心竞争力之比作为高校的运行绩效的参考指标方法。对于投入指标，可以通过高校办学过程各种投入，然后运用财务指标折算成财务投入。而高校的产出包括的指标非常多，且可以分成多个层次，这里从组建地方高校战略联盟的目标出发。选用两个综合性较高的指标作为联盟绩效产出的考核指标，一个是高校的核心竞争力指标，另外一个是高校战略联盟的协同效应。由于投入指标是一定的，下面就分别从地方高校战略联盟的核心竞争力和协同效应的量化角度对战略联盟的绩效进行分析。

7.3 地方高校联盟的核心竞争力绩效分析

7.2 节绩效评价模型中关键的问题是联盟的核心竞争力指标的选择和定量计算。近几年关于我国高校核心竞争力的研究渐渐活跃起来，不少专家学者从不同的角度建立层次指标来量化高校核心竞争力的情况，如河海大学的成长春博士[172]将高校核心竞争力分成 3 个层次，2 个一级指标，4 个二级指标和 14 个三级指标对高校核心竞争力进行分析，如图 7-1 所示。

哈尔滨工程大学的钟卫东用 4 个一级指标，17 个二级指标对高校核心竞争力进行评价，如表 7-2 所示[173]。

四川师范大学的霍小军[174]采用 4 个一级指标，29 个二级指标对高校核心竞争力进行定量分析，哈尔滨工程大学的金涛将高校核心竞争力分成 5 个一级指标，15 个二级指标进行评价。因为对高校核心竞争力的概念目前在理论界并没有得到完全的统一，因此高校核心竞争力的定量计算模型目前仍没有达成一个统一的标准。

根据本书研究的内容和目标出发，本书拟采用太原科技大学朱明的地方高校核心竞争力计算模型[175]，采用层次分析法计算联盟高校的核心竞争力情况。在朱明的模型中，一级评价指标有 3 个，分别是地方高校的环境竞争力、管理竞争力和学科竞争力作为一级评价指标。环境竞争力二级指标分解为办学条件、资源能力、环境影响力；管理竞争力分解为规划能力、结构水平、效益效率 3 个二级指标；学科竞争力分解设置了学科能力、科研能力和教学能力 3 个二级评价指标。根据地方高校目前的客观实际，既考虑了三级指标体系的集中度，又考虑了尽可能选择可以定量对比的指标，共选择三级指标 47 项，如表 7–3 所示。

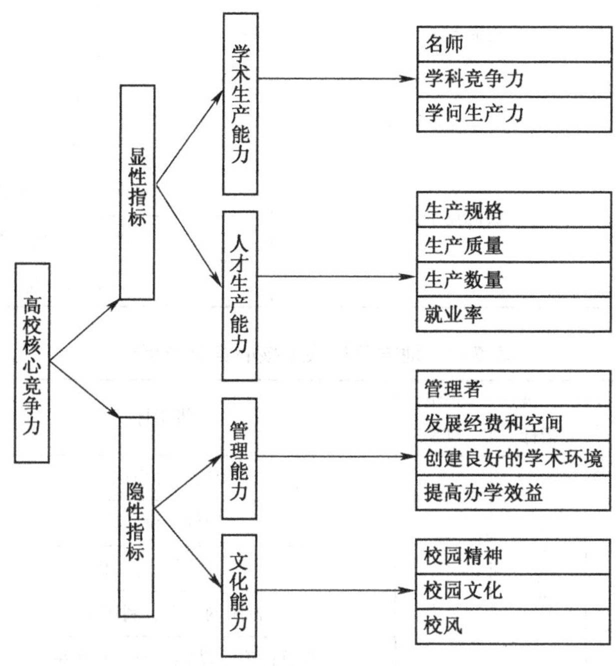

图 7–1　成长春高校核心竞争力指标

表 7–2　钟卫东高校核心竞争力分层指标

目标层	判别准则层	措 施 层
高校核心竞争力	学科竞争力	科研水平
		师资队伍
		学术活动
		教学水平
	学生竞争力	生源质量
		就业方向
		思想政治素质

续表

目标层	判别准则层	措施层
高校核心竞争力	学生竞争力	身心素质
		实践创新能力
	科研竞争力	发表学术论文
		出版专著
		承担科研项目情况
		科研成果获奖情况
	资源竞争力	教育投入经费
		实验设备和图书资料
		校舍建设等硬件条件
		声誉评价

表 7–3 地方高校联盟核心竞争力指标

一级指标	一级权重	二级指标	二级权重	三级指标	三级权重
环境竞争力		办学条件		生均校舍面积	
				生均仪器设备额	
				生均图书、计算机	
				校园网建设、利用率	
				设施配套、功能完整、利用率高	
		资源能力		招生均分	
				争取外界支持、合作的项目与经费数	
				引进优秀人才和流失优秀人才	
				年科研项目数与进款额	
		环境影响力		招生第一志愿率	
				各类国际、国内、地区性竞赛获奖数	
				社会知名度	
				产学研合作的范围及比例	
管理竞争力		规划能力		定位准确（层次、科类、功能、面向）	
				指标合理（校园、学科、事业发展规划）	
				特色明显（学科、专业、科研、人才培养等）	

续表

一级指标	一级权重	二级指标	二级权重	三级指标	三级权重
管理竞争力		结构水平		教师/非教学人员/在校生	
				高职称、高学历教师占教师比重	
				教学、实验、图书、学术投资年度总经费	
				组织结构合理	
		效益效率		毕业生一次就业率/招生均分	
				毕业生一次就业率/生均在校投入	
				产学研合作收入/年度总经费	
				利用社会资金/年度总经费	
学科竞争力	学科能力	学科能力		国家级重点学科、实验室、中心、基地	
				省部级重点学科、实验室、中心、基地	
				博士点数/学科总数	
				硕士点数/学科总数	
				与区域主导产业相对应的学科	
				区域内唯一学科	
				区域、行业品牌学科、专业	
		科研能力		国家级项目及奖励	
				省部级项目及奖励	
				Science 等各学科顶尖论文数	
				SCI、EI SSCL ISTPA&HCI、ISSHP CSTPC CSSCI 收录论文数或引用次数	
				专利授权、技术转让、科研转化率	
				R&D 全时人员占教师比例	
				一级核心期刊论文数、国家级出版社专著/教师总数	
		教学能力		毕业生一次性就业（签约）率	
				特色专业数	
				院士、杰出人才（特聘教授等）	
				研究生/本科生	

续表

一级指标	一级权重	二级指标	二级权重	三级指标	三级权重
学科竞争力	学科能力	科研能力		教育部优秀教材、全国规划统编教材	
				省级优秀博士、硕士论文数	
				教学评估等级、评价	
				国家级教学成果奖	
				省教学成果奖	

从以上比较有代表型的地方高校核心竞争力在评价指标体系来看，地方高校战略联盟的绩效评价指标较多，并分为不同的层次，需要建立多层次模糊综合评价模型。由于每一个指标是由低一层次的若干因素决定的，所以每一因素的单因素评估是低一层次的多因素综合评价。这样，根据战略联盟评价指标体系的层次指标，由低到高逐层确定权值并进行该级的综合评价，将其所得结果构造出高层次的模糊矩阵，进行高层次的综合评价，并最终得出评价结果。这里简要介绍，应用多层次模糊综合评价法评价联盟绩效的步骤，具体过程可见文献[175]。

第一步，建立评估因素集。评估因素集即高校战略联盟绩效评估指标的集合，该因素是多级的，即有

$$U = \{U_1,\ U_2,\ \cdots,\ U_m\}$$
$$U_1 = \{U_{i1},\ U_{i2},\ \cdots,\ U_{in}\}$$
$$U_{ij} = \{U_{ij1},\ U_{ij2},\ \cdots,\ U_{ijp}\}$$

第二步，建立权重集。权重用以描述各指标对于评估目的的相对重要程度，权重集是与评估因素集相对应的多级集合，在具体的计算过程中，权重设计的思路是先让在高等教育界从事多年教学、科研、管理等工作的专家对各评价指标给出自己的成对比判断矩阵，并且其一致性是可以接受的，然后用群组决策技术（加权几何判断矩阵法）得到各级评价指标的权重，从而保证权重的有效性和满意度。具体计算过程为各评价指标逐级乘以相对应的权重，然后求和，向上一级评价指标汇总，并乘以该级相对应权重，再求和汇总的计算方法，最后得到地方高校核心竞争力的量化比较结果，如

$$A = \{a_1,\ a_2,\ \cdots,\ a_i,\ \cdots\}$$
$$A = \{a_{i1},\ a_{i2},\ \cdots,\ a_{ij},\ \cdots,\ a_{in}\}$$
$$A = \{a_{ij1},\ a_{ij2},\ \cdots,\ a_{ijk,}\ \ldots,\ a_{ijp}\}$$

第三步，建立评语集。评语就是对评估对象优劣程度的定性描述，它将抽

象的数据变为人们熟悉的评估语言。评估集对各层次指标都是一致的。

$$P=\{很好，好，一般，差，很差\}$$

第四步，建立评估矩阵。评估矩阵 $\boldsymbol{R}$ 为 $U \rightarrow P$ 模糊映射所形成的模糊矩阵，它表示专家对某一高校生存能力各指标所属等级的综合考察结果（主要是根据评估分值来估测的）。若有 m 个指标、n 个等级，则 $\boldsymbol{R}$ 是 m 行、n 列的矩阵 $\boldsymbol{R}=\{r_{ij}\}$。

第五步，进行多级模糊综合评判。高校战略联盟绩效评估指标体系一般为多级指标，因此最终的评估结果需由多级模糊综合评判，从最低层次开始，逐步上移而得出。可采用加权平均算子算法，即 $B=A \cdot R=(b_1, b_2, \cdots, b_n)$，式中，$i=1, 2, \cdots, m$；$A_1$ 为评估因素集 U_1 的权重集，$A_i=\{a_{i1}, a_{i2}, \cdots, a_{ij}, \cdots, a_{in}\}$；$\boldsymbol{R}_1$ 为评估因素集 U_1 的评估矩阵。

7.4 地方高校联盟的协同效应分析

7.4.1 地方高校战略联盟的协同效应定义和评价指标

协同的概念源自系统科学中的协同学理论。协同学创始人哈肯认为，协同或称协作，即协同作用之意，是指在复杂大系统内，各子系统的协同行为产生出的超越各要素自身的单独作用，从而形成整个系统的统一作用和联合作用。这一理论突出强调了协同作用是任何复杂大系统本身所固有的自组织能力，是形成系统有序结构的内部作用力。随着系统科学研究的不断深入，管理界也逐渐接受了协同的观点。一个良好的高校战略联盟，其内部各个单元在高校共同愿景目标的指导下，通过自我调节、自我适应和相互协作，从低级平衡走向高级平衡，这个平衡的转化过程就是一个协同过程[176,177]。资源学说认为高校是不同资源、能力和竞争力的集合体，资源与能力是高校建立持续优势的基础，是主要的收益决定因素。

战略联盟的实施可以使高校通过契约的方式获取更多的外部资源，而这些资源高校单单依靠自身的发展在以往是无法获取的，这样高校可以通过战略联盟的形式共享其他联盟伙伴的资源，并且可以通过学习来获取对方的独特的资源是战略联盟成功的关键。而且，战略联盟可以说是取得协同效应的最佳载体，同时，取得协同效应也是联盟的唯一理由，或者说，取得协同效应是战略联盟的目标。因此，战略联盟协同效应是指高校在战略管理的支配下，联盟整体性协调后，由联盟各部分的功能耦合而成的整体性功能，这种整体性功能就称为协同效应。它远远超出联盟个体的功能之和，可以简单地表示为“1+1>2”，即联盟的整体性能够优势互补，实现协同效应，弥补自身的不足。所以说，联盟个体之间的这种资源的相互依赖性，整体的资源依赖度为参与联盟的个体带来了资源共享与互补的协同效应，因此资源的互补与依赖是战略联盟协同效应形成的根本原因。从地方高校战略联盟自身的组织特点出发，本书选用如图7-2所示的指标对地方高校战略联盟的协同效应进行分析。

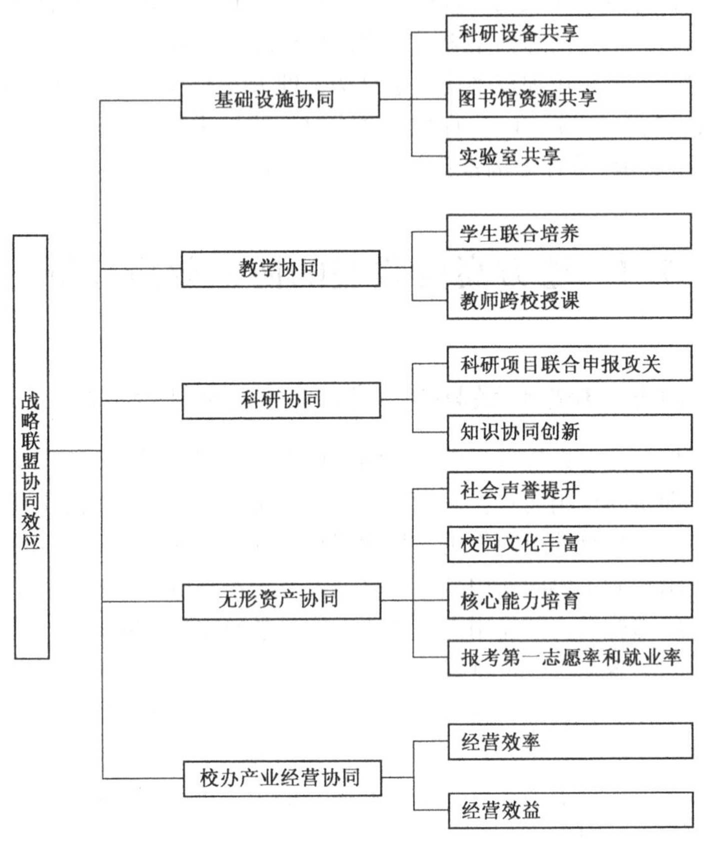

图 7-2 高校战略联盟协同效应分析指标

7.4.2 战略联盟协同效应模糊综合评价

由于地方高校战略联盟是一个复杂的组织系统，战略联盟协同效应评价指标体系中存在着许多难以精确描述的指标。为此，建议采用模糊综合评价法来对战略联盟协同效应进行评价[171,173]。

1. 单级次评价模型

假设评价指标集 $U=\{u_1, u_2, \cdots, u_m\}$，$u_i$ 表示评价指标，$i=1, 2, 3, \cdots, n$。

评价等级集 $V=\{v_1, v_2, \cdots, v_n\}$，$v_j$ 表示评价等级，$j=1, 2, \cdots, n$。

权重集 $W=\{w_1, w_2, \cdots, w_n\}$，$w_i$ 表示因素 u_i 对因素集 U 的权重系数，$\sum w_i=1$。

对被评事物逐个从每个因素 u_i（$i=1, 2, \cdots, m$）上进行量化得到模糊关系矩阵 $\boldsymbol{R}$（模糊关系矩阵 $\boldsymbol{R}$ 中第 j 行第 i 列元素 r_{ij} 表示某个被评事物从因素 u_i 来看对 V_j 等级模糊子集的隶属度）：

$$\boldsymbol{R}=\begin{vmatrix} r_{11} & r_{12} & \cdots & r_{1m} \\ r_{21} & r_{22} & \cdots & r_{2m} \\ \vdots & \vdots & & \vdots \\ r_{n1} & r_{n2} & \cdots & r_{nm} \end{vmatrix}$$

应用模糊矩阵的复合运算进行从 U 到 V 的模糊变换，从而得到单因素模糊评价模型。

2. 多级评价模型

$$\boldsymbol{W}\cdot\boldsymbol{R}=(a_1, a_2, \cdots, a_n)\begin{vmatrix} r_{11} & r_{12} & \cdots & r_{1m} \\ r_{21} & r_{22} & \cdots & r_{2m} \\ \vdots & \vdots & & \vdots \\ r_{n1} & r_{n2} & \cdots & r_{nm} \end{vmatrix}$$

对于较复杂的事物往往需要进行多级模糊综合评价。对因素集 U 再做一次划分时，可得到二级模糊综合评价模型：

$$B_z=\boldsymbol{W}\cdot\boldsymbol{R}=\boldsymbol{W}\cdot\begin{vmatrix} B_1 \\ B_2 \\ \vdots \\ B_n \end{vmatrix}$$

其中：B_z 为综合评价结果；W 为一级评价指标权重集；B_i 为因素 u_i 的模糊评价结果矩阵。

运用模糊层次分析法对战略联盟协同效应评价的过程如下：

（1）建立战略联盟协同效应评价指标集，图 7-2 即为战略联盟协同效应评价指标体系。

（2）建立战略联盟协同效应评价等级集。

$K=\{k_1, k_2, k_3, k_4, k_5\}$，其中 $k_1=$｛优｝，$k_2=$｛良｝，$k_3=$｛中｝，$k_4=$｛差｝，$k_5=$｛劣｝，即战略联盟协同效应评价等级集为 $K=$｛优，良，中，差，劣｝。

3. 确定评价指标权重集

求权重是综合评价的关键。层次分析法是一种行之有效的确定权重系数的有效方法，它把复杂问题中的各因素划分为互相联系的有序层并使之条理化，根据对客观实际的模糊判断，就每一层次的相对重要性给出定量的表示，再利用数学方法确定全部元素相对重要性次序的权重系数。AHP（层次分析法）确定权重系数的步骤如下：

（1）建立评价标度。

1）如果 u_1，u_2，…，u_n 对准则层的重要性可定量（如可以使用货币、重量等），其权重可直接确定。

2）如果问题复杂，u_1，u_2，…，u_n 对于准则层的重要性无法直接定量，而只能定性，那么确定权重用两两比较方法。例如对于元素 u_i 和 u_j 哪一个更重要，重要的程度如何，通常按 1~9 比例标度对重要性程度赋值，表 7-4 中列出了 1~9 标度的含义。

表 7-4　评价因素的标度

标度	含　义
1	表示两个元素相比，具有同样重要性
3	表示两个元素相比，前者比后者稍重要
5	表示两个元素相比，前者比后者明显重要
7	表示两个元素相比，前者比后者强烈重要
9	表示两个元素相比，前者比后者极端重要
2，4，6，8	表示上述相邻判断的中间值
倒数	若元素 i 与 j 的重要性之比为 a_{ij}，那么元素 j 与元素 i 重要性之比为 $a_{ji}=1/a_{ij}$

（2）指标的权重系数的计算。对于某一级别的指标权重系数，依据表 7-4 中的评价标度对属于同一级别的指标两两比较，得到指标的相对重要程度值 $a_{ij}(a_{ji}=1/a_{ij}, a_{ii}=1, a_{ij}>0)$，则指标 i 的权重系数 w_i 计算如下：

$$\boldsymbol{w}_i=\sum_{j=1}^{n}\left(a_{ij}/\sum_{j=1}^{n}a_{ij}\right)\Big/ n \tag{7-6}$$

4. 模糊矩阵的统计确定

采用专家评判法与统计方法确定模糊矩阵。战略联盟协同效应评价的二级指标模糊矩阵统计如下：选择一定数量的专家，在表 7-5 中画“+”，计算参评专家在某个评价等级下画“+”的人数与总人数的比值 r_{ij}（称为隶属度，它表示专家认为第 i 个指标属于第 j 个评语的程度），由 r_{ij} 构成 n 个指标的等级隶属度矩阵 $\boldsymbol{R}=(r_{ij})_{n\times5}$，即为模糊矩阵。

表 7-5　单因素评价表

序号	指　标	优	良	中	差	劣
1	科研设备共享					
2	图书馆资源共享					
3	实验室的共享					
4	学生联合培养					
5	教师跨校授课					
6	科研项目联合申报攻关					
7	知识协同创新					
8	社会声誉提升					
9	校园文化丰富					
10	核心能力培育					
11	报考第一志愿率和就业率					
12	经营效率					
13	经营效益					

5. 进行单因素评价

对基础设施协同、教学协同、科研协同、无形资产协同和校办产业经营协同五个因素分别按上述方法计算出其子因素的权重向量 $\mathbf{w}_i$ 和模糊矩阵 $\boldsymbol{R}_i$，用单级模糊综合评价模型对上述五个因素进行单因素模糊评价得到评价结果 C_1，C_2，C_3，C_4，C_5。

在此合成运算中可以采用 $M(\cdot,\ \oplus)$ 算子。在此模型中

$$C_j=\bigoplus_{j=1}^{n}(\boldsymbol{w}_i\cdot r_{ij}) \tag{7-7}$$

其中“$\oplus$”为有界和算子，其算法为：$a\oplus b=\max\{a+b,\ 1\}$，$\cdot$ 为普通乘法算子。*Zadeh* 算子是只简单地取最大或取最小，在模糊矩阵维数较小时会失落一些有用的信息，建议使用 $M(\cdot,\ \oplus)$。下文中也同样采用 $M(\cdot,\ \oplus)$ 算子。

6. 进行综合评价，得出综合评价结果 C

单因素评价结果 C_1，C_2，C_3，C_4，C_5 构成综合评价模糊矩阵，应用多级模糊综合评价模型进行评价，得到综合评价结果 C，根据隶属度最大原则确定战略联盟协同效应的评价等级。

7. 计算综合评价值

将 C 转化为一个具体数值 S，以便对不同参评对象比较和排序，对任何一个评价等级 K_j 设定一个分值 f_j，得到评语分值向量 $\boldsymbol{F}=(f_1, f_2, f_3, f_4, f_5)$，则 $S=C\cdot\boldsymbol{F}^{r}$。

本书中评价等级“优”、“良”、“中”、“差”、“劣”的分值分别取“9”、“7”、“5”、“3”、“1”，即 F=（9 7 5 3 1）。

因现在还没有正式的高校战略联盟，因此这里以某虚拟地方高校战略联盟为例，说明模糊评价模型在战略联盟中协同效应综合评价的使用流程，过程简述如下：

（1）建立权重集。采用 AHP 方法确定指标权重。经过专家对指标两两比较数据进行统计与计算得出各因素的权重值，如表 7-6 所示。

表 7-6 各级指标权重值

一级指标	权重	二级指标	权重
基础设施协同	0. 115 6	科研设备共享	0. 367 4
		图书馆资源共享	0. 486 3
		实验室共享	0. 146 3
教学协同	0. 110 8	学生联合培养	0. 578 2
		教师跨校授课	0. 421 8
科研协同	0. 122 3	科研项目联合申报攻关	0. 399 0
		知识协同创新	0. 601 0
无形资产协同	0. 534 2	社会声誉提升	0. 149 7
		校园文化丰富	0. 376 5
		核心能力培养	0. 247 6
		报考第一志愿率和就业率	0. 226 2
校办产业经营协同	0. 117 1	经营效率	0. 632 4
		经营效益	0. 367 6

（2）一级模糊评价。采用专家评判法和统计法确定五个子因素层的评价矩阵：

$$\boldsymbol{R}_1=\begin{Bmatrix} 0.2500 & 0.4000 & 0.2500 & 0.1000 & 0 \\ 0.4000 & 0.2500 & 0.1000 & 0.2500 & 0 \\ 0.1200 & 0.4000 & 0.1200 & 0.3300 & 0.0300 \end{Bmatrix}$$

$$R_2=\left\{\begin{matrix}0.200\,0 & 0.350\,0 & 0.260\,0 & 0.190\,0 & 0\\ 0.350\,0 & 0.400\,0 & 0.130\,0 & 0.090\,0 & 0.130\,0\end{matrix}\right\}$$

$$R_3=\left\{\begin{matrix}0.320\,0 & 0.020\,0 & 0.130\,0 & 0.400\,0 & 0.130\,0\\ 0.260\,0 & 0.130\,0 & 0.400\,0 & 0.210\,0 & 0\end{matrix}\right\}$$

$$R_4=\left\{\begin{matrix}0.010\,0 & 0.120\,0 & 0.350\,0 & 0.400\,0 & 0.120\,0\\ 0.091\,4 & 0.254\,3 & 0.400\,0 & 0.254\,3 & 0\\ 0.310\,7 & 0.127\,1 & 0.400\,0 & 0.127\,1 & 0.035\,1\\ 0.350\,0 & 0.300\,0 & 0.220\,0 & 0.010\,0 & 0.120\,0\end{matrix}\right\}$$

$$R_5=\left\{\begin{matrix}0.120\,0 & 0.400\,0 & 0.130\,0 & 0.330\,0 & 0.020\,0\\ 0.290\,0 & 0.160\,0 & 0.250\,0 & 0.300\,0 & 0\end{matrix}\right\}$$

为保留单因素评价的所有信息，采用 $M(\cdot,\ \oplus)$ 算子进行合成运算，计算一级评价结果如下：

$$C_1=(0.303\,9\quad 0.327\,1\quad 0.158\,0\quad 0.206\,6\quad 0.004\,4)$$
$$C_2=(0.263\,3\quad 0.317\,7\quad 0.192\,5\quad 0.143\,6\quad 0.029\,5)$$
$$C_3=(0.283\,9\quad 0.086\,1\quad 0.292\,3\quad 0.285\,8\quad 0.051\,9)$$
$$C_4=(0.192\,0\quad 0.213\,0\quad 0.351\,8\quad 0.189\,4\quad 0.053\,8)$$
$$C_5=(0.182\,5\quad 0.311\,8\quad 0.174\,1\quad 0.319\,0\quad 0.012\,6)$$

（3）二级综合模糊评价。由一级模糊评价结果构成二级模糊综合评价的模糊矩阵 $\boldsymbol{R}$。

$$\boldsymbol{R}=\left\{\begin{matrix}C_1\\ C_2\\ C_3\\ C_4\\ C_5\end{matrix}\right\}=\left\{\begin{matrix}0.303\,9 & 0.327\,1 & 0.158\,0 & 0.206\,6 & 0.004\,4\\ 0.263\,3 & 0.371\,1 & 0.192\,5 & 0.143\,6 & 0.029\,5\\ 0.283\,9 & 0.086\,1 & 0.292\,3 & 0.285\,8 & 0.051\,9\\ 0.192\,0 & 0.213\,0 & 0.351\,8 & 0.189\,4 & 0.053\,8\\ 0.182\,5 & 0.311\,8 & 0.174\,1 & 0.319\,0 & 0.012\,6\end{matrix}\right\}$$

运用二级综合模糊评价模型对该战略联盟所产生的协同效应进行综合评价：$C=A\cdot\boldsymbol{R}=(0.115\,6\quad 0.110\,8\quad 0.122\,3\quad 0.534\,2\quad 0.117\,1)\cdot\boldsymbol{R}=(0.223\,0\quad 0.239\,8\quad 0.283\,7\quad 0.213\,3\quad 0.040\,3)$。

（4）评价结论。根据最大隶属度原则可得出以下结论：基础设施协同为“良”，校办产业经营协同评价为“差”，科研协同评价为“良”，无形资产协同评价为“中”，教学协同评价为“中”，综合评价为“良”。该联盟的综合评价值为

$$S=(0.223\,0\quad 0.239\,8\quad 0.283\,7\quad 0.213\,3\quad 0.040\,3)\cdot(97\,531)^{\mathrm{T}}=5.78$$

7.5 地方高校战略联盟绩效影响因素分析

目前对战略联盟绩效影响因素的实证研究方面，多数学者所采用的研究方式主要是集中通过理论和实证分析来探讨具体的某一个或几个因素对联盟绩效的影响[48,178-180]。典型的如在战略管理研究方面，许多学者都分析联盟管理行为对绩效的影响并做了大量的研究工作。也有许多文献研究则集中于对战略联盟的一种特定形式——合资企业的研究，如 Lyles 和 Balrd 以匈牙利和波兰为研究对象，探讨跨国联盟中有关联盟绩效的影响因素，研究发现联盟内部的冲突、文化误解、资源投入取得困难和决策速度的缓慢，对于联盟绩效有着负面的影响。Lin 和 Gennain 以中国内地和美国的合资企业为研究对象，其研究结果表明战略联盟合资关系的文化相同、权力决策平衡、存续时间、冲突解决以及详细制定明确的权益合同对于联盟的满意度有显著的影响。同时有少数学者从特定行业出发对战略联盟进行研究，如台湾地区的某些学者则从战略联盟的类型、产业环境、厂商特性及战略联盟目标等因素出发，对汽车配件厂商的联盟进行研究，以探讨这些因素对战略联盟绩效的影响。本书根据地方高校战略联盟的特点，从资源和知识两个角度对地方高校战略联盟绩效因素进行分析。

7.5.1 基于资源的视角

1. 高校资源和能力的关系分析[181-183]

资源是高校存在和发展的基础。一方面，高校资源及其有机结合产生了不同的动力特征，即能力；另一方面，高校资源是高校活动的基础，任何形式的高校教学科研活动都需要以高校资源为基础。下面从资源与能力的关系为基点出发，探讨战略联盟中资源对联盟绩效的影响。

高校资源集合体是高校能力的基础，高校能力可以看作以高校资源及其结合方式为自变量的函数。高校资源的特性及其结合方式决定了不同形式和不同层次的高校能力，高校资源与高校能力之间的对应关系通常会有如下四种形式。

（1）单一能力对应于单一资源基础。单一能力对应于单一资源基础，即某种形式的高校资源直接对应于一种特定的高校能力。这种情形在现代的高校来说几乎不可见，在严格意义上，单一资源常常难以构成高校的能力基础，因为高校的活动很少只涉及一种资源投入。上述情形如图 7-3 所示。

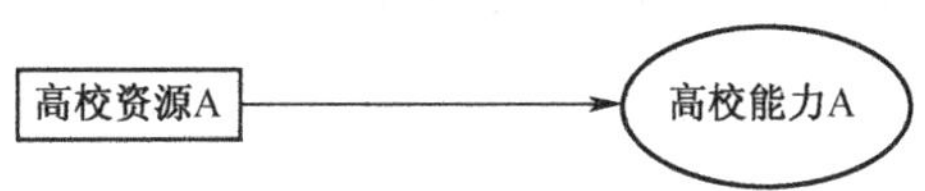

图 7-3　高校资源能力关系一

（2）多种能力对应于单一资源基础。多种能力对应于单一资源基础，即以高校所拥有的某一资源为基础，使得高校具有多种能力。这种情形同样非常少见，仅仅发生在高校资源独立地，但是具有多种用途的情形。一个不太严格的例子，如高校可以从事多种专业的学生培养任务，使得高校具有多种专业学生的培养能力。与上面的分析相同，严格来说，单一资源也常常难以构成多种高校能力的基础，这同样是因为高校的活动很少只需要一种资源投入，即使一种资源具有多种用途的特征，这种资源在具体的生产中也常常必须与其他资源结合起来进行。该情形如图 7-4 所示。

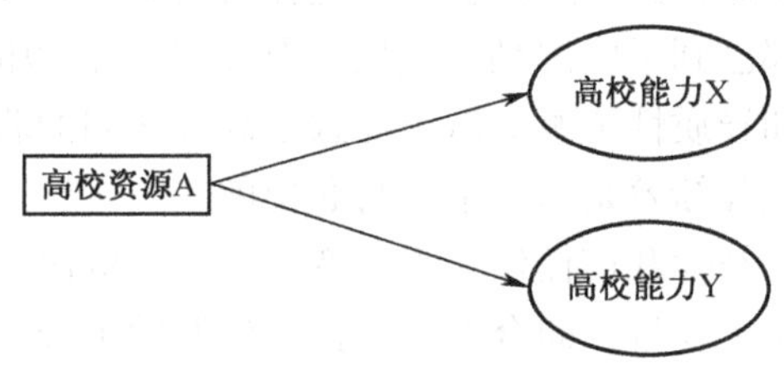

图 7-4　高校资源能力关系二

（3）多种资源的相互结合对应于单一的能力。这种情况也非常少见，即多种资源结合基础上产生某种单一的能力。例如，教师、各类仪器设备、教学场地等资源结合起来，构成了高校的教学。不过，高校的资源常常具有多种用途，如果改变这些资源的组合形式，其对应的能力也常常随之改变。该情形如图 7-5 所示。

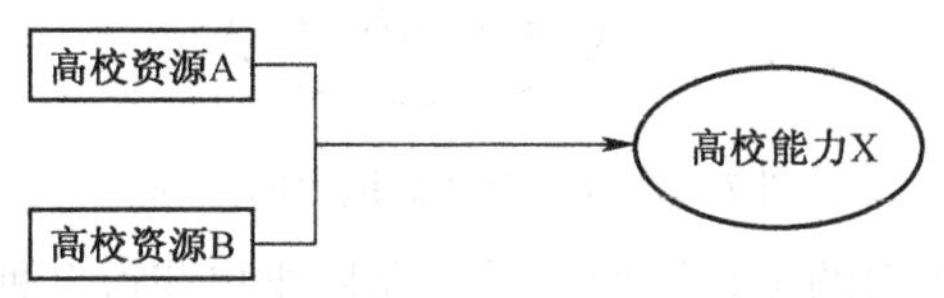

图 7-5　高校资源能力关系三

（4）多种资源的结合对应于多种活动能力。这是最常见的情况。高校的多种资源通常是以彼此结合的方式投入并完成多种活动。高校整体便是由多种资源结合而成的，并能够完成多种活动，从而具有多种活动能力。从高校整体角度来看，高校之所以具有多种能力，就是因为高校具有多种资源及其组合。该情形可以用图 7-6 表示。

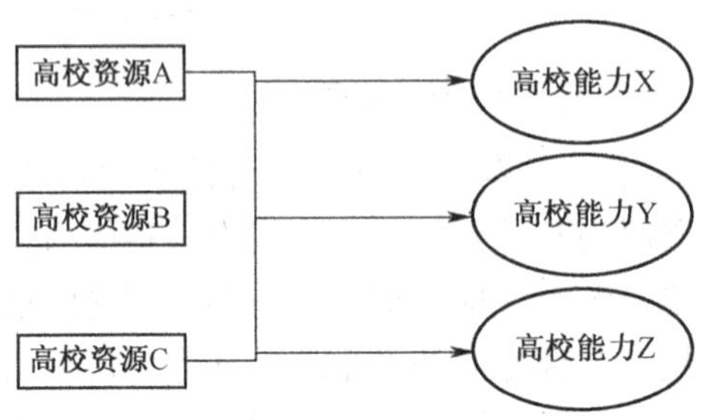

图 7-6　高校资源能力关系四

2. 联盟资源对联盟绩效影响分析[184]

W. H. 奥登（1962）认为，几乎所有的联盟都是始于共同开发，相互利用。而其中大部分联盟也因为这种脑力或是体力的交换继续下去。等到联盟的其中一方或是双方都已到了资源枯竭之时，那也就是联盟的终止之日。因此，联盟双方对稀缺性和异质性资源的需求导致了高校之间的联盟，所以从资源角度来解释联盟的形成和绩效是非常重要与必要的。

本书以资源的互补性和信任作为干扰变量，探讨资源对战略联盟绩效的影响。这个模型包括 4 个变量，即合作各方投入资源的组合、战略联盟绩效、资源的互补性以及联盟各方的信任，它们之间的关系如图 7-7 所示。

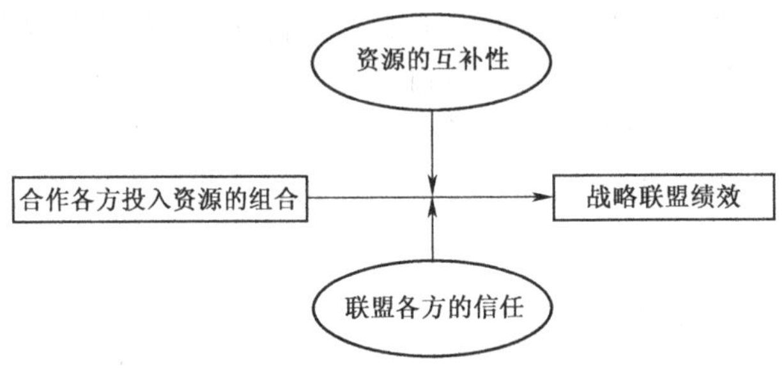

图 7-7　资源对联盟绩效的影响

由以上资源和能力的关系模型来看，高校要想获得多种能力，需要有多种类型的资源作为支撑，如果联盟内高校的资源都是同质性的，那么只能达到资源叠加的效果，组成联盟以后并不能对高校的能力提升带来很大的帮助。联盟高校要想获得更多的能力需由更多的资源作为基础，因此，如果联盟体内高校资源互补程度越高，则联盟获得更多创新能力和竞争力的可能性就越大。从资源组合的角度看，战略联盟可以分为四类：增补型、过剩型、补缺型和浪费型。从动态的观点看，资源的互补性对于战略联盟的成功有重要的意义。通过互补性资源，高校能够获得收益，而这些资源是它们不能够独立通过市场机制获得的，也不可能完全在高校内部产生。因此，在资源组合的基础之上，如果联盟间资源的互补性程度的提高会有效地改善联盟的绩效，也就是说联盟间资源的互补性程度越高，不同联盟类型的绩效水平也越高。因此地方高校联盟如果是增补型和补缺型联盟，则可能会获得更好的联盟绩效。浪费型资源组合方式因为资源的互不兼容必然导致联盟各方的冲突，而且由于资源的互不兼容，也不能产生资源的联合优势，因此其对联盟绩效的影响是消极的。至于过剩型的资源组合方式，虽不能很好地充分利用资源，但由于资源的富余增加了联盟各方决策的自由度，这样可以减少联盟间的冲突，因此它对联盟绩效的影响也是正面的。

联盟绩效的另一研究分支是从联盟中的社会心理学的角度来研究联盟绩效。信任是战略联盟合作双方的一个重要问题，联盟合作双方信任程度的提高将有助于提高联盟的绩效水平，这已在第 5 章讨论过，不再赘述。

7.5.2　基于知识的视角

知识经济时代，知识已经上升为社会最重要的资源，创新已成为一种社会化的活动。但是，创新的产生并不依靠拥有知识量的大小，创新说到底是一种知识增值活动。作为知识创造和传播的基地——高校，它们之间结成的联盟具有非常明显的知识联盟的特征。高校联盟中协同创新过程的学习有助于扩大知识基础，协同创新中的学习通过获取外部知识成为扩大内部知识库的重要方式。知识联盟是高校为达到增强或高校核心能力的战略目标，与其他高校或组织结成的以知识共享和转移，并共同创建新知识为主要特征和手段的高级战略联盟形式，以结盟伙伴间学习和创造知识为基本特征，强调联盟伙伴间的信任和密切联系，更重视在学习伙伴能力基础上的共同创新，重视自身的学习能力，期望通过建立学习型组织，使在联盟中获得的新知识能够顺利地在组织内传播，并转化为高校核心能力。

高校知识联盟中的协同创新过程受多方面因素的影响和作用，涉及科学、技术、经济、社会、政策以及合作主体利益等众多问题[185]。本书设计了高校知识联盟协同创新机制模型，该模型把决定和影响协同创新的各种动力因素分为内外两部分，从而强调协同创新是内外因素共同作用的结果，体现出协同创新过程的动态复杂性。高校知识联盟中高校核心能力的提高，取决于高校间协同创新绩效的提高，通过协同创新，不仅提高了高校技术能力和学习能力，扩展了双方的知识基础，而且更有助于高校的持续创新，最终促进双方或多方核心能力的形成和发展[186]。图 7-8 给出了高校知识联盟中协同创新机制的描述。高校知识联盟的协同创新绩效（u）受以下因素影响。

（1）盟员高校知识基础存量（k），即原有知识。

（2）盟员高校的互动知识转移能力，包括两方面：知识吸收能力和知识传递能力，用 c_T表示。

（3）知识的特性，主要是知识的复杂性，用 k_C表示。

（4）高校联盟的创新动力，主要考虑联盟的收益情况。

（5）高校联盟的创新能力，主要考虑员工的素质等。

（6）联盟内各高校的协同状况（协同率），主要考虑联盟双方的文化、目标、人员以及管理方面的协同状况、用户表示。

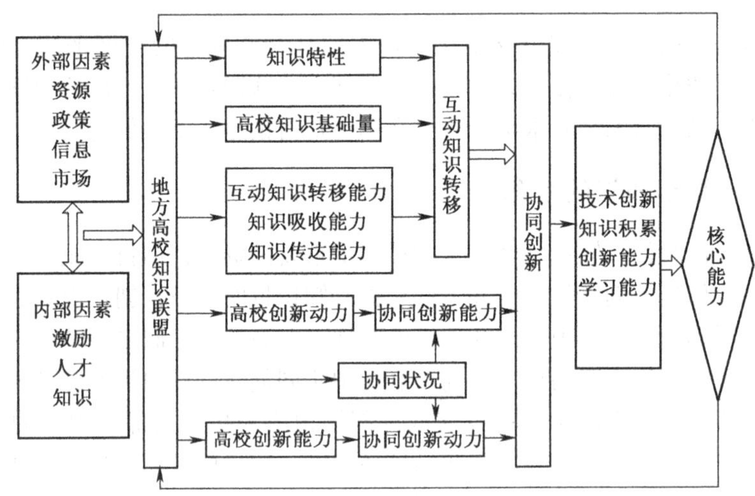

图 7-8 高校知识联盟中协同创新机制

在高校知识联盟的协同创新过程中具有如下关系。

（1）高校知识联盟的协同创新的绩效（u）与联盟中的各类原有知识存量（k）是正相关的，即 $u \propto k$。盟员高校各类原有知识量越多，联盟中知识转移的量也越多，协同创新的可能性也必然随之增加。它们将构成如下的函数关系，即

$$u = f_k(K) \tag{7-8}$$

如图 7-9 所示，该函数具有如下性质。

1）当 $k=0$ 时，$u=0$。高校知识联盟中缺少某类协同创新过程所必需的知识时，不会产生协同创新。

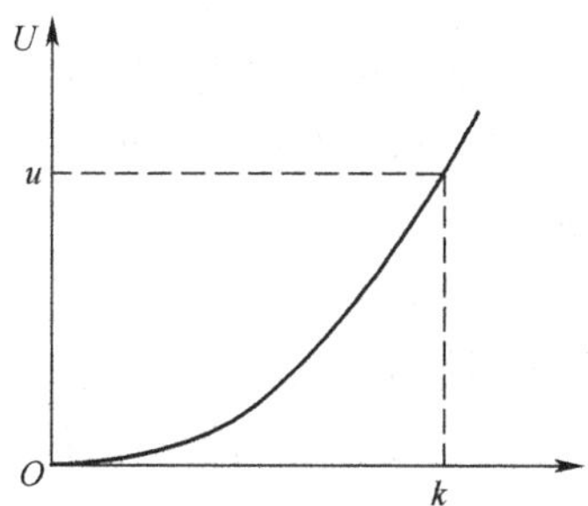

图 7-9　原有知识存量与高校知识联盟协同创新绩效的函数关系曲线

2) $f_k(k) \geqslant 0$。高校知识联盟的协同创新绩效与原有知识量呈正相关，随着知识量的增加，联盟的协同创新绩效也会随之增加。

（2）知识转移能力与协同创新绩效正相关。高校和高校之间的知识转移能力越强，在知识联盟中转移的知识量越多，协同创新的绩效也会随之增高。双方有效的知识转移，增加了协同创新的知识供给量，从而提高了协同创新实现的可能性。设 u 代表协同创新绩效，用 c_T 表示高校间知识转移能力，u 与 c_T之间构成函数关系，即

$$u = f_{c_T}(c_T) \tag{7-9}$$

如图 7-10 所示，该函数具有以下性质。

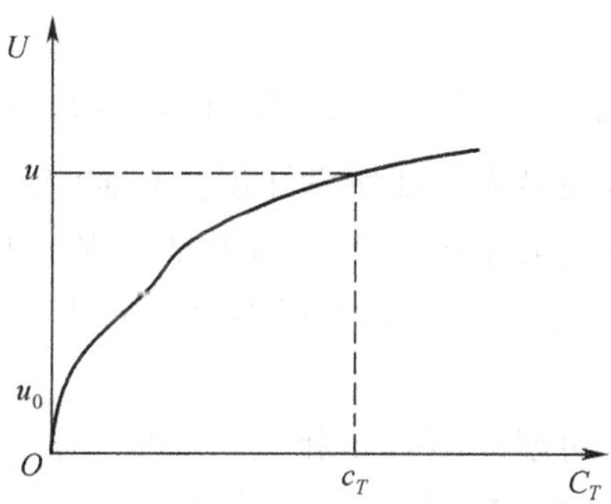

图 7-10　高校知识联盟中互动知识转移能力与协同创新绩效的函数关系曲线

1）当 $c_T = 0$ 时，$u = 0$。当高校知识联盟中没有知识转移能力，依然会产生创新绩效。很明显，当高校之间不具有知识转移能力时，它们可以通过独立创新后整合，最终实现协同创新的目的。并且，高校各自的自主创新行为依然存在，因而 $u>0$。

2) $f_{c_T}(c_T) \geqslant 0$。表明高校知识联盟中知识转移能力越高，通过高校知识联盟获取的知识量就会越多，协同创新的效果就越明显。

3) $f_{c_T}(c_T)$ 有上限，函数 $f_{c_T}(c_T)$ 增量单调下降，即随着高校知识联盟中互动知识转移能力的提高，由互动知识转移能力所获得的协同创新绩效的增加将减少。当达到一定程度时，盟员高校在相关知识领域的知识由于互动转移而逐渐趋同，协同创新绩效的增加将不再取决于联盟中互动知识转移能力的继续提高，而主要取决于创新投入等其他因素。

(3) 知识复杂性与协同创新绩效负相关。对于给定的系统，所学知识的复杂程度越高，学习的速度就越慢，协同创新的绩效就越差，用 k_c 表示知识复杂程度，则有

$$u = f_{k_c}(k_c) \tag{7-10}$$

如图 7-11 所示，该函数具有以下性质。

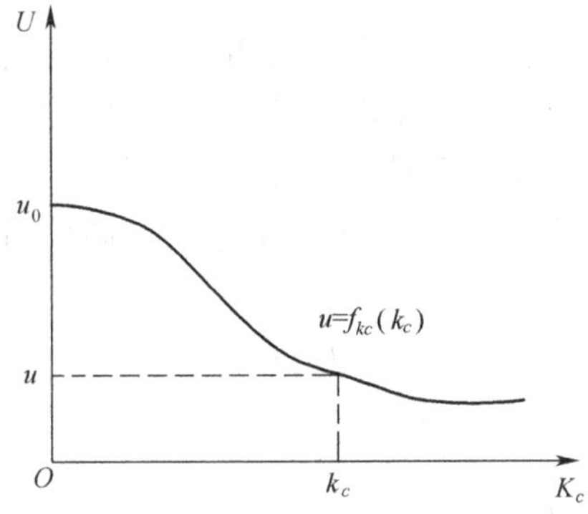

图 7-11 知识复杂度与高校知识联盟协同创新绩效的函数关系曲线

1) 当 $k_{c=0}$ 时，u 达到最大，即所学知识没有难度，协同创新绩效最优。

2) u 有下限，且下限大于零。无论知识复杂程度的高低，随着高校知识联盟协同创新过程的进行，相关的认知必然会带来知识的积累，只是积累的数量相对较小。

(4) 创新动力与协同创新绩效正相关。联盟中各方创新动力增加，必然促进创新绩效的增加。它们之间将有下列关系：

$$u = f_d(d) \tag{7-11}$$

如图 7-12 所示，该函数具有以下性质。

1) 当 $d=0$ 时，$u=u_0$。u_0 为由高校知识联盟一方的创新动力所产生的创新绩效，当另一方没有创新动力，或者说一方不参与创新时，依然会产生创新绩效。这种知识联盟的意义仅体现在互动知识转移上。当双方都不具有创新动力时，它们的创新绩效为零。

2) $f_d(d) \geqslant 0$。表明高校知识联盟中的创新动力越高，协作开发和创新的

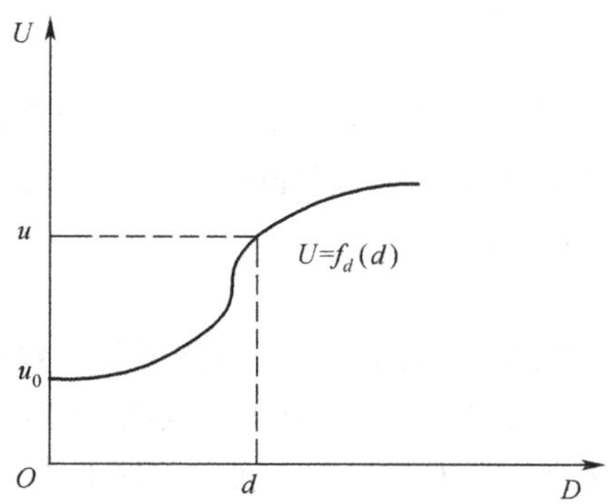

图 7-12　创新动力与大学知识联盟协同创新绩效的函数关系曲线

效果就越明显。

3) $f_d(d) \geqslant 0$ 有上界，即随着高校知识联盟中创新动力的提高，由创新动力所获得的协同创新绩效的增加将减少。当协同创新动力达到一定程度后，协同创新绩效的增加将不再决定于联盟中创新动力的继续提高，而取决创新投入的其他因素。

（5）创新能力与协同创新绩效正相关。联盟中各方创新动力的增加，必然促进创新绩效的增加。它们之间将有下列关系：

$$u = f_{c_n}(c_n) \tag{7-12}$$

如图 7-13 所示，该函数具有以下性质。

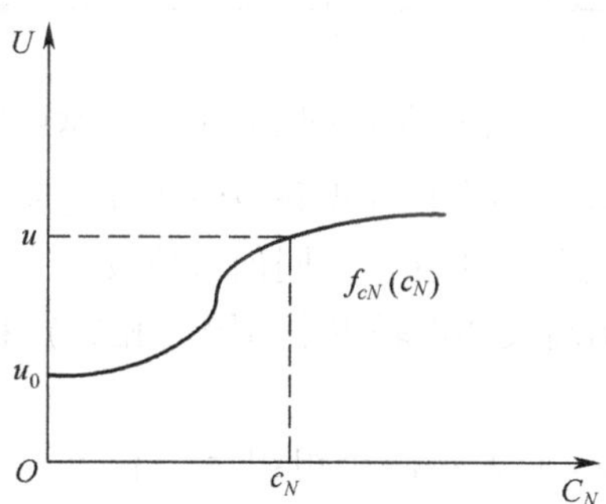

图 7-13　创新能力与高校知识联盟协同创新绩效的函数关系曲线

1）当 $c_n=0$ 时，$u=u_0$。u_0 为由高校知识联盟一方创新能力产生的创新绩效。当一方没有创新能力时，依然会产生创新绩效。很明显，这样知识联盟的意义仅体现在互动知识转移上。当双方都不具有创新能力时，它们的协同创新绩效为零。

2) $f_{c_n}(c_n) \geqslant 0$。表明高校知识联盟中的创新能力越高，协作开发和创新的效果越明显。

3) $f_{c_n}(c_n)$ 有上界，即随着高校知识联盟中创新能力的提高，协同创新绩效的增加将减少。当创新能力达到一定程度时，协同创新绩效的增加将不再取决于联盟中创新能力的继续提高，而主要取决于研究、开发的投入等其他因素。

(6) 高校间的协同状况（协同率）与协同创新绩效正相关。协同率主要受双方的文化、目标、人员以及管理方面的协同状况的影响。高校知识联盟协同创新只有在组织、文化、管理等方面协同的条件下才有可能实现协同创新，它们间具有以下关系：

$$u = f_{\mu}(\mu) \tag{7-13}$$

如图 7-14 所示，该函数具有以下性质。

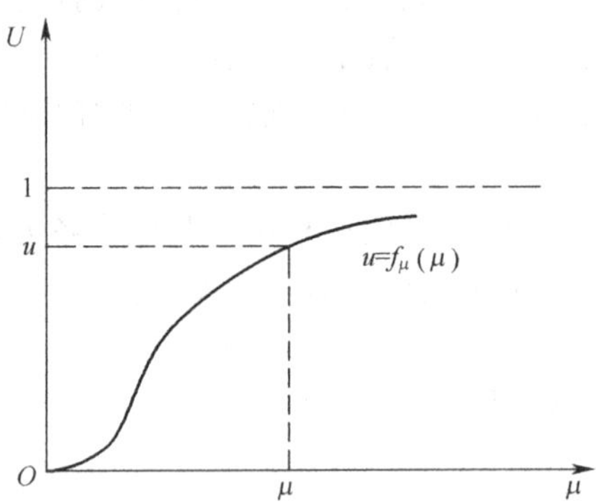

图 7-14 协同率与高校知识联盟协同创新绩效函数关系曲线

1) 当 $\mu=0$ 时，$u=0$。当高校知识联盟中两方完全不相容时，显然这个联盟是不可能的，也就不可能产生任何协同创新绩效。

2) $f_{\mu}(\mu) \geqslant 0$。表明高校知识联盟中协同（相容）状况越高，协作开发和创新的效果越明显。

3) $f_{\mu}(\mu)$ 有上界。$u=1$ 表示两个组织完全相容，达到一个组织的境界，即随着高校知识联盟中协同率的提高，协同创新绩效将会不断增加。当系统协同率达到一定程度时，两个组织接近一个组织的境界，协同创新绩效的增加将不再取决于联盟中协同率的继续提高，而主要取决于研究、开发的投入等其他因素。

通过以上分析，可以看出，高校间的知识互补性是形成联盟协同创新的条件，并促使高校间的联盟能够产生明显的协同创新绩效，从而增强联盟双方技术创新、知识积累等方面能力，缩短创新时间以及创新周期，进而获得竞争优势。与一个高校自主创新相比，在同一创新中，高校知识联盟协同创新中共享的知识基础使组织可接触复杂问题并与其他以前无法接触到的知识来源交汇，从而使高校知识创新能力显著提高到新的水平，促进组织核心能力的提升。

本章小结

本章首先概述了战略联盟的绩效定义和评价问题，然后就地方高校联盟绩效的影响因素进行了分析。根据地方高校战略联盟的特点，本章给出了可供参考的地方高校战略联盟的绩效定义和可实际操作的地方高校战略联盟绩效的评价解决方案。根据地方高校战略联盟的特点，本章提出采用高校投入情况和高校核心竞争力提升以及战略联盟中高校的协同发展效应进行绩效评价。并采用了模糊层次综合评价法对地方高校战略联盟的核心竞争力和协同效应进行了分析，为地方高校战略的绩效评价提供了可供操作的参考解决方案，最后从资源和知识的角度对地方高校联盟绩效可能影响的因素进行了分析。

第8章 总结与展望

8.1 总　　结

对于处于高等教育大众化时代的地方高校来说，地方高校之间建立战略联盟是未来的发展趋势，然而目前国内对高校战略联盟的研究非常稀缺。因此，本书主要就地方高校战略联盟进行了深入研究，主要研究内容包括从理论上分析了地方高校战略联盟的动因、可行性、障碍性，然后在理论分析的基础上提出了地方高校联盟构建、治理以及绩效评估等问题的参考解决方案。本书所做的主要工作如下：

（1）分析了高等教育大众化给地方高校带来的机遇和挑战，特别就地方高校面临的资源困境和竞争优势不足等问题进行深入讨论。对当前地方高校发展战略问题进行了分析，阐述了战略联盟的优势，将企业战略联盟的有关理论引入高校战略管理研究领域，提出高校战略联盟的概念，然后从资源观和生态学的视角对地方高校战略联盟的动因进行了分析。

（2）就地方高校是否具备实施战略联盟的可行性问题进行了深入分析，从高校类企业性质、国家的相关政策、高校战略联盟的经济可行性、高校战略联盟实际运行中管理可行性等多个角度论证了战略联盟理论在地方高校联盟问题上的可行性。然后结合当前地方高校的实际情况，对地方高校战略联盟的实施障碍进行了分析和说明。

（3）在理论分析战略联盟理论在地方高校联盟可行性的基础上，重点借鉴国内外成功企业的联盟构建经验，结合地方高校自身的情况，对地方高校联盟构建的流程、伙伴选择的标准、伙伴评价的指标、最优合作伙伴的决策、地方高校战略联盟组织模式等问题进行了深入讨论并给出了解决方案。

（4）对地方高校战略联盟运行治理中可能出现的问题进行了深入的分析

和研究，并且从联盟的关系管理、激励管理、界面管理、风险管理等层面对联盟的治理问题进行了研究，对地方高校联盟治理问题提出了参考的解决方案。

（5）就地方高校联盟的绩效问题进行了分析和研究，提出了基于地方高校核心竞争力和协同效益作为联盟绩效评价方法，并从资源和知识的视角对影响联盟绩效的因素进行了分析，给出了相关的参考模型。

8.2 主要创新点

本书的主要创新点包括以下几个：

（1）将企业战略联盟的相关理论引入高校战略管理研究领域，提出了地方高校战略联盟的概念，并从理论和实践两个角度证明了在高等教育大众化时代高校战略联盟作为地方高校发展战略选择的适用性，丰富了高校战略管理理论，为地方高校提供了新的参考发展战略模式。

（2）提出了地方高校战略联盟最优合作伙伴的选择完整解决方案。首先给出了高校联盟伙伴选择的流程、原则、最优伙伴的评价标准。然后将最优合作伙伴选择视为组合优化问题并建立了数学模型，在此基础上运用蚁群优化算法来解决最优合作伙伴选择问题。

（3）针对联盟运行中激励问题，从联盟微观激励层次的角度提出基于组织承诺的高校员工激励机制。针对联盟运行中可能出现的界面问题，提出了基于模糊理论和信息技术的高校战略联盟界面管理方案。

8.3 展 望

当前地方高校战略联盟理论在我国处于理论探索和发展阶段，其理论尚不成熟。因此，本书的研究尚有很多待改进和完善的地方。未来本书将在如下方面进行改进和完善：

（1）由于地方高校战略联盟在我国还是处于萌芽状态，因此对于地方高校联盟的动因问题研究并不完善，本书只是从资源和生态学的角度对联盟的动因进行了理论分析，下一步应该从更多个角度对地方高校联盟动因进行理论分析。

（2）对于战略联盟理论，在地方高校可行问题论证方面也并不完美。本书只是从“高校的类企业性质”和大学的“功利性”角度出发，论证了战略联盟理论在地方高校发展战略问题上的适用性，今后仍需要进一步完善。

（3）本书所提出的地方高校战略联盟的构建、运行治理、绩效评估等问题是在总结成功企业的经验和结合高校自身情况的基础上给出的一种可供实际参考执行的解决方案。由于高校联盟的效果有滞后性，所以这些方案的实际执行结果有待进一步执行检验。

（4）本书只涉及了高校和高校之间联盟构建的问题，对于地方高校如何和企业之间进行产学研结合，如何利用好地区强势高校的影响，如何和强势高校进行合作，这些都是值得进一步研究的问题。

参考文献

[1] 教育部. 面向21世纪教育振兴行动计划［EB/OL］.（1998-12-24）http：//www. moe. gov. cn/jyb-sjzl/moe _ 177/tnull-2487. html.

[2] 周济. 推进教育事业科学发展 为建设人力资源强国而奋斗——在教育部2008年工作会议上的讲话［J］. 中国高等教育，2008（2）：4-9.

[3] 李克强. 政府工作报告——2019年3月5日在第十三届全国人民代表大会第二次会议上［EB/OL］.（2019-03-05）. http：//www. gov. cn/zhuanti/2019qglh/2019lhzfgzbg/index. htm.

[4] BENSON C. The economies of public education［M］. 3rd ed. Boston：Houghton Mifflin，1978.

[5] 教育部. 教育"十一五"规划：推进教育持续协调健康发展［N］. 中国教育报，2007-05-30.

[6] 湛俊三，张传萍. 地方高校办学经费短缺问题的分析与战略思考［J］. 湖北社会科学，2007（4）：160-162.

[7] 庄汉文. 全球竞争环境下的我国高校发展战略研究［J］. 黑龙江高教研究，2005（2）：40-42.

[8] 李立国. 大学组织特性与大学竞争特点探析［J］. 高等教育研究，2006（11）：38-43.

[9] 湛俊三，杨园. 地方多科性大学战略发展环境分析［J］. 理工高教研究，2006，25（6）：110-111.

[10] 侯光明，等. 组织系统科学概论［M］. 北京：科学出版社，2006.

[11] 林健，李焕荣. 基于核心能力的企业战略网络——网络经济时代的企业战略管理模式［J］. 中国软科学，2003（12）：68-72，80.

[12] 房剑森. 高等教育发展论［M］. 桂林：广西师范大学出版社，2001.

[13] 别敦荣. 我国地方大学的使命与发展战略［J］. 河北科技大学学报（社会科学版），2007，7（3）：82-86.

[14] 宿伟玲. 战略联盟若干理论及方法研究［D］. 天津：天津大学，2004.

[15] 贠晓哲. 战略联盟理论与实践［M］. 北京. 经济科学出版社，2006.

[16] 郭焱. 战略联盟形式选择与风险控制［D］. 天津：天津大学，2004.

[17] DAS T K，TENG B S. A resource-based theory of strategic alliance［J］. Journal of management，2000，26（1）：31-61.

[18] BARRINGER B R，HARRISON J S. Walking a tight rope：creating value through inter organizational relationship［J］. Journal of Management，2000，26（3）：367-403.

[19] DAS T K，TENG B S. Resource and risk management in strategic alliance making process［J］. Journal of management，1998，24（1）：21-42.

[20] KUMAR R，NTI K O. Differential learning and interaction in alliance dynamics：a process and outcome discrepancy model［J］. Organization science，1998，9（3）：356-367.

[21] EISENHARDT K M, SCHOONHOVEN C B. Resource-based view of of strategic alliance formation: strategic and social effects of entrepreneurial firms [J]. Organization science, 1996, 7 (2): 136-150.

[22] HAGEDOORN J. Understanding the rationale of strategic technology partnering: inter organizational modes of cooperation and sectoral differences [J]. Strategic management journal, 1993 (14): 371-385.

[23] HAGEDOORN J, NARULA R. Choosing organizational modes of strategic technology partnering international and sectoral differences [J]. Journal of international business studies, 1996, 27: 265-284.

[24] BIRNBERG J G. Control in interfirm co-operative relationships [J]. Journal of management studies, 1998, 35 (4): 421-428.

[25] DAS T K, TENG B S. Trust, control, and risk in strategic alliances: an integrated fremework [J]. Organization studies, 2001, 22 (2): 251-283.

[26] PATTERSON F. Colleges in consort [M]. Jossey-Bass Publishers, 1974.

[27] NEAL D C. Consortia and inter institutional cooperation [M]. Collier Macmilian Publishers, 1988.

[28] 享利·莱文. 中国大学的有效资源配置 [C] //教育部中外大学校长论坛领导小组. 中外大学校长论坛文集. 北京: 高等教育出版社, 2002: 384-390.

[29] MARTIN J, Samels J. We were wrong, try partnerships, not mergers [J]. Chronicle of higher education, 2002, 48 (36): 1310.

[30] 陈怡舟. 二战后美国高校校际合作办学研究 [D]. 广州: 华南师范大学, 2001.

[31] 汪怿. 国外高校战略联盟与合作的几种模式 [J]. 辽宁教育研究, 2003 (10): 6-8.

[32] 张爱邦, 兰文巧. 我国高校发展的新趋势探索 [J]. 理论界, 2004 (3): 121-123.

[33] 程勉中. 论高校的战略联盟 [J]. 高教探索, 2005 (2): 47-51.

[34] 阳荣威. 试论高校战略联盟及其构建策略 [J]. 江苏高教, 2005 (6): 38-40.

[35] 吴宏元, 胡艳婷. 战略联盟: 大众化阶段高校的战略选择 [J]. 辽宁教育研究, 2006 (11): 6-8.

[36] 阳荣威. 后合并时代高校的选择: 战略联盟 [J]. 高等教育研究, 2005 (9): 57-61.

[37] 王志刚, 郑存库. 一般地方高校构建战略联盟的思路与形式 [J]. 中国高教研究, 2006 (8): 40-41.

[38] 董志惠, 沈红. 论中国大学战略联盟 [J]. 教育发展研究, 2006, 6 (3): 48-50.

[39] 戴晓霞. 高等教育整并之国际比较 [J]. 教育研究集刊, 2003, 49 (2): 141-173.

[40] 邓卫华. 山东大学推行"留学校外"计划 [EB/OL]. (2003-05-14) http: //www. edu. cn/zhong-guo-jiao-yu/gao-deng/gao-jiao-news/200603/t2006 0323-74562. s html.

[41] WERNERFELT B. A resource-based view of the firm [J]. Strategic management journal, 1984, 12 (5): 89-96.

[42] COLLIS D J, CYNTHIA M. Competing on resource strategy in 1990s [J]. Harvard business

review. 1995, 7 (8): 26-36.

[43] PRAHALAD C K, HAMEL G. The core competence of the corporation [J]. Harvard business review, 1990, 5 (6): 89-98.

[44] SANCHEZ R, HEENE A. Management articulated knowledge in competence based competition [M]. Chichester: John Wiley and Sons, 1997.

[45] STALK G, EVANS P, SCHULMAN L E. Competing on capabilities: the new rules of corporate [J]. Harvard business review, 1992, 70 (2): 57-69.

[46] CULAITI R. Aliances and networks [J]. Strategic management journal, 1998, 19: 293-317.

[47] AHUJA G. Collaboration networks, structural holes, and innovation: a longitudinal study [J]. Administrative science quarterly, 2000 (3): 425-455.

[48] MADHOK A, TALLMANN S. Reource, value transactions and rents: managing interfirm relationships collaborative [J]. Organization science, 1998, 9 (3): 326-339.

[49] 乔尔·布利克，戴维·厄恩思特．协作型竞争：全球市场的战略联营与收购 [M]. 林燕，译．北京：中国大百科全书出版社，1998.

[50] 昌佩·诺利亚．管理的变革 [M]. 李玉霞，译．北京：经济日报出版社，1998.

[51] 史占中．企业战略联盟 [M]. 上海：上海财经大学出版社，2001.

[52] 马成樑．基于知识链的企业战略联盟研究 [D]. 上海：复旦大学，2005.

[53] VARADARAJANA P R, CUNNINGHAM M H. Strategic alliances: a synthesis of conceptual foundations [J]. Journal of the academy of marketing science, 1995, 23 (4): 282-296.

[54] POWELL W W, KOPUT K W, SMITH-DOERR L. Interorganizational collaboration and the locus of innovateion: netoworks of learning in biotechnology [J]. Administrative ence quarterly, 1996, 41 (1): 116-145.

[55] LORENZONI G, LIPPARINI A. The leverageing of interfirm relationships as a distinctive organizational capability: a longitudinal study [J]. Strategic management journal, 1999, 20 (4): 317-338.

[56] BOWER J D. Successful joint ventures in science parks [J]. Long range planning, 1993, 26 (6): 114-120.

[57] GRANT R M, FULLER C B. A knowledge-based theory of interfirm collaboration [J]. Academy of management annual meeting proceedings, 1995 (1): 17-21.

[58] HARNELG. Competition for competence and alliances [J]. Strategic management journal, summer special issue, 1991.

[59] KOGUT B, ZANDE U. Knowledge of the firm and the evolution theory of the multinational corporation [J]. Journal of international business studies, 1993, 24 (4): 625-645.

[60] MOWERY D C, OXLEY J E, SILVERMAN B S. Strategic alliances and inter firm knowledge transfer [J]. Strategic management journal, 1996, 17 (52): 77-91.

[61] PORTER M E. Competitive advantage [M]. Creating and Sustaining Superior Performance

Free Press, 1998.

[62] DYER J H, SINGH H. The relational view: cooperative strategy and sources of interorganizational competitive advantage [J]. Academy of management review, 1998, 23 (4): 660-679.

[63] 习近平. 在全国高校思想政治工作会议上的讲话 [Z]. 2016.

[64] 万钢. 在全国科技工作会议上的讲话 [Z]. 2018.

[65] 朱剑. 高校扩招何以实施——基于“资源稀释模型”的解释 [J]. 中国高教研究, 2011 (4): 19-22.

[66] 刘在洲, 熊新山. 大众化进程中地方高校面临的问题与成因探究 [J]. 现代教育科学 (高教研究), 2002 (7): 50-52.

[67] 黄夏青. 我国公立高校债务问题研究 [J]. 高等农业教育, 2007 (10): 11-14.

[68] 陈磊. 高校债务危机研究 [J]. 边疆经济与文化, 2007 (8): 169-170.

[69] 唐青峰. 福建省高校负债问题梳理及应对策略研究 [J]. 福建广播电视大学学报, 2018 (6): 78-82.

[70] 吕志学, 王力淑, 朱兴华. 吉林省高教强省战略下省属高校收入与负债情况分析 [J]. 吉林建筑大学学报, 2017, 34 (6): 76-78.

[71] 罗燕琴. 广东省高校债务风险防范与负债管理问题研究 [J]. 商业会计, 2016 (5): 101-103.

[72] 郭立场, 闫志刚. 大学学费“涨声”背后 [J]. 教育与职业, 2014, 8 (22): 33-38.

[73] 柴江. 我国高等教育收费现状与效应研究 [D]. 苏州: 苏州大学, 2017.

[74] 倪嘉敏. 现阶段我国城镇家庭的高等教育学费承受能力分析 [J]. 长春工业大学学报 (高教研究版), 2014 (3): 37-40.

[75] BRIMER M A, PAULI L. Wastage in Education: A World Problem [J]. Unesco, 1971.

[76] 新崛通. 现代教育的病理——教育病理学的构造 [M]. 吴康宁, 译. 北京: 人民教育出版社, 1989.

[77] 蒋莱, 虞乃而. 我国高校资源使用效率的现状、原因与对策 [J]. 教育与经济, 2003 (3): 52-54.

[78] 邬大光, 赵婷婷. 中国高等教育大众化问题研究 [M]. 北京: 高等教育出版社, 2004.

[79] 李华明. 从党风廉政建设“两个责任”的视角分析高校资源浪费的根源及对策 [J]. 学术论坛, 2015, 38 (9): 24-26.

[80] 叶欣茹. 未来中国高等教育在校生总规模预测 [J]. 高教探索, 2005 (4): 17-19.

[81] 米红, 文新兰, 周仲高. 人口因素与未来20年中国高等教育规模变化的实证分析 [J]. 人口研究, 2003, 27 (6): 76-81.

[82] 何绍福, 李晓霞. 论生态学视角下我国高等教育系统的生态平衡 [J]. 教育科学, 2007, 23 (5): 69-75.

[83] 赵峻岩. 大众化进程中构建生态型高等教育系统的策略 [J]. 黑龙江高教研究, 2007

（1）：16-18.
[84] 王保星．美国高等教育制度的多样性特征分析［J］．河北大学学报（哲学社会科学版），2004，29（2）：5-8.
[85] 汪涛，李天林，徐金发．基于资源观的战略联盟动因综论［J］．科研管理，2000，21（6）：68-74.
[86] 陈怡舟．高等教育大众化冲击下高校谋求生存与发展的思路之一［J］．广东农工商职业技术学院学报，2003，19（3）：15-18，27.
[87] 朱剑．美国的五校联盟探析［J］．现代教育科学（高教研究），2006（2）：58-60.
[88] 李延成．克莱蒙特学院联合体：一种独特的联邦制高等院校模式［J］．外国教育研究，2002，29（10）：52-56.
[89] 杰拉德·盖泽尔．美国多校园大学系统：实践与前景［M］．沈红，译．北京：教育科学出版社，2004.
[90] 柯森．高校校际合作办学促进论［J］．高教探索，2002（3）：77-78，30.
[91] 林养素，石杰伟，丘穗强．资源共享、优势互补的联合教学实践［J］．华南理工大学学报（自然科学版），1996，24（11）：30-34.
[92] 杨明．从高校与企业的似与不似看高校组织的性质［J］．浙江大学学报（人文社会科学版），2002，32（3）：117-124.
[93] 邓伟，陈士俊，李名梁．知识管理与高等学校管理的创新：建立学习型组织［J］．科学管理研究，2004，22（6）：76-79.
[94] 杨光钦．大学的功利与功利的大学［J］．辽宁教育研究，2004（1）：18-20.
[95] 徐建培．论高等学校的规模经济与知识联盟［J］．高等教育研究，2004，25（2）：42-44.
[96] 李昌宇．现代信息技术在高等教育中的应用［J］．廊坊师专学报，2000（3）：64-66.
[97] 丛风侠．信息技术在高等教育中的作用［J］．辽宁工学院学报（社会科学版），2004，6（1）：74-75.
[98] 张延峰，刘益，李垣．国内外战略理论阐释与评述［J］．科学学研究，2003，21（1）：75-79.
[99] 马永红，刘恋，郑晓齐．高等教育供应链的特殊性初探［J］．清华大学教育研究，2004，25（3）：93-96，115.
[100] 潘燕，宋瑛．高校交易成本：新制度经济学的视角［J］．理工高教研究，2004，23（6）：24-26.
[101] 叶永玲，周亚庆．虚拟企业合作伙伴的优化选择研究［J］．软科学，2004，18（2）：79-82.
[102] 钟敏．战略联盟伙伴选择及模型研究［D］．成都：西南财经大学，2006.
[103] 王鹤．基于两阶段的虚拟企业合作伙伴选择模型［J］．中国科技信息，2007（3）：125-126.
[104] 陈爱莲．基于遗传算法的虚拟企业伙伴选择及优化［J］．江苏工业学院学报，2005，

17（3）：49-52.

[105] GERINGER J M. Selection of partners for international joint ventures：identification and screening of partners [J]. Business quarterly，1988，53（2）：31-36.

[106] 罗荣桂，杨贵斌．模糊综合评判法选择战略联盟合作伙伴 [J]. 科技进步与对策，2003，20（7）：130-132.

[107] WU N Q，MAO N，QIAN Y M. An approach to partner selection in agile manufacturing [J]. Journal of intelligent manufacturing，1999，10（6）：519-529.

[108] ROBSON M J. Partner selection in successful international strategic alliances：the role of cooperation [J]. Journal of general management，2002，28（1）：1-15.

[109] 张小飞，张豫生．论企业战略联盟伙伴选择的基本原则 [J]. 同济大学学报（社会科学版），2003，13（5）：36-40.

[110] 李蕾．企业战略联盟与竞争力提升 [M]. 北京：中国工商出版社，2007.

[111] HOLT G D. Which contractor selection methodology? [J]. International journal of project management，1998，16（3）：153-164.

[112] HUANG X G，WONG Y S，WANG J G. A two-stage manufacturing partner selection frame-work for virtual enterprises [J]. International journal of computer integrated manufacturing，2004，17（4）：294-304.

[113] GHODSPOUR S H，O'BRIEN C. A decision support system for supplier selection using an integrated analytic hierarchy process and linear programming [J]. International journal of production economics，1998，56-57（20）：199-212.

[114] DORIGO M，BLUM C. Ant colony optimization theory：a survery [J]. Theoretical computer science，2005，344（2-3）：243-278.

[115] 郭焱，张世英，郭彬，等．战略联盟形式选择实用策略 [J]. 科学与科学技术管理，2004，25（2）：94-98.

[116] 王静鹏，樊耘，朱荣梅．基于资源观的战略联盟结构选择 [J]. 科技与管理，2003，5（1）：24-26.

[117] 桂萍．高科技企业战略联盟的理论研究与实证分析 [D]. 武汉：武汉理工大学，2003.

[118] 贾平．企业动态联盟 [M]. 北京：经济管理出版社，2006.

[119] 李志刚．决策支持系统原理与应用 [M]. 北京：高等教育出版社，2005.

[120] 袁磊．战略联盟的管理模式研究 [J]. 管理现代化，2001（6）：33-35.

[121] 张小兰．论企业战略联盟 [D]. 成都：西南财经大学，2003.

[122] 宝贡敏，王庆喜．战略联盟关系资本的建立与维护 [J]. 研究与发展理，2004，16（3）：9-14.

[123] 蔡继荣．战略联盟稳定性机理及联盟治理研究 [D]. 成都：西南交通大学，2006.

[124] 温承革，杨晓燕．论战略联盟形成过程中的关系资本管理 [J]. 商业经济与管理，2005，163（5）：34-38.

[125] 梅小安，罗丽．战略联盟伙伴关系管理的难点及方法 [J]. 科技创业月刊，2005，4（1）：71-72.

[126] 张守凤．基于超竞争环境下的企业柔性战略研究 [D]. 武汉：武汉理工大学，2005.

[127] BORCH O J. The process of relational contracting：developing trust－based strategic alliances among small business enterprises [J]. Advances in strategic management，1994（10）：113-135.

[128] BARNEY J B，HANSEN M H. Trust worthiness as a source of competitive advantage [J]. Strategic management journal，1994，15（51）：175-190.

[129] 朱焕忠．高新技术企业战略联盟的柔性管理研究 [D]. 哈尔滨：哈尔滨理工大学，2006.

[130] KYDD A H. Trust，reassurance，and cooperation [J]. International organization，2000，54（2）：325-357.

[131] 李新春．战略联盟、网络与信任 [M]. 北京：经济科学出版社，2006.

[132] CULLEN J B，JOHNSON J L，SAKANO T. Success through commitment and trust：the soft side of strategic alliance management [J]. Journal of world business，2000，35（3）：223-240.

[133] JOHNSON J L，CULLEN J B，SAKANO T，et al. Setting the stage for trust and strategic integrationin Japanese-U. S. cooperative alliances [J]. Journal of international business studies，1996，27（5）：981-1004.

[134] 陆奇岸．战略联盟关系资本的形成及其管理 [J]. 经济与管理，2006，20（7）：50-53.

[135] NOOTEBOOM B，BERGER H，NOORDERHAVEN N C. Effects of trust and governance on relational rist [J]. Academy of management joumal，1997，40（2）：308-338.

[136] VRYZA M，FRYXELL G E. The interaction of trust and control mechanisms in the management of successful international joint ventures [R]. Boston，MA：Dissertation Presented at the Annual Meeting of the Academy of Management，1997.

[137] 冯辛酉．企业战略联盟中合作关系的建立和维护 [J]. 中国合作经济，2004（12）：105-106.

[138] KALE P，SINGH H，PERLMUTTER H. Learning and protection of proprietary assets in strategic alliances：building relational capital [J]. Strate management journal，2000，21（3）：217-237.

[139] DRAULANS J，DEMAN A P，VOLBERDA H W. Building alliance capability：management techniques for superior alliance performance [J]. Long range planning，2002，36（2）：151-166.

[140] 曾瑧，陈宏军．高科技企业战略联盟间信任关系的建立 [J]. 经济与管理，2007，21（8）：60-63.

[141] 张树义，李肖军，武振业．试论企业战略联盟分配问题 [J]. 系统工程理论方法应

用，2002，11（3）：235-239.

[142] 张树义，赵冬梅，李强．论企业战略联盟分配机制设计［J］. 郑州工业大学学报（自然科学版），2002，11（4）：45-48.

[143] 张延锋，刘益，李垣．战略联盟价值创造与分配分析．管理工程学报，2003，17（2）：20-23.

[144] FRIEDMAN J W. Game theory with application to economics［M］. Oxford：Oxford University Press，1996：148-183.

[145] HART S，MAS-COLLELA A. Cooperition：game-theoretic approaches［M］. Springer Berlin Heidelberg，1997.

[146] 赵蒙成．论高校教师激励系统的构建［J］. 扬州大学学报（高等教育版），2003，7（1）：33-37.

[147] 向秋英，秦华伟．高校教师激励机制的设计［J］. 山西高等学校社会科学学报，2005，17（4）：107-109.

[148] 孙星．高校的激励机制研究：文化视角［J］. 华东经济管理，2006. 20（12）：121-124.

[149] 余慧星，朱方长．论高校教职工激励机制的建立原则和方法［J］. 高等农业教育，2003（5）：31-33.

[150] 湛俊三，金婕．基于组织承诺理论的有效激励途径分析［J］. 武汉理工大学学报（信息与管理工程版），2007，29（3）：143-147.

[151] 吴涛，海峰，李必强．界面和管理界面分析［J］. 管理科学，2003，16（1）：6-10.

[152] 李必强．现代制造系统与管理集成［J］. 福建行政学院经济管理干部学院学报，1999（2）：33-34.

[153] 夏德，程国平．基于广义虚企业的界面管理研究［J］. 管理科学，2004，17（2）：2-6.

[154] WORKMAN J P. Engineering's interactions with marking groups in an engineering driven organization［J］. IEEE transactions on engineering management，1995，42（2）：129-139.

[155] 郑确辉．略论高校管理中的界面问题［J］. 科技进步与对策，2007，21（7）：142-143.

[156] 陈水利，李敬功，王向公．模糊集理论及其应用［M］. 北京：科学出版社，2005.

[157] 王凤彬，刘松博．战略联盟中的风险及其控制——一种基于资源观的分析［J］. 管理理论，2005，17（6）：50-54.

[158] BRUNER R F，SPEKMAN R E. The dark side of alliances：lessons from Volvo-Renault［J］. European management journal，1998，16（2）：136-150.

[159] PARK S H，RUSSO M V. When competition eclipses cooperation：an event history analysis of joint venture failure［J］. Management Science，1996，42（6）：875-890.

[160] 宋明哲．现代风险管理［M］. 北京：中国纺织出版社，2002.

[161] 孙孝文．高校风险偏好表征及其控制策略［J］．高教发展与评估，2007，23（4）：86-90.

[162] 杨翠兰．企业战略联盟中各种风险的分析［J］．商业研究，2006（1）：77-79.

[163] 巫景飞．企业战略联盟：动因、治理与绩效——基于我国企业的经验研究［M］．北京：经济管理出版社，2007.

[164] DOZ Y L. The evolution of cooperation in strategic alliances：initial conditions or learning processes?［J］. Strategic management journal，1996，17（51）55-83.

[165] 尹卫兵，刘国新．战略联盟关系管理综述及其绩效评价［J］．科技进步与对策，2003（16）：41-42.

[166] 余佳群，尹福玖．高新技术企业战略联盟的绩效评价［J］．辽宁工学院学报（社会科学版），2006，8（16）：38-40.

[167] 严建援，颜承捷，秦凡．企业战略联盟的动机、形态及其绩效的研究综述［J］．南开大学学报（哲学社会科学版），2003（6）：83-91.

[168] 边军．企业战略联盟绩效研究［D］．青岛：中国海洋大学，2004.

[169] 綦方中，翁潇彬，潘晓弘．一种基于模糊综合评价法的动态联盟绩效评价方法［J］．科技进步与对策，2006，23（4）：110-113.

[170] ARIEO A. Measures of strategic alliance performance：an analysis of construct validity［J］. Journal of international business studies，2003，34：66-79.

[171] 陈甲华，邹树梁，刘兵，等．战略联盟协同效应评价的模糊综合评价方法与运用［J］．商业研究，2006（1）：39-42.

[172] 成长春．高校核心竞争力分析模型研究［D］．南京：河海大学，2005.

[173] 钟卫东．基于 AHP 的高校核心竞争力评价模型研究［J］．中国高教研究，2007（2）：29-31.

[174] 霍小军．高校核心竞争力评价指标体系［J］．高等教育与学术研究，2006（1）：178-180.

[175] 朱明．地方高校核心竞争力［M］．北京：中国大百科全书出版社，2005.

[176] 罗生全，赵正．协同论在教育科学研究中的应用及其方法论意义［J］．绵阳师范学院学报，2004，23（1）：43-46.

[177] 史丽萍，吕莉．战略联盟的协同效应研究［J］．齐齐哈尔大学学报（哲学社会科学版），2004（3）：30-31.

[178] 闫立罡，吴贵生．联盟绩效的影响因素分析［J］．研究与发展管理，2006，18（5）：22-28.

[179] DYER J H，SINGH H. The relational view：cooperative strategy and sources of interorganizational competitive advantage［J］. Academy of management review，1998，23（4）：660-679.

[180] GEORGE G，ZAHRA S A，WHEATLEY K K，et al. The effects of alliance portfolio characteristics and absorptive capacity on performance：a study of biotechnology firms［J］.

Journal of high technology management research，2001（12）：205-226.

[181] 刘东．资源、能力与企业战略［M］．北京：经济管理出版社，2006.

[182] WEMERFELT B. From critical resourece to corporate strategy［J］. Journal of general management，1989，14（3）：4-12.

[183] PETERAF M A. The cornerstone of competitive advantage：a resourece-based view［J］. Strategic management journal，1993，14（3）：179-191.

[184] 赫晓峰，李钢．战略联盟中资源与绩效关系模型［J］．河北经贸大学学报，2005，25（5）：76-82.

[185] 林莉．基于知识活动系统理论的大学——企业知识联盟研究［D］．大连：大连理工大学，2005.

[186] 季宇．U /I 知识联盟协同创新绩效的数理分析模型［J］．大连交通大学学报，2007，28（2）：84-87.